Jürgen Ebach

Ein weites Feld
– ein zu weites Feld?

Theologische Reden 6

© 2004 SWI Verlag, Bochum
Selbstverlag des Sozialwissenschaftlichen Instituts
der Evangelischen Kirche in Deutschland
Postfach 25 05 63, 44743 Bochum
Umschlagentwurf und -gestaltung: Ulf Claußen (SWI)
Titelbild: „Weisse Türen/offene Türen (1905)"
von Vilhelm Hammershøi
Satz, Layout: Manuela vom Brocke, SWI-Verlag
Herstellung: Books on Demand GmbH, Norderstedt
Alle Rechte vorbehalten
Printed in Germany
ISBN 3-925895-88-4

Für Hartmut Przybylski, *den Freund*

Inhalt

Vorwort 9

Was ist der Mensch?
Bibelarbeit über Psalm 8 12

„Kein Aug' hat je gespürt ..."
Vom Sehen Gottes und der Menschen. 32

„Die Welt ist herrlich – die Welt ist schrecklich."
Bibelarbeit über 1. Mose 1,26-2,3 40

„Eine Grenze hast du bestimmt, dass sie die nicht überschreiten".
Bibelarbeit über Psalm 104,9 63

Ein weites Feld – Ein *zu* weites Feld?
Bibelarbeit über 1. Mose 12 76

Gegen ein zu kleines „ich" und gegen ein zu großes „ICH".
Bibelarbeit über Markus 5, 21-43 101

„Selig sind die Friedensstifter"? 126

Warum an der theologischen Frage nach dem Bösen
festgehalten werden muss. 132

Mit weitem Raum hat Gott geantwortet.
Bibelarbeit über Psalm 118 160

Warum die Kirche von Israel reden muss, wenn sie von
sich selbst redet. 185

Begegnungen eines Alttestamentlers mit dem Judentum.
Einige biographische Stationen in Skizzen. 208

Eine fehlende Zeitform in der deutschen Grammatik.
Kleiner Ungehaltener Zwischenruf. 218

Engagement und Irrtumsfähigkeit.
Einführende Überlegungen zum Gesprächsforum
„Weiterdenken" für Dorothee Sölle. 219

Vorwort

Der Verfasser legt hier einen sechsten (und in dieser Form letzten) Band „Theologischer Reden" vor, die bei verschiedenen Gelegenheiten in den Jahren 2000-2003 gehalten wurden. Mein herzlicher Dank gilt ein weiteres Mal dem SWI-Verlag, insbesondere Frau Manuela vom Brocke, die die Drucklegung besorgt hat. Herzlich danke ich auch meiner studentischen Mitarbeiterin, Frau Heidi Kuhfus, die mir bei der Auswahl und Durchsicht der Texte kritisch, ermutigend und tatkräftig geholfen hat. Die Reden sind in ihrer mündlichen Form belassen. Eine leichte Bearbeitung hat einige überflüssige Doppelungen beseitigt, aber thematische und sprachliche Berührungen bis zu gelegentlichen Überschneidungen stehen lassen. Vielleicht ist es nicht ohne Reiz, dem einen oder anderen Gedanken mehrfach zu begegnen – wenn jede „Begegnung" ihre eigenen Kontexte und Konnotationen einträgt.

Der Band enthält insgesamt sechs Kirchentagsbibelarbeiten – vom Deutschen Evangelischen Kirchentag 2001 in Frankfurt am Main, vom Regionalkirchentag Mecklenburg-Vorpommern 2002 in Neubrandenburg sowie vom ersten Ökumenischen Kirchentag 2003 in Berlin. Eine weitere Bibelarbeit wurde im November 2001 auf der EKD-Synode in Amberg gehalten, deren Schwerpunktthema „Globalisierung" war. Auch „Reden", die nicht die unmittelbare Form der Bibelarbeit haben, verstehen sich als Auslegungen biblischer Worte. Das gilt für eine Predigt über 2. Mose 33 in einer Predigtreihe zur 11. Documenta in Kassel ebenso wie für eine kleine Rundfunksendung, die der biblischen Seligpreisung der Friedensstifter nachgeht.

Einige weitere Reden haben es mit einem thematischen Schwerpunkt und dabei mit mehreren biblischen Worten und Texten zu tun. Da ist die Frage nach dem Bösen als Frage an Gott, ein Vortrag in der Evangelischen Akademie Iserlohn, sowie die Frage nach dem Verhältnis von Kirche und Israel, die das Hauptthema der Nordelbischen Synode 2001 in Rendsburg war. Mit dem Verhältnis der christlichen alttestamentlichen Wissenschaft zum Judentum hat auch der kleine biographische Text zu tun, der in einem Einführungskurs für Theologiestudierende im Winter-Semester 2003/04 in Bochum vorgetragen wurde. „Ungehalten" (das heißt: nicht mündlich vorgetragen) ist eine kleine Überlegung zu einer fehlenden Zeitform in der deutschen Grammatik, nämlich zu einer sprachlichen Möglichkeit, das auszudrücken, was die Vergangenheit an offenen Möglichkeiten für die Zukunft enthält. Der Band wird abgeschlossen mit einem Beitrag bei der Tagung zum 70. Geburtstag von Dorothee Sölle in der Evangelischen Akademie in Bad Segeberg. Dorothee Sölle ist im April 2003 verstorben. Ihr nicht nur ein ehrendes Andenken zu bewahren, sondern sie durch das Weiterdenken ihrer entscheidenden Beiträge zu einer zugleich biblischen wie politischen Theologie zu ehren, schließt kritische Rückfragen ein, wie und weil das Engagement sich vor dem Irrtum nicht immunisieren kann.

In allen Beiträgen ist es darum zu tun, die Bibel beim Wort zu nehmen, das heißt eben nicht im landläufigen Sinn unkritisch-fundamentalistisch, sondern darin, dass der Sinn biblischer Worte nicht hinter oder über ihnen steckt, sondern in den Worten selbst. Wird die Bibel beim Wort genommen, dann mischt sie sich ein in die Fragen und Antworten der Gegenwart, dann bringt sie ihre Widersprüche vor – die Widersprüche der Schrift selbst, die gerade nicht ihre Schwäche sind, sondern ihre Stärke – und dann bringt sie auch ihren Widerspruch ein und ebenso auch ihre Ermutigung – und zuweilen wird gerade das kritische Wort zum ermutigenden und das ermutigende zum kritischen. In der Auslegung der Bibel kommt es darauf an, das Fremde ein wenig vertrauter, aber ebenso auch darauf, das scheinbar Vertraute ein wenig fremder zu machen. Der Autor würde sich freuen, wenn Leserinnen und Leser mit diesen Reden (und den in den fünf voraufgehenden Bänden) beide Erfahrungen machen konnten und können. Die Auslegung biblischer Texte öffnet Türen, Türen zu anderen biblischen Texten, Türen zur Wirklichkeit. Wenn sich Türen öffnen, wird das Feld weit, manchmal auch *zu* weit. Um den Reichtum der Bibel für die je neue Gegenwart aufzuschließen, muss man darum zuweilen auch zu weit gehen. Auch hier schließt das Engagement den Irrtum ein. Da ist es tröstlich, wenn Türen nicht nur in eine Richtung offen sind.

Der Band ist dem Leiter des SWI, Dr. Hartmut Prybylski gewidmet, dem guten Freund, der mich seit vielen Jahren zur Veröffentlichung der Reden ermutigt und deren Erscheinen ermöglicht hat.

Bochum, im Frühjahr 2004 *Jürgen Ebach*

Was ist der Mensch?*
Bibelarbeit über Psalm 8

Bibelarbeiten gehören zur Tradition der Kirchentage – der großen Deutschen Evangelischen Kirchentage und des kommenden ersten Ökumenischen Kirchentags im nächsten Mai in Berlin, aber auch der regionalen Landeskirchentage in der Tradition vor allem der Kirchen in der DDR. Eine Bibelarbeit soll einen biblischen Text in ein gegenwärtiges Gespräch einbringen. Die Bibel verhilft in einem solchen Gespräch oft nicht oder jedenfalls nicht unmittelbar zu richtigen Antworten. Aber sie verhilft dazu, richtige Fragen zu finden. In einer Zeit, in der mehr Antworten produziert und auf dem Markt angeboten als wirklich kritische Fragen gestellt werden, wäre das nicht wenig. Vielleicht verrückt das Hören auf einen Bibeltext vorgefertigte Denk- und Einstellungsmuster ein wenig. Das könnte bei Menschen geschehen, denen die Bibel vertrautes Glaubensbuch ist und auch bei Menschen, die sie vor allem als ein fremdes und nicht selten auch befremdliches Buch wahrnehmen. Das Fremde ein wenig näher rücken, das scheinbar Vertraute ein wenig fremder machen – darum könnte es gehen in der Interpretation biblischer Texte und Worte – und so auch heute Morgen, wenn wir den 8. Psalm hören und bedenken wollen.

Der Psalm hat eine Überschrift. Sie enthält offenbar Hinweise auf die musikalische Aufführung des Psalms. Den ursprünglichen Adressatinnen und Adressaten waren sie unmittelbar verständlich, wir verstehen sie nur zum Teil. Von einem Musikinstrument ist da womöglich die Rede, vielleicht auch von einer Melodie, nach der der Psalm zu singen war. „Für die musikalische Aufführung. Nach gatitischer Weise", so könnten die ersten Worte des 8. Psalms zu verdeutschen sein. Die „alte Weise", die Melodie kennen wir nicht mehr. Das macht uns darauf aufmerksam, dass nicht wir die ersten oder gar die wahren Adressaten des Psalms und der Bibel überhaupt sind – wir Christen nicht, wir Menschen des 21. Jahrhun-

---

* *Bibelarbeit auf dem Evangelischen Kirchentag in Mecklenburg-Vorpommern 2002 in Neubrandenburg*

derts nicht und wir Deutsche schon gar nicht. Der Psalm kommt von weit her, nicht alles verstehen wir, manches verstehen wir vielleicht auch anders als es damals gemeint war. In dieser Hinsicht ist die Bibel ein klassisches Buch. Das ist ja der Reiz etwa der Stücke Shakespeares oder Schillers, dass sie in jeder Generation anders und neu auf die Bühne kommen müssen und können, um je heute zu Wort zu kommen.

Der 1. Vers des Psalms, die Überschrift, hat einen dritten Teil, der sprachlich leichter zu verstehen ist. Wie viele Psalmen ist auch dieser achte eingeleitet als „Ein Psalm Davids". David war nach allem, was die wissenschaftliche Forschung heute vermuten kann, nicht der Verfasser dieses Psalms. Die biblische Überlieferung hat ihn David zu-geschrieben und eben damit geöffnet für andere Menschen, die in diesem Gebet Israels ihre eigenen Fragen und Nöte, ihr eigenes Staunen und Erschrecken, ihren Dank und ihre Klage wiederfinden können. Wenn Christinnen und Christen im Gottesdienst oder bei einem Kirchentag Psalmen beten und bedenken, dann leihen sie sich Worte, die von weit her kommen. Wir können und wir müssen nicht alles selbst machen, vieles, das mir ganz wichtig geworden ist, kann ich sagen, weil ich mir die Worte dafür geliehen habe von denen, die vor uns waren und ohne die wir nicht wären. Nicht alles selber machen können, nicht alles selber machen müssen – wir werden noch sehen, wieviel das mit dem Thema des Psalms zu tun hat. Versuchen wir, die Worte Davids und unsere Fragen in ein Gespräch zu bringen.

MitMenschlichkeit – das ist das Leitwort dieses Kirchentags. Die ungewöhnliche Schreibweise lädt ein zu verschiedener Betonung (*Mit*menschlichkeit und mit *Menschlichkeit*) und macht auf diese Weise das so geläufige Wort im besten Sinne frag-würdig. Was ist Menschlichkeit, was MitMenschlichkeit? Wir können spüren und erfahren, aber können wir *definieren*, was Menschlichkeit ist? Jede Definition von „menschlich" und „Mensch" ist ein höchst gefährliches Unternehmen. Wann beginnt menschliches Leben, was ist noch kein menschliches Leben und was ist kein menschliches Leben mehr? Wer darf definieren, wer bestimmen, was ein menschliches Leben sei? Wie rasch werden die Definitionen zu Zugriffen auf das Mensch-Sein selbst! Wenn – so lautet eine philosophische Antwort – der *Mensch* das ist, als das er sich selbst begreift, dann gehört die Vielfalt der Entwürfe dessen, was Menschlichkeit sei, kategorial zur Sache selbst. Wäre „Menschlichkeit" einmal definiert, so wäre diese Fest-Stellung der Menschlichkeit zugleich ihr Ende. In einem Gespräch formulierte der jüdische Literaturwissenschaftler und Philosoph Leo Löwenthal einmal einen Satz, der mir nicht aus dem Kopf geht: „... wenn wir eine wirklich menschenwürdige Gesellschaft hätten, würden wir vielleicht zum erstenmal erfassen können, wie schwer es ist, ein Mensch zu sein." (Schriften 4, Frankfurt a.M. 1984, 303)

Aber auch und gerade, wenn man Worte nicht fest stellen will, wird man sich und andere fragen, was Worte bedeuten. Was bedeutet MitMenschlichkeit, was Menschlichkeit? Wir erinnern uns an Beispiele menschlichen, mitmenschlichen Verhaltens. Da sind die großen Vorbilder eines Lebens im Einsatz für Menschlichkeit und Mitmenschlichkeit, Menschen wie Albert Schweitzer und Mutter Theresa, wie Rupert Neudeck und die „Ärzte ohne Grenzen". Aber da gibt es auch die kleinen Erfahrungen, etwa wenn sich eine Lehrerin *menschlich* zeigte, statt allein „objektive" Noten zu geben, wenn ein Politiker die Arbeitslosenzahlen nicht nur verwaltet, sondern die Lebensminderungen eines arbeitslosen Menschen wirklich wahr nimmt, wenn ein Fremder Aufmerksamkeit zeigt, etwa merkt, dass ich Hilfe brauche oder auch nur ein freundliches Wort. Auf eine eigentümliche Weise hat das Wort „menschlich" mit Schwäche zu tun – mit dem Akzeptieren der Schwäche anderer und dem Eingestehen eigener Schwächen. „Irren ist menschlich" – die vielleicht bekannteste Formulierung, in der das Wort „menschlich" vorkommt, benennt das genau. Wenn „irren" menschlich ist, dann wäre – das wird uns noch beschäftigen in dieser Bibelarbeit – ein fehlerloses, perfektes Leben unmenschlich. Freilich gebrauchen wir dieses Gegenwort meist ganz anders. *Unmenschlich* nennen wir Lebensbedingungen und vor allem Taten, die wir als so furchtbar empfinden, dass wir sie am liebsten ausschließen wollten aus dem, was Menschen möglich ist. Wir nennen etwas unmenschlich, weil wir gerne hätten, dass „*wir*" Menschen so etwas nicht tun könnten – bis dahin, dass wir (unausgesprochen und leider nicht selten auch ausgesprochen) die Täter zu „Unmenschen" erklären. Doch das, was man da als „unmenschlich" bezeichnet, können allein Menschen tun. Tiere können nicht grausam sein, weder heimtückisch noch unmoralisch handeln (freilich ebenso wenig moralisch oder barmherzig). Eben das, was wir mit dem Prädikat „unmenschlich" ausgrenzen und loswerden wollen, gehört zu dem, was allein Menschen tun können, zu dem, was Menschen ausmacht. Der Ort von Menschen ist (mit dem Renaissancephilosophen Pico della Mirandola) einer zwischen Engel und Teufel und der Mensch hat etwas von beiden. Dieses große und erschreckende „zugleich" gehört zur Menschlichkeit des Menschen. Das scheinbar „Unmenschliche" lässt sich weder aus der Menschlichkeit herausdefinieren noch durch Empörung und Abscheu austreiben.

Menschlichkeit, MitMenschlichkeit – fragwürdige Worte also. Und in einem ganz besonderen Sinne frag-*würdig* ist auch die Rede von der Menschenwürde. Menschen*würde* – ein mehr als nur kalauerndes Wortspiel macht darauf aufmerksam, dass das Wort „würde" im Deutschen ein Irrealis ist (was ich gerne tun *würde*, ist meist nicht das, was ich tue ...). „Die Würde des Menschen ist unantastbar", heißt es in Art. 1 Abs.1 des Grundgesetzes und dieser Satz gehört zu den Grundartikeln, die mit keiner Mehrheit veränderbar sind. Aber wieder wird das, was da auf den ersten Blick so klar ist, fraglich. Denn was meint dieser Grundgesetzartikel eigentlich? „Die Würde des Menschen ist unantastbar." Heißt das: Die Würde des Menschen *darf* nicht angetastet werden!? Es darf keine Verletzung der Menschenwürde geben, es darf keinen noch so hohen Zweck geben, zu dessen Erreichung die Würde eines Menschen angetastet werden darf. Gewiss heißt es das, aber das setzt ja gerade voraus, dass die Menschenwürde angetastet, verletzt werden *kann*! Oder muss man diesen Grund-Satz des Grundgesetzes auch so lesen: Was immer mit einem Menschen geschehen kann – es gibt da eine Würde, die unverletzlich *ist*, eine Würde, die *unzerstörbar* ist!? Das nämlich würde bedeuten, dass es nichts gibt (nicht nur nichts geben darf, sondern nichts geben kann), das aus einem Menschen ein würdeloses Geschöpf macht. Ich glaube, man muss hier beides hören und eben dadurch wird die Menschenwürde in ihrer Unverletzlichkeit *und* ihrer Verletzlichkeit erkennbar. Menschlichkeit und MitMenschlichkeit haben in ihrem Kern zu tun mit solchen Ambivalenzen, mit Stärke und Schwäche, mit Bedrohlichkeit und Bedrohtheit. Menschlichkeit und MitMenschlichkeit – das sind große und das sind ganz kleine Worte und sie müssen es sein.

Eine frag-würdige Formulierung habe ich noch gar nicht angesprochen, doch auch sie steht zur Debatte, wenn von MitMenschlichkeit die Rede ist und wenn wir mit dem 8. Psalm in dieser Bibelarbeit fragen: *Was ist der Mensch?* Ich meine die Rede von *dem* Menschen. *Der* Mensch – gibt es den? Gehört nicht die Rede von *dem* Menschen zu den abstrakten Definitionen, gegen die je konkretes Menschsein in Schutz zu nehmen ist? Es gibt Frauen und Männer, Alte und Kinder, es gibt Menschen unterschiedlicher Sprachen und Religionen, Kulturen und Hautfarben, es gibt Reiche und Arme, Kranke und Gesunde, Mächtige und Klein-Gemachte, aber gibt es *den* Menschen? Vielleicht ist das die Stelle, an der es am Entschiedensten darauf ankommt, „ja" *und* „nein" zu sagen. Gibt es *den* Menschen? Wo das gefragt wird, bedarf es der Rückfrage. Warum und wogegen fragst du das? Wenn da jemand zu genau zu wissen vorgibt, wie *der* Mensch sei oder zu sein habe, was für *den* Menschen richtig sei, vollends da, wo der männliche Artikel bei „*der* Mensch" so betont wird, als sei *der* Mensch ein männlicher Mensch, dann empfiehlt es sich, in aller Deutlichkeit darauf hinzuweisen, dass es *den* Menschen nicht gibt, dass es nur konkrete und unterschiedliche Menschen gibt. Aber immer da, wo (in welcher Form auch immer) im Blick auf die Menschenwürde und die Menschenrechte unterschieden werden soll zwischen Menschen verschiedener Güteklassen, zwischen mehr und weniger Mensch, dann muss man auf der ununterschiedenen Rede von *dem* Menschen bestehen. Wieder zeigt sich: Es kommt also nicht allein darauf an Antworten auf die Fragen zu finden, sondern ebenso und manchmal mehr noch Fragen auf die Antworten zu finden.

Ich lese Psalm 8 in (m)einer Übersetzung:

Für die musikalische Aufführung. Nach gatitischer Weise. Ein Psalm Davids:

Adonaj/Gott, unser Herrscher, wie großartig ist dein Name auf der ganzen Erde!
Was das angeht: Lege doch deine Majestät an den Himmel!
Aus dem Mund von Kindern und Säuglingen hast du eine Macht gegründet

gegen alle, die dich bedrängen,
auf dass du Feindschaft und Rache aufhören lässt.
Wenn ich deinen Himmel schaue,
das Werk deiner Finger, Mond und Sterne, die du zu Stande gebracht hast –

Was ist der Mensch, dass du an ihn denkst,
das Menschenkind, dass du genau nach ihm siehst!?
Du hast es um weniges geringer gemacht als einen Gott,
mit Würde und Glanz es gekrönt.
Du lässt es walten über die Werke deiner Hände,
alles hast du ihm unter die Füße gelegt:
die Schafe und die Rinder, sie alle, und auch die wilden Tiere des unbewohnten Landes,
die Vögel des Himmels und die Fische des Meeres,
was da die Wege der Meere durchzieht.

Adonaj/Gott, unser Herrscher, wie großartig ist dein Name auf der ganzen Erde!

„Was ist der Mensch?" Diese Frage steht als ein großes Thema in der Mitte des Psalms. Aber die Frage nach dem Menschen steht nicht für sich; sie wird gerahmt und gehalten von den Sätzen, mit denen das Gebet beginnt und schließt. Sie reden Gott selbst an, und zwar mit seinem Eigennamen, der in der hebräischen Bibel geschrieben, doch seit biblischer Zeit im Judentum nicht ausgesprochen wird. Geschrieben wird er mit den Konsonanten j-h-w-h, ausgesprochen wird er in einer jüdischen Tradition *Adonaj* – mit einem allein Gott vorbehaltenen Herrschaftsnamen. Der (nach der Überschrift) erste und der letzte Satz des Psalms lautet: „Adonaj/Gott, unser Herrscher, wie großartig ist dein Name auf der ganzen Erde!" Der Anruf des Namens Gottes bildet die große Klammer, in der vom Menschen die Rede ist. Was vom Menschen gesagt wird, wird *in Gottes Namen* so gesagt. Das ist viel mehr als eine literarische Klammer des Psalms. Es ist die Präambel und die Unterschrift, die dem Richtung und Beglaubigung verleihen, was in dieser Klammer gesagt wird. Den Menschen gibt es nicht an und für sich, es gibt ihn (und sie) *in Gottes Namen*. Die Menschenwürde hat ihren Grund darin, dass der Mensch, jeder Mensch, wie die Bibel es in ihrem ersten Kapitel sagt, als Geschöpf Gottes „Gottes Bild" ist. Gott hat den Menschen nach seinem Bilde geschaffen. Der Mensch ist ein Bild Gottes (Gottes Ebenbild, sagt man auch), im Menschenantlitz wird Gott erkennbar. Kann man etwas Größeres sagen vom Menschen? Aber da ist auch das andere: In der Rede von der Erschaffung des Menschen als Bild Gottes ist ebenso die Differenz zwischen Schöpfer und Geschöpf festgehalten. Der Mensch ist nicht Schöpfer seiner selbst und wo er es sein will, sind Grenzen überschritten, an deren Wahrung viel, letztlich alles liegt. Weil der Mensch Bild Gottes *ist*, soll er sich auch keine Bilder Gottes *machen*. Wo Menschen Götter nach ihrem Bilde machen, da verkehrt sich die Schöpfung ins Chaos – wie immer dann, wenn die Menschen den Himmel auf Erden verwirklichen wollten und wollen, daraus die Hölle wurde. Vielleicht ist ein solcher Zusammenhang der Grund für den eigentümlichen Satz, der in unserem Psalm auf die erste Preisung des Gottesnamens folgt. Der Satz ist nicht leicht zu verstehen, grammatisch nicht und sachlich nicht. Ich habe eng am überlieferten hebräischen Text verdeutscht.

(Adonaj/Gott, unser Herrscher, wie großartig ist dein Name auf der ganzen Erde!)
Was das angeht: Lege doch deine Majestät an den Himmel!

Gibt das überhaupt einen Sinn? Sollte denn Gott seine Herrschaft im Himmel erst wirklich antreten müssen? Ist es nicht klar, dass Gott im Himmel thront – und viel weniger klar, dass ihm auch auf der Erde Respekt erwiesen wird? „Wie im Himmel, also auch auf Erden", heißt es im Vaterunser. So kennen wir das. Und hier nun so etwas wie eine Umkehrung? Wie auf Erden, also auch im Himmel? Ein ungewöhnlicher Gedanke, aber gerade deshalb Grund genug, ihm nach zu denken. Stimmt es denn wirklich, dass Gottes Herrschaft im Himmel gewiss ist? Stimmt es, dass Menschen in unserem Land, wenn sie denn an Gott glauben, an den *einen* Gott im Himmel glauben und dass der Polytheismus, der Glaube an viele Götter, eine längst überholte Religionsstufe ist? Ich glaube das nicht.

Vielmehr meine ich, dass der Himmel, bei Lichte besehen, heute von mehr Göttern bevölkert ist, als er es in antiken Religionen war. Die „Außerirdischen" bevölkern Filme und Videospiele, die Werbung verheißt uns in immer neuen Bildern die Hilfe guter Geister und Mächte – noch immer macht Mars mobil, noch immer tragen die Raketen die Namen der alten Götter und wenn beim „Großen Zapfenstreich" bewaffnete Männer „Ich bete an die Macht der Liebe" zu Gehör bringen, dann wird in meinen Augen aus Kitsch und Macht *Religion*. Natürlich wissen wir, dass es all diese himmlischen Mächte und Geister nicht *wirklich* gibt, aber das heißt nicht, dass sie keine wirkliche Macht hätten. Schließlich kann man auch mit einem gefälschten Scheck echtes Geld und mit falschen Wahlversprechen echte Macht bekommen. Die Macht des Realscheins ist echte Macht, die bloß eingebildeten Götter können Menschen wirklich beherrschen. Nicht *ob* es Gott gibt oder nicht, wird die wirkliche Frage, sondern *wen* oder *was* wir für unseren Gott halten. In seinem Großen Katechismus hat Martin Luther das vor fast 500 Jahren so ausgedrückt, dass in alter Sprache etwas sehr Aktuelles zu Wort kommt, am Ende *der* Gott, dem in unserer Gesellschaft die meisten Menschen vertrauen. Ich zitiere einige Sätze aus Luthers Auslegung des Ersten Gebots, in dem es heißt:

Du sollst nicht andere Gotter haben.

Das ist, Du sollst mich alleine fur Deinen Gott halten. Was ist das gesagt und wie verstehet man's? Was heißet ein Gott haben oder was ist Gott? Antwort: Ein Gott heißet das, dazu man sich versehen soll alles Guten und Zuflucht haben in allen Nöten. (...) Worauf Du nu (sage ich) Dein Herz hängest und verlässest, das ist eigentlich Dein Gott. (...) Es ist mancher, der meinet, er habe Gott und alles gnug, wenn er Geld und Gut hat, verläßt und brüstet sich drauf so steif und sicher, daß er auf niemanden nichts gibt. Siehe, dieser hat auch einen Gott, der heißet Mammon ...

„Was das angeht", heißt es in unserem Psalm: „Lege doch deine Majestät an den Himmel!" Eine ungewöhnliche Bitte, eine, der es nach zu denken lohnt. Ebenso merkwürdig ist der folgende Satz des Psalms, der vom ganz Großen zum ganz Kleinen springt:

Aus dem Mund von Kindern und Säuglingen hast du eine Macht gegründet
gegen alle, die dich bedrängen,
auf dass du Feindschaft und Rache aufhören lässt.

Eine Macht im Mund von Kindern und Säuglingen? Aber haben denn Kinder und Säuglinge Macht? Schon die alten Übersetzer der hebräischen Bibel ins Griechische haben das nicht verstehen können und den Text geändert. Vom *Lob* Gottes im Mund von Kindern und Säuglingen ist dann die Rede. Das ist gewiss leichter zu verstehen (und gewiss auch ein schöner Gedanke). Aber ich möchte beim Lesen und Übersetzen der Bibel gerade an den Stellen, die mir nicht sogleich einleuchten, beim Text bleiben und die eigenen Gedankenmuster befragen, statt den Text dem anzupassen, was ich ohnehin meine. Nehmen wir also ernst, was da steht und fragen noch einmal: Haben Kinder und Säuglinge Macht? Was wäre, wenn nicht Männer die alten Texte übersetzt und vor allem Männer sie an ihren Schreibtischen ausgelegt hätten, sondern wenn vor allem Frauen und Mütter das getan hätten? Ich stelle mir eine Mutter vor, die Psalm 8 zu übersetzen hätte und durch das Schreien oder auch nur das leise Wimmern ihres Säuglings bei eben diesem Vers unterbrochen worden wäre. Da wäre eben diese Unterbrechung schon die Antwort gewesen. Der unbedingte Anspruch eines Kleinkindes, das nicht durch den Hinwies, man habe jetzt Wichtigeres zu tun, aufzuschiebende Schreien eines Säuglings – das ist Macht. Manchmal empfinde ich diese Macht als gar nicht so angenehm, zum Beispiel wenn ich bei einem Vortrag von lauten Kinderstimmen oder herumlaufenden Kindern in der Konzentration gestört bin oder meine Zuhörenden abgelenkt meine. Und dann fällt mir dieser Psalmenvers ein und ich versuche eben diese Macht von Kleinkindern und Säuglingen als etwas zu verstehen, in dem sich Gott eine Macht bereitet hat. Das kann heilsam werden, zum Beispiel darin, dass ich mich frage, ob mein Reden denn wirklich so wichtig ist, wie ich gern meine.

„Wer nicht das Reich Gottes annimmt wie ein Kind", heißt es im Lukasevangelium (18,17), „wird nicht hineinkommen." Das ist ein bekannter Jesussatz – aber was meint er eigentlich? Dass, wie ich es von meiner

Großmutter hörte, Kinder keine Sorgen haben, stimmt gewiss nicht, dass Kinder lieber und friedlicher seien als die Großen, stimmt vielleicht auch nicht. Jedenfalls lauert auch hier der Kitsch, die freundliche Form der Lüge. Deshalb noch einmal die Frage: *Worin, wie* soll man wie die Kinder werden, um in das Gottesreich zu kommen? Ist die Hilfsbedürftigkeit der Kinder hier der Vergleichspunkt, das nicht auf die eigene Leistung Setzen? Das mag sein, aber vielleicht ist auch ein anderer Gedanke hilfreich. Wenn man einem kleinen Kind versprochen hat, mit ihm, sagen wir: Heute Nachmittag in den Zoo zu gehen – und dann kommt etwas dazwischen und man kann das Versprechen nicht halten und sagt: „Aber nächste Woche ganz bestimmt ...", dann ist für das Kind „nächste Woche" – *nie*. Die Macht der Kinder besteht auch darin, dass sie sich so schwer mit dem abfinden wollen und können, was wir Erwachsenen so gerne „die Realitäten" nennen. Vielleicht bedarf es dieses „jetzt oder nie", wenn es um Umkehr geht und um das Gottesreich. Wer immer erst noch etwas anderes zu erledigen hat, verpasst oft den entscheidenden Moment.

Nun geht der Psalmenvers, der von der Macht Gottes im Munde von Kleinkindern und Säuglingen spricht, ja weiter und die Fortsetzung führt noch auf eine andere Spur:

Aus dem Mund von Kindern und Säuglingen hast du eine Macht gegründet
gegen alle, die dich bedrängen,
auf dass du Feindschaft und Rache aufhören lässt.

Warum und wie kann Kindermacht Feindschaft und Rache unterbrechen und zum Ende bringen? In vielen Kulturen gibt es den Brauch, Feinden Kinder entgegen zu halten und bei ihnen auf diese Weise eine Gewalthemmung zu bewirken. Wenn sich Gottes Macht in einer solchen Kraft zeigt, dann überbietet sie die Gewalt nicht mit Gewalt, die Rache nicht mit Rache. Mit solcher Macht ist nicht darauf zu hoffen, dass die Feinde beseitigt werden, sondern die Feindschaft, nicht dass die Richtigen siegen, sondern dass das Siegen und Siegen-Müssen endlich aufhört. Es ist schlimm, wenn die Unterschiede zwischen gut und böse nicht mehr wahr genommen werden. Mindestens ebenso schlimm ist es aber, nicht gut und böse, sondern *die* Guten und *die* Bösen zu unterscheiden und dabei sich und die eigene Position stets zu den Guten zu rechnen.

Noch einmal geht der Blick des Psalmendichters zum Himmel hinauf:

Wenn ich deinen Himmel schaue,
das Werk deiner Finger, Mond und Sterne, die du zu Stande gebracht hast –

Die alten Kulturen haben im Lauf der Gestirne eine „Himmelsschrift" gesehen. Wer sie zu deuten vermochte, konnte voraussagen, was auf der Erde geschehen werde. In der Antike war die *moira*, das *fatum*, das Schicksal eine Macht, der selbst die Götter unterworfen waren. Die ungebrochene Konjunktur der Astrologie zeigt, dass nicht nur in der Antike so gedacht wurde. (Ich habe vor einiger Zeit gehört, es gebe in Deutschland mehr beruflich arbeitende Astrologinnen und Astrologen als Pfarrerinnen und Pfarrer beider großer Konfessionen zusammen ...) Dass unser Geschick in den Sternen stehe, ist offenbar für viele ein attraktiver Gedanke. Ein Grund dafür mag die Entlastung sein, die darin stecken könnte. Letztlich ist alles vorbestimmt, meinem Schicksal kann ich ohnehin nicht entgehen, es kommt eben alles so, wie es kommen muss, es ist nun einmal so – und wie diese buchstäblich *fatalen* Sätze alle heißen mögen. Die Bibel widerspricht solchem Schicksalsglauben entschieden. Nicht das Schicksal schreibt die Himmelsschrift, von der der Psalm redet, es ist Gottes Schrift, Gott hat die Gestirne zu Stande gebracht. Und Gott kann ändern, was ist. Nichts ist „nun einmal so". Die Bibel mutet und traut Menschen zu das Mögliche zu tun, sich nicht abzufinden mit Unrecht und Gewalt, mit Hunger und Not. Wenn der Mensch *nach den Sternen greift*, dann macht sich das *Geschöpf Gottes* viel zu groß. Wenn er meint, das Schicksal *stehe in den Sternen*, dann macht das *Bild Gottes* sich viel zu klein. Es gibt ein „groß" und ein „viel *zu* groß", es gibt ein „klein" und ein „viel *zu* klein" bei der Frage, die in der Mitte des Psalms steht. Wenn ich den Himmel schaue und in ihm Gottes Größe ... – und dann bricht der Satz geradezu ab, dann (so muss man das wohl hören:) frage ich mich:

„Was ist der Mensch?" – vielleicht noch genauer übersetzt. „Was ist das Menschlein"?

Was ist der Mensch, dass du an ihn denkst,
das Menschenkind, dass du genau nach ihm siehst!?
Du hast es um weniges geringer gemacht als einen Gott,
mit Würde und Glanz es gekrönt.
Du lässt es walten über die Werke deiner Hände,
alles hast du ihm unter die Füße gelegt:
die Schafe und die Rinder, sie alle, und auch die wilde Tiere des unbewohnten Landes,
die Vögel des Himmels und die Fische des Meeres,
was da die Wege der Meere durchzieht.

Staunen und Erstaunen bilden den Grundton dieser Verse. Was ist der Mensch, das Menschlein, das Menschenkind angesichts der Majestät Gottes, der Größe der ganzen Erde, der Weite des Himmels und der Meere? Auch bei der Auslegung eines Psalms ist der Blick auf die Texte wichtig, die ihm vorausgehen und folgen. Die Psalmen im Kontext von Psalm 8 sind voller Klagen und Bitten in der Not und Bedrohtheit des Lebens der kleinen und klein gemachten Leute. Inmitten dieser Klagen und Bitten kommt in Psalm 8 ein Gegenton zu Wort: Warum hat dieser kleine Mensch eine so gewaltige Aufgabe bekommen? Warum hat Gott diesem Geschöpf die Gestaltung der Erde übertragen, ihm die Herrschaft über die Tiere gegeben, ihn zum Herrscher der Welt gekrönt? Hoheitstitel wie „Würde" und „Glanz", die einem Herrscher eignen oder und vor allem Gott selbst, sind hier dem Menschen zugesprochen.

„Was ist der Mensch?" Die große Frage wird bemerkenswerterweise in diesem Psalm nicht wirklich beantwortet. Es gibt nichts am Menschen selbst, das zur logischen Antwort auf diese Frage werden könnte. Der Psalm gibt die Frage an Gott zurück und bleibt beim Staunen. In diesem Staunen können Stolz und Erschrecken zusammen kommen. Der Zwiespalt zeigt sich rasch, wenn man sich auf die Debatten um diese einzigartige Rolle des Menschen in der Welt einlässt. Da gibt es, grob gesagt, zwei strikt gegensätzliche Positionen. Die einen folgern aus der Rolle des Menschen als „Krone der Schöpfung" dessen Ermächtigung, die Welt seinen Zwecken verfügbar zu machen. Der Mensch sei, so hat es der Philosoph René Descartes formuliert und positiv gemeint, der „Meister und Besitzer der Natur" (maître et possesseur de la nature). Menschen haben in dieser Sicht das Recht, die Natur nach ihren Bedürfnissen zu beherrschen, herauszuholen, was herauszuholen ist, zu züchten, zu klonen, zu schaffen, was das Material hergibt. Dagegen betrachten andere eben das als die Hauptsünde des Menschen, dass er sich über die Mitgeschöpfe erhebe, ihnen seinen Willen aufzwinge, sie beherrsche. Der Mensch müsse stattdessen lernen, ein Geschöpf mit und unter anderen zu sein, den Gesetzen der Natur folgen, statt sie beherrschen zu wollen. Wer so argumentiert, wird Tierversuche prinzipiell ablehnen, womöglich nichtvegetarische oder gar nichtvegane Nahrung als Verbrechen an den Tieren ansehen und jede Form der technischen Naturbeherrschung kritisch betrachten.

Ich habe beide Positionen jetzt sehr holzschnittartig skizziert, es gibt da viele Zwischenstufen. Aber ich will die Alternative so deutlich wie möglich machen, um nun zu fragen, welche der beiden Positionen sich auf unseren Psalm eher berufen könne. Die Antwort scheint mir deutlich: *Keine der beiden*. Der Psalm ist von beiden skizzierten Haltungen gleich weit entfernt. Weder macht er den Menschen zum eigenmächtigen Herrscher der Welt noch ebnet er die einzigartige Rolle des Menschen in der Welt ein in ein allgemeines Naturgesetz oder ein gleiches Recht für alle Geschöpfe. Der Mensch soll die Welt gestalten, das ist seine einzigartige Aufgabe, aber diese Aufgabe ist keine menschliche Eigenmacht und auch nicht das Gesetz der Evolution, sondern von Gott verliehene Macht. Welt*gestaltung* ist diese Aufgabe, nicht Welt*herrschaft*.

In der biblischen Schöpfungsgeschichte, mit der unser Psalm vieles gemeinsam hat, werden die Grenzen dieser Herrschaft ganz deutlich. Weder die Verfügung über die *Zeit* obliegt dem Menschen noch die über die *Arten* der Tiere und Pflanzen. Von einer Verfügung über die Mitgeschöpfe zu den beliebigen Zwecken des Menschen kann da keine Rede sein. Von Herrschaft in *Grenzen* und von Herrschaft im *Auftrag* sprechen 1. Mose 1 und unser Psalm, aber – und das unterscheidet die Bibel von jener zweiten Position – durchaus von *Herrschaft*. Der Mensch ist von Gott als sein Gegenüber erschaffen („Bild Gottes" nennt das die Schöpfungsgeschichte), der Mensch hat den Auftrag die Welt zu gestalten. Er ist Geschöpf mit anderen, aber nicht Geschöpf unter anderen. Gefordert ist zwischen dem „zu groß" und dem „zu klein" im Denken, Handeln und Glauben von Menschen eine Gratwanderung, bei der man auf beiden Seiten abstürzen kann. Diese schwierige Balance hält der Psalm selbst in einer eigentümlichen Formulierung. Vom Menschenkind heißt es:

Du hast es um weniges geringer gemacht als einen Gott …

„Um weniges geringer" – es gibt da also, was die Würde, die Krone, die Herrschaft angeht, nur eine *geringe* Differenz, aber es gibt ebenso eine grundlegende *Differenz*. Und nun wüssten wir vermutlich alle gerne dieses „um weniges geringer" zu quantifizieren. Es wäre doch schön, wenn uns der Psalm nicht nur staunend von dieser kleinen, aber offenbar so wichtigen Differenz zu sprechen wüsste, sondern exakt sagte, was genau wir noch tun dürfen und sogar sollen und wo die Grenze überschritten ist. Dürfen wir neue Tier- und Pflanzenarten züchten, dürfen wir Tiere und am Ende Menschen klonen, dürfen wir bestimmen, wann das Leben beginnt und wann und wie es endet, dürfen wir möglichst nur Kinder geboren werden lassen, die einem Wunschbild entsprechen? Viele unter Ihnen, stelle ich mir vor, werden bei diesen Fragen zu einem ziemlich entschiedenen „nein" tendieren (ich auch). Aber dann gibt es ja die Gegenfragen: Dürfen wir mit einer sehr teuren Operation das Leben eines Menschen retten, der ohne die neueste medizinische Technik sterben würde? Dürfen wir gentechnologisch hergestellte Medikamente zum Beispiel gegen Diabetes entwickeln? (Die Antwort wird bei denen, die ein schwer zuckerkrankes Kind haben, anders ausfallen, als bei denen, denen sie sich abstrakt stellt.) Darf man eine hirn*tote* schwangere Frau über Monate künstlich am *Leben* halten, bis sie ihr Kind geboren hat? Dieser Fall beschäftigte die Öffentlichkeit vor mehreren Jahren. Und heute? Die Debatten um die Stammzellenforschung haben gezeigt, wie schwer die konkreten Antworten, die genauen Grenzziehungen sind. Aber es hilft nichts: Wir müssen diese Fragen stellen und diskutieren und wir müssen dann bei einem bestimmten Stand der möglichst freien und weiten Debatten in demokratischer Mehrheit Grenzen setzen und sie wahren. In einer multireligiösen und multikulturellen Gesellschaft wie der deutschen kann nicht *eine* Konfession, *eine* Religion, *eine* kulturelle Prägung, *eine* ethische Argumentation das alleinige Recht beanspruchen. Aber auch für Christinnen und Christen gibt es in vielen konkreten Einzelfragen mehr als *eine* mögliche Haltung, Entscheidung und Praxis. Wer meint, die Bibel sage eindeutig, was richtig, wenigstens was christlich sei, macht es sich zu einfach. Ein Blick in die Bibel, zum Beispiel in unseren Psalm, hilft uns die Fragen so genau und so richtig wie möglich zu stellen, die Bibel gibt uns keine eindeutigen Antworten, geschweige denn Rezepte für das Tun und (was ja hier ebenso wichtig wird) das Lassen. Der Psalm gibt uns kein Rezept, aber für die notwendige demokratische Entscheidung in diesen schwierigen Fragen gibt er uns einen sehr wichtigen Hinweis. Ich will das verdeutlichen:

Mit einer ganzen Reihe von Worten nimmt Psalm 8 die Sprache altorientalischer Königstitulaturen auf. Von *Krönung* ist die Rede, von *Würde* und *Glanz* (man kann auch übersetzen *Herrlichkeit, Glorie* und *Hoheit*) von *Herrschaft*. Aber all diese Hoheitstitel und Würdenamen beziehen sich – das ist eine große Pointe dieses Psalms wie der Schöpfungsgeschichte am Anfang der Bibel – nicht auf einen König, sondern auf *den* Menschen. „Bild Gottes" ist nicht, wie sonst im alten Orient, der Herrscher, sondern der *Mensch*; mit königlicher Würde, mit Glanz und Pracht ausgestattet ist in unserem Psalm nicht der König, sondern *der* Mensch, das Menschlein, das Menschenkind. Die Bibel hat an diesen Stellen einen zutiefst demokratischen Zug. *Der* Mensch soll herrschen – das heißt dann auch und entschieden: Menschen sollen nicht über Menschen herrschen! *Der* Mensch soll herrschen – das heißt dann ebenso, dass alle die Formen der Naturbeherrschung ihre Berechtigung verlieren, die dazu dienen, dass Menschen Macht über andere Menschen gewinnen wollen. Gibt es etwa ein Interesse *des* Menschen an Luxuspelzmänteln, an Tierversuchen für die Kosmetikindustrie? Sind das nicht Prestigeprodukte und -objekte, mit denen Menschen sich über Menschen erheben wollen, zeigen, dass sie erfolgreicher, wertvoller sind als andere? Aber es gibt ein Interesse des Menschen an der Erforschung und Erprobung von Medikamenten gegen schreckliche Krankheiten, die womöglich Tierversuche erforderlich machen, wenn man denn nicht lieber „Menschenversuche" hätte. Noch immer wird daraus kein Rezept, aber ein wichtiges Kriterium der Entscheidungen wäre gegeben. Und wieder zeigt sich: Trotz aller Notwendigkeit, das konkrete Leben der vielen einzelnen je unvergleichlichen und einmaligen Menschen nicht im Kollektiv „*der* Mensch" verschwinden zu lassen, bleibt es ebenso wichtig von *dem* Menschen zu reden.

Was ist der Mensch, was ist menschlich? Ich komme noch einmal zurück auf das berühmte „Irren ist menschlich." Meist sagt man das resigniert oder auch tröstend, wenn einem selbst oder anderen ein Fehler unterlaufen ist. Man meint dann, dass irren nun *leider* einmal menschlich sei. Viel lieber aber würde man sich nie irren ... Ist das richtig? Oder ist die Irrtumsfähigkeit nicht *leider Gottes*, sondern – mit der großen Klammer am Anfang und Ende unseres Psalms sage ich betont – *in Gottes Namen* und *Gott sei Dank* etwas, das zum Menschen gehört? In der jüdischen Überlieferung heißt es: „Alle Dinge hat Gott fertig geschaffen. Den Menschen aber schuf er auf Hoffnung hin." Diese Offenheit unterscheidet den Menschen vom Tier. Gott bestimme alles vorher, so steht es in der jüdischen Auslegung der Schöpfungsgeschichte, aber nicht, ob ein Mensch Gutes oder Böses tut. Der freie Wille des Menschen aber wird zur Gefährdung der Welt. Die Überlieferung erzählt in immer neuen Geschichten, dass und wie sich Gott einlässt auf das zwiespältige Unternehmen der Erschaffung des Menschen. Der Midrasch (die erzählende rabbinische Schriftauslegung) lässt Gott im Selbstgespräch das Problem erörtern: Wenn er Menschen erschaffen wird, wird es auch Sünder geben, erschafft er sie nicht, wird es auch keine Gerechten geben. Um sich auf das fragwürdige Projekt „Mensch" einlassen zu können, verdrängt Gott, so kann erzählt werden, bei sich selbst die Eigenschaft des Gerichts und schafft den Menschen allein mit der Eigenschaft der Barmherzigkeit. Ist der Mensch das Produkt göttlicher Verdrängungsleistung? Hat Gott sich geirrt? Wäre am Ende „irren" nicht nur menschlich, sondern auch *göttlich*? Ein kühner Gedanke, nicht unbedingt ein unbiblischer. In vielen dieser Auslegungen der Schöpfungsgeschichten spielen die Engel eine Rolle. Zwei solcher Geschichten will ich Ihnen erzählen; sie haben viel zu tun mit der Grundfrage „Was ist der Mensch".

Als Gott die Engel fragte, ob er den Menschen erschaffen solle, bildeten sich Parteien unter ihnen. Die einen sagen, er solle erschaffen werden, die anderen, er solle nicht erschaffen werden. Der Engel der Liebe spricht sich für den Menschen aus, denn er werde liebesfähig sein; der Engel der Wahrheit ist strikt gegen den Menschen: Er werde lügen. *Für* den Menschen ist der Engel der Gerechtigkeit, denn der Mensch werde Gerechtigkeit praktizieren können. *Dagegen* ist der Engel des Friedens: Der Mensch wird voller Streitsucht sein. Würde ich jetzt diese Auslegung der Schöpfungsgeschichte ausführlicher erzählen können, so zeigten sich noch viele spannende Einzelheiten und vor allem, dass und wie diese Geschichten nicht frei *er*funden sind, sondern in und aus genauester Auslegung biblischer Worte *ge*funden werden. Aber auch in dieser Kurzfassung wird sichtbar, dass alle Engel so urteilen, wie es ihrem (neuzeitlich gesagt) *Ressort* entspricht. Der Engel der Liebe muss nicht prinzipientreu sein, denn die Liebe ist es nicht. Anders die Wahrheit. Wer einmal lügt, dem glaubt man nicht und eine halbe Wahrheit ist oft eine ganze Lüge. Die Gerechtigkeit wird dem Schwachen und Bedrohten allemal eine Chance lassen, wenn sie *biblische* Gerechtigkeit ist. Und dass es um den Frieden in der Welt besser stünde, wenn es den Menschen nicht gäbe, versteht sich leider von selbst. Alle Engel urteilen also nach ihren Kriterien, das ist das eine. Und alle Engel haben Recht, das ist das andere. Menschen sind zur Liebe fähig und zur Lüge, sie können gerecht sein und brechen den Frieden. Wie soll es zu einer Entscheidung kommen in einer Frage, in der die gegensätzlichsten Positionen zugleich im Recht sind und es zudem noch bei einem, heute würde man sagen: Abstimmungs-Patt bleibt? Die Geschichte hat eine wunderbare Pointe: Gott fragt irgendwann die Engel, was ihre Diskussion solle – er *habe* den Menschen bereits erschaffen. Gott wartet nicht das Ende der Grundwertedebatte im Himmel ab (die wäre naturgemäß endlos), er handelt und lässt sich ein auf das Projekt „Mensch", das Projekt mit offenem Ausgang.

Ich möchte Ihnen von einem zweiten Streit der Engel mit Gott erzählen. Er wird erzählt im Midrasch zur Auslegung von Psalm 8 (unseres Psalms also). Als Gott den Menschen die Gebote gegeben habe, so wird erzählt, hätten die Engel protestiert. Die Gebote seien heilig und sie seien heilig und daher gehörten die Gebote zu ihnen in den Himmel und nicht in die Hand ausgerechnet dieser unheiligen Menschen. Und dann folgt ein Gleichnis:

Da war ein Mann mit einem Sohn, der nur neun Finger hatte. Der Mann gab seinen Sohn bei einem Seidenspinner in die Lehre, damit der ihn sein Handwerk lehre. Der Sohn macht keine Fortschritte und der Mann beschwert sich bei dem Meister. Dieses Handwerk, so der Meister, erfordert alle zehn Finger und deshalb kann dein Sohn es nicht lernen.

Was soll dieses Gleichnis an dieser Stelle? Die fehlerbehafteten Menschen, die gleichsam nur neun Finger haben, bedürfen der Gebote wie einer Prothese, während die perfekten Engel ohne ein solches Hilfsmittel auskommen? So oder so ähnlich könnte man sich das denken, aber die Fortsetzung stellt diese Erwartung schier auf den Kopf:

So, heißt es, habe Gott den Engeln gezeigt, dass die Gebote sich auf Lebensbereiche beziehen, für die den Engeln etwas fehlt: Krankheit, Mangel, Gebrechen, Schuld, Tod.

Ich finde diese Pointe atemberaubend. Die mit den neun Fingern, die, denen etwas fehlt, das sind die perfekten Engel. Perfektibilität, Irrtumslosigkeit, permanente Gesundheit und Stärke – eben das kommt hier als Mangel in den Blick. Perfekt zu sein ist ein Defizit. „Irren ist menschlich" – das heißt gerade auch: Irrtumsfähigkeit ist nicht weniger, sondern mehr als Perfektibilität. Es ist kein Zufall, dass sich diese Geschichte in der Auslegung unseres Psalms findet. Was ist der Mensch? Ein fehlerbehaftetes, irrtumsfähiges und gerade darum auf Zukunft und Hoffnung hin ausgerichtetes Geschöpf.

Eine für diesmal letzte jüdische Geschichte aus dem Nachdenken über die Schöpfungsgeschichten. Sie hat zu tun mit einem weiteren Punkt, in dem man heute zunehmend einen Mangel des menschlichen Lebens sieht – aber ich will die Pointe nicht vorwegnehmen. Es ist diesmal eine der Geschichten aus dem osteuropäischen chassidischen Judentum des 18. und 19. Jahrhunderts, die Martin Buber gesammelt, bearbeitet und weitererzählt hat.

Ein chassidischer Frommer fragte einmal den Rabbi Bunam nach einer Schriftstelle, die er nicht verstehe. Es war der Fluch über die Paradiesschlange, die, weil sie die Menschen dazu verführte, Gott gleich sein zu wollen, fortan auf dem Boden kriechen und Erdstaub fressen soll, wie es in 1. Mose 3 zu lesen ist. Das sei doch keine Strafe, sagte der Mann, das sei doch eher ein Segen, denn wenn die Schlange Erdstaub fressen solle, dann sei sie doch das einzige Lebewesen, das immer genug zu essen habe. Ja, erwiderte der Rabbi Bunam, sie werde nie um etwas bitten müssen. Das sei ihre Strafe.

Nicht auf die Hilfe anderer angewiesen sein – auch das ist wie die Irrtumslosigkeit kein Vorzug und kein Segen, sondern ein Mangel. Erst im Aufeinander-Angewiesensein wird Menschlichkeit zu Mitmenschlichkeit. In einer Zeit, in der man zunehmend darüber nachdenkt, ob das Leben eines Menschen, der fortdauernd auf die Hilfe anderer angewiesen ist, überhaupt noch ein lebenswertes Leben sei, ist diese Erinnerung buchstäblich not-wendig.

Was ist der Mensch? Unser Psalm und die Auslegungsgeschichten in seinem Umkreis haben uns viel zu sagen und zu fragen. Eine Antwort im Sinne einer Definition liefern sie gerade nicht – und das ist auch gut so. Der Mensch ist klein und groß, hilfsbedürftig und machtvoll, fähig zur Gestaltung und zur Zerstörung der Erde. Die Gestaltung der Erde aber ist seine große Aufgabe, die Aufgabe der Arbeit. Arbeit gehört in der Bibel zum Menschsein. In der biblischen Geschichte hat der Mensch im Paradies gearbeitet (das Paradies ist kein Schlaraffenland) und (erstaunlicher noch) auch da, wo die Bibel die kühnsten Utopien eines glücklichen Lebens entwirft, gehört die Arbeit dazu. Wenn ich vor dreißig oder noch vor zwanzig Jahren davon erzählte, schauten mich die Leute verwirrt an. *Arbeit* im Paradies, Arbeit im Traum einer rundum glücklichen Lebenswelt? Seit einiger Zeit hat sich das gründlich geändert. Für immer mehr Menschen ist es kein Glückstraum, nie wieder arbeiten zu müssen, sondern wieder arbeiten zu können. Wir leben in einer absurden Situation. Da sind manche Menschen darauf stolz, dass sie viel zu viel arbeiten. Überarbeitung, Stress, der volle Terminkalender, nie Zeit haben – das ist ja heute geradezu der Ausweis von Erfolg. Und da sind viele – viel zu viele, die nicht arbeiten können, obwohl sie arbeiten wollten. In der Bibel gehört Arbeit zum Leben. Aber auch da muss man wieder ganz genau hinschauen. Das biblische Ideal ist ein Leben *mit* Arbeit, aber nicht ein Leben *durch* Arbeit. Wer arbeitslos ist, ist nicht weniger Mensch, das muss festgehalten werden gegen alle Minderungen und Selbstminderungen. Aber denen, denen die Arbeit (ich rede jetzt gezielt von der Erwerbsarbeit) verweigert wird, wird etwas verweigert, was zum Leben gehört und worauf sie einen Anspruch haben. Zum Menschen aber wird der Mensch nicht durch Arbeit, sondern dadurch, dass Gott ihn als Partner in der Weltgestaltung gewählt hat, als das Geschöpf, das eine offene Zukunft hat in Hoffnung und Gefährdung, mit allen Chancen und Risiken.

Was ist der Mensch? Der Psalm beantwortet diese Frage nicht, sie lässt sich nicht eindeutig beantworten. Was ist der Mensch? Das wird, das muss sich zeigen immer wieder und immer neu. Eines aber ist in unserem Psalm deutlich. Der Mensch und die Menschenwürde sind umgriffen und getragen vom Namen Gottes. Das ist die große Klammer, so beginnt und so endet der Psalm. Wer auf diesen *achten* Psalm *achten* will, könnte das in größter Kürze dann vielleicht so sagen: In Gottes Namen Mit-Menschlichkeit.

„Kein Aug' hat je gespürt ..."*

Vom Sehen Gottes und der Menschen. Documentapredigt

Liebe Gemeinde,

mit spannenden und irritierenden Gegensätzen haben Sie es in der Predigtreihe zu tun, in der ich heute Morgen als Gast in dieser Kirche predigen darf, mit Spannungen und Irritationen in mehrfacher Hinsicht. Da ist der Titel des Kulturprogramms der Evangelischen Kirche in Kassel während der Documenta 11. Er lautet: *Der freie Blick.* Und da ist die Überschrift dieser Predigtreihe, die eine Zeile eines Chorals von Philipp Nicolai aufnimmt: *„Kein Aug' hat je gespürt".* Vom freien Blick ist da also die Rede *und* von dem, was kein Auge je gespürt, was kein Mensch je gesehen hat. Und da gibt es eine weitere Spannung, wenn Kunst und Bibel in einem evangelischen Gottesdienst zusammenkommen (oder auch zusammen*stoßen*?). Denn in der Bibel stehen in eben dem 2. Mosebuch, in dem der Predigttext für diesen Gottesdienst steht, die Zehn Gebote und unter ihnen das Bilderverbot. Das Bilderverbot und die Bilder – die vielen Sprachbilder und Bildworte der Bibel selbst und die Bilder der Kunst, seit Menschen ihrem Leben Ausdruck geben – der freie Blick und das, was kein Auge je gespürt: *Geht* das zusammen, *wie* geht das zusammen?

Damit wir einen *freien Blick* auf den Predigttext aus 2. Mose 33 tun und fragen können, wie sich die biblischen Worte und – ganz wörtlich – die biblische *Sicht* in diese Fragen einmischen können, sollte ich erzählen, was ihm vorangeht. Denn der aufregende Wortwechsel zwischen Mose und Gott in unserem Predigttext ist Teil eines mehrere Kapitel umfassenden dramatischen Geschehens, das seinen Ausgang nimmt von einem Bild, einem Gottesbild.

---

* Predigt über 2. Mose 33,12-23 am 8. Sonntag nach Trinitatis, 21. Juli 2002, in der Stadtkirche St. Martin in Kassel im Rahmen der Predigtreihe zur Documenta 11

Mose war lange auf dem Berg Sinaj, um dort Gottes Gebote entgegen zu nehmen – für die verunsichert auf ihn Wartenden *zu* lange. Das Volk Israel hatte nach dem Exodus, der Befreiung aus dem ägyptischen Sklavenhaus, den beschwerlichen Weg durch die Wüste zu bewältigen. Die *Freiheit* wollte man wohl gern, doch der end- und ziellos scheinende Weg der *Befreiung* wird zur Last. Woran soll man sich in der permanenten Unsicherheit festhalten? Am bloßen Wort eines Gottes, der verhüllt in Wolke und Feuerschein auf dem Weg vorangeht, doch selbst nicht zu sehen, nicht zu be*greifen* ist? Ein Gott, der stets voraus, doch nie zu haben ist? So kommt es, dass das Volk einen sichtbaren Gott haben will, einen Gott zum Anfassen, einen Gott, in dem man sehen kann, was einem und einer selbst wertvoll ist. Der Priester Aaron folgt diesem Bedürfnis, er lässt ein goldenes Stierbild verfertigen (ein goldenes *Kalb*, wie man meist sagt, ist das nicht, sondern ein mächtiger, starker, potenter Jungstier). Das Volk will keinen *anderen* Gott als den, der es befreit hat, es will diesen Gott *anders*, nicht voraus und verhüllt, nicht im Wort allein. Die Menschen wollen sich von Gott ein Bild machen, Gott soll, was die Bedürfnisse der Menschen angeht, *im Bilde* sein. Das sind ja, liebe Gemeinde, nur zu verständliche Bedürfnisse. Wer kann denn schon vom Wort allein leben? Wer kann sich denn festmachen an einem Gott, der nie zu haben ist? Und wie soll man an etwas glauben, von dem man sich kein Bild machen kann? Allein das ist es eben. Wer sich ein Bild Gottes macht, hat sich einen Gott gemacht und ein so gemachter Gott kann nicht Israels Gott, kann nicht Gott sein, wie die Bibel ihn bezeugt. In den Zehn Geboten steht es: Die Verehrung eines Gottes*bildes* ist die Verehrung eines *fremden* Gottes.

Der Zorn des Mose ist gewaltig: Er kommt vom Gottesberg herab, hört und sieht, was geschehen ist und zerschmettert voller Wut die Gesetzestafeln. Noch gewaltiger ist der Zorn Gottes. Gott kündigt nicht weniger an als das *ganze Volk* zu vernichten. Und nun springt Mose in die Bresche. Er bewegt Gott sein Wort *nicht* wahr zu machen, er entbindet Gott von der schrecklichen Alternative entweder nicht die Wahrheit gesagt zu haben oder seine Wahrheit auf Leichenbergen zu errichten. Und Gott *lässt* sich ins Wort fallen. Er nimmt um den Preis der Inkonsequenz die Vernichtungsansage zurück, doch er bleibt, wenn man das so sagen darf, erkennbar reserviert. Gott sagt nämlich, nicht er selbst werde von nun an dem

Volk in die verheißene Heimat, ins Israelland, vorangehen, sondern – nur – ein Engel. Das Volk zu führen soll die Aufgabe des Mose sein. Das ist (in groben Zügen) die Vorgeschichte des Predigttextes, den ich nun lese. Mose spricht zu Gott, der an dieser Stelle mit seinem Eigennamen genannt ist. Der Gottesname wird in der Bibel *geschrieben*, aber seit biblischer Zeit nicht *ausgesprochen*. Man sprach und spricht anstelle des Gottesnamens entweder das Wort „der Name" oder (so will ich es hier tun) den allein Gott vorbehaltenen Herrschaftstitel „Adonaj". Ich lese aus dem Kapitel 2. Mose 33 die Verse 12-23:

Und Mose sagte zu Adonaj (Gott): „Schau, du sagst zu mir: 'Führe dieses Volk hinauf!' Aber du lässt mich nicht wissen, wen du mit mir schicken willst, wo du doch gesagt hast: 'Ich kenne dich mit Namen und du hast auch Wohlwollen gefunden in meinen Augen.' Also: Wenn ich wirklich Wohlwollen gefunden habe in deinen Augen, dann lass mich doch deine Wegeführung wissen, dass ich dich erkenne, auf dass ich Wohlwollen finde in deinen Augen! Und schau: Dein *Volk ist ja diese Nation!" Und er (Gott) sagte: „Mein Angesicht wird vorangehen und dich in die Heimat bringen." Und er (Mose) sagte zu ihm: Wenn es nicht dein Angesicht ist, das geht, dann führe uns besser gar nicht von hier hinauf! Denn woher soll man dann wissen, dass ich Wohlwollen gefunden habe in deinen Augen – ich und dein Volk, wenn nicht daran, dass du selbst mit uns gehst und wir eine ganz besondere Rolle spielen, ich und dein Volk vor jedem Volk auf dem Erdboden?" Und Adonaj sagte zu Mose: „Auch das, was du jetzt gesagt hast, will ich tun, du hast ja Wohlwollen gefunden in meinen Augen und ich kenne dich mit Namen." Und er (Mose) sagte: Lass mich dich doch in deiner ganzen Würde sehen!" Adonaj (Gott) aber sagte: „Ich lasse meine Güte an deinem Angesicht vorüberziehen. Den Namen „Adonaj" werde ich vor deinem Angesicht ausrufen und gnädig sein, wem ich gnädig bin, und mich erbarmen, wessen ich mich erbarme." Und er sagte weiter. „Mein Angesicht kannst du nicht sehen. Denn mich sieht kein Mensch – und bleibt am Leben." Dann sagte Adonaj: „Schau, Raum ist da bei mir, tritt dort auf den Felsen! Und so wird es geschehen: Wenn ich in meiner ganzen Würde vorüberziehe, stelle ich dich in die Felsspalte und halte meine Hand über dich, bis ich vorübergezogen bin. Dann ziehe ich meine Hand weg und du siehst mich von hinten. Mein Angesicht aber lässt sich nicht sehen."*

Ein weiteres gewaltiges Streitgespräch also zwischen Mose und Gott. Wie verhält sich Mose in der brisanten Situation, in der Gott zwar nicht sein Dasein für Israel aufgekündigt hat, wohl aber sein persönliches Mitziehen? Er streckt sich nicht nach der Decke, fügt sich nicht ins Unvermeidliche, sondern er fordert mehr. Mose besteht darauf, dass Gott in eigener Person Israel, *seinem* Volk, voranzieht. Entweder soll Gott selbst vorangehen und mitziehen oder das Volk soll in der Wüste bleiben. Alles oder nichts: Ein mutiges, fast dreistes Ansinnen. Immerhin: Wenn es ums Ganze geht, ist weniger so viel wie nichts. Nur so, sagt Mose ganz unverschämt, werde deutlich, dass Gott die Verheißungen wahr macht und dass Gottes Zuspruch und Wegweisungen Grund haben.

Und er (Mose) sagte zu ihm: Wenn es nicht dein Angesicht ist, das geht, dann führe uns besser gar nicht von hier hinauf! Denn woher soll man dann wissen, dass ich Wohlwollen gefunden habe in deinen Augen – ich und dein Volk, wenn nicht daran, dass du selbst mit uns gehst und wir eine ganz besondere Rolle spielen, ich und dein Volk vor jedem Volk auf dem Erdboden?

Das Erstaunliche geschieht: Ein weiteres Mal lässt Gott sich ein auf die Bitten, ja Forderungen des Mose.

Und Adonaj sagte zu Mose: „Auch das, was du jetzt gesagt hast, will ich tun, du hast ja Wohlwollen gefunden in meinen Augen und ich kenne dich mit Namen."

Und nun geht Mose noch weiter, er will Gott in seiner ganzen Würde und Herrlichkeit, seinem ganzen Gewicht, in Glanz und Gloria *sehen*. Und Gott *lässt* sich sehen. Allerdings – nur im Vorübergehen, genauer: nach dem Vorübergegangen-Sein, nur von hinten. Mose wird von Gott eingeräumt, was er will, und doch hat er im wahrsten Sinne des Wortes das

Nachsehen. Und *Gott* – das klingt noch merkwürdiger und kann doch ganz wörtlich verstanden werden – Gott gebührt *Nachsicht.* Noch einmal die letzten Sätze des Predigttextes:

Dann sagte Adonaj: „Schau, Raum ist da bei mir, tritt dort auf den Felsen! Und so wird es geschehen: Wenn ich in meiner ganzen Würde vorüberziehe, stelle ich dich in die Felsspalte und halte meine Hand über dich, bis ich vorübergezogen bin. Dann ziehe ich meine Hand weg und du siehst mich von hinten. Mein Angesicht aber lässt sich nicht sehen."

„Mein Angesicht aber lässt sich nicht sehen." Am Ende also das, was „Kein Aug' ... je gespürt" hat. Und doch ist es „ein freier Blick", den Mose tun darf. Eine kleine Wendung des Textes hat die alten jüdischen Ausleger besonders beschäftigt. „Raum ist da bei mir", sagt Gott – der Platz, den er dem Mose einräumt, ist ein Raum *„bei"*, nicht etwa *unter* ihm. Geradezu auf Augenhöhe stellt Gott den Mose, der sich nicht wie ein Untertan aufführt und von Gott nicht wie ein Untertan behandelt wird. Da wird ein Mensch nicht klein gemacht; gerade da, wo Gott in seiner ganzen Würde vorüberzieht, darf der Mensch aufrecht stehen. Das ist das eine, das auch durch das andere nicht gemindert wird. Dieses andere aber ist, dass Mose Gott nicht von Angesicht zu Angesicht sehen kann, nicht einmal Mose, sondern nur und immerhin von hinten, nach Gottes Vorübergegangen-Sein. Im Vorübergehen ruft Gott seinen eigenen Namen aus. Was bleibt, ist die Spur des Namens. Was es zu sehen gibt, ist diese Spur. Kunst, die dem biblischen Bilderverbot treu bleibt, ist die Kunst des Spurenlesens. Die Spur ist nicht die Sache selbst, aber sie lässt, wenn man sie zu lesen vermag, viel erkennen. Spuren zeigen einen Weg, nicht selten auch mehr als *einen* Weg und doch *eine* Richtung. Auch in den biblischen Texten gibt es solche Spuren, die man beim Hören, beim Lesen und vor allem beim gemeinsamen Lesen und Austauschen der Beobachtungen zu deuten versuchen muss – und kann. Manchmal sind es winzige Spuren, die eine und einen auf die Spur bringen. Die eigentümliche Formulierung, Gott habe dem Mose einen Platz *bei* ihm eingeräumt, ist so eine Spur.

Ich möchte Sie, liebe Gemeinde, auf eine weitere Spur aufmerksam machen. Da gibt es nämlich ein ganz merkwürdig aussehendes Wort im hebräischen Wortlaut unseres Predigttexts, ein Wort, das in seinen Konsonanten eine Einzahl, in seinen Vokalen eine Mehrzahl ist. Versteht man es als Singular, so bittet Mose Gott, er möge ihm seinen *Weg* zeigen. Versteht man es als Plural, so spricht Mose von Gottes *Wegen*. (Ich habe versucht, in der deutschen Wiedergabe des Wortes mit „Wegeführung" beides – Einzahl und Mehrzahl – in der Schwebe zu lassen.) Die Ungereimtheit des hebräischen Wortlauts ist kaum eine Nachlässigkeit; sie zeigt gerade in der Unschärfe die größte Genauigkeit und sie legt eine Spur. Es gibt viele *Wege* Gottes und diese vielen, zuweilen einander durchkreuzenden Wege bilden *einen* Weg. So ist es auch in der Spur des Namens Gottes. Es gibt viele Namen Gottes und sie bilden den *einen* Namen.

Wie sähe ein Versuch von Künstlerinnen und Künstlern aus diese biblische Sicht in der Kunst zum Ausdruck zu bringen? Womöglich legt unser Predigttext auch dafür Spuren. Jeder Versuch Gott abzubilden, ein Bild zu machen, welches den Anspruch erheben wollte: So ist Gott, so sieht Gott aus, brächte immer nur ein Götzenbild zustande. Kunstwerke jedoch, die es unternähmen, die Spur Gottes ins Bild zu setzen, besser: Spuren (in der Mehrzahl), die etwas davon erkennen lassen, dass, wo und wie Gott voraus- und vorübergegangen ist, hielten das Bilderverbot ein, indem sie viele Bilder aufscheinen lassen und nicht einem einzigen zubilligen, *das* Bild Gottes zu sein. Gott geht voraus – für das Voran- und Vorausgehen gibt es den Begriff der *Avantgarde*. Gott zieht vorüber – für das Vorübergehen und Überschreiten gibt es den Begriff der *Passagen*. Kunst und Theologie haben manches gemeinsam, zum Beispiel dies: Wo ihre Aussagen zu Fest-Stellungen werden, haben sie ihr Metier verfehlt. Die Sprache der Kunst und die Sprache der Bibel haben manches gemeinsam, zum Beispiel dies: Eine der wichtigsten Sprachformen beider ist das Gleichnis mit seinem entscheidenden Wort, dem Wort „wie". Das Gleichnis ist die Form, in der Jesus in der Treue zum biblischen Bilderverbot vom Reich Gottes redet. „Das Reich Gottes ist wie ..." In diesem „wie" sind Ähnlichkeit und Unähnlichkeit verbunden. Das „wie" gibt einen Anhalt, eine Richtung, eine Spur, doch es wird nie zum Gleichheitszeichen. In dem, was es zu sehen gibt, kommt immer auch das *andere* zum Ausdruck, das, was man nicht sehen kann. Wer meint, eindeutig sagen zu können, was ein Gleichnis besagt, hat es bestimmt verfehlt. Denn wenn sich das, was ein Gleichnis sagt, auch in einer Satzwahrheit ausdrücken ließe, wäre es kein Gleichnis. Wer meint, eindeutig sagen zu können, was ein Kunstwerk besagt, hat es bestimmt verfehlt. Denn wenn sich das, was ein Kunstwerk besagt, auch in einer Satzwahrheit ausdrücken ließe, wäre es kein Kunstwerk.

Es gibt etwas zu sehen bei dem, wovon unser Predigttext erzählt. Mose darf Gott sehen. Doch in dem, was es da zu sehen gibt, zeigt sich noch viel mehr das, was sich nicht sehen lässt. *Gottes Angesicht lässt sich nicht sehen.* Mit diesem Satz schließt der Predigttext. Und darum sind die Überschrift des Kulturprogramms der Evangelischen Kirche in Kassel während der Documenta 11 „*Der freie Blick*" und die Überschrift dieser Predigtreihe, die eine Zeile eines Chorals von Philipp Nicolai aufnimmt: „*Kein Aug' hat je gespürt*" Ausdruck eben der Spannung, in der Kunst und Theologie sich bewegen müssen, aber alles andere als ein unbedacht unterlaufener Widerspruch.

Es gibt etwas zu sehen bei dem, wovon unser Predigttext erzählt. Und es gibt etwas zu hören. Das womöglich wichtigste Wort des Textes ist das Wort „Name". Vom Namen Gottes ist die Rede, dem Namen, den Gott selbst im Vorübergehen, sozusagen „en passant" und gerade darin mit allem Gewicht, aller Würde ausruft, und von Mose, den Gott mit Namen kennt. Wir eröffnen und feiern unsere Gottesdienste „im Namen Gottes". Das bringt zum Ausdruck, dass wir den Gottesdienst nicht im eigenen Namen, nicht in eigener Vollmacht und nicht in Verfolgung unserer eigenen Bedürfnisse feiern. Wo die Gemeinde sich im Gottesdienst selbst feiert, wird alles falsch. Auch das mag – en passant gesagt – Kirche und Kunst verbinden ... Aber wieder ist das nur die eine Spur des Namens. Die andere ist durch den Namen selbst gelegt. Etliche Kapitel zuvor wird im 2. Mosebuch, wieder im Gespräch Gottes mit Mose, der Name, der Eigenname Gottes gedeutet. „Ich bin da, als der ich da sein werde" – so etwa kann man diese Namensdeutung verdeutlichen. „Ich bin da, als der ich da sein werde". Die Spur dieses Namens führt abermals auf das Zugleich von Nähe und Ferne, Offenbarung und Verhüllung Gottes. „Ich bin da" – das ist eine unbedingte Zusage des Daseins und Mitseins Gottes für Mose und das Volk Israel und für die Menschen aus den Völkern, die sich, so bekennen wir Christinnen und Christen, durch den Juden Jesus in diese Beziehung mit hinein genommen wissen. Aber die Fortsetzung „Ich bin da, *als der ich da sein werde*", die in ihrer Sprachform in eine offene Zukunft verweist, verwehrt jeden Versuch fest zu stellen, wie Gott ist.

Wenn wir den Gottesdienst im Namen dieses Gottes feiern, dann werden wir dessen inne, dass es immer wieder und immer neu etwas zu sehen und zu hören, aber nichts festzustellen gibt. Eben das gilt es (und das ist ein weiteres und für diese Predigt letztes Mal eine Ungereimtheit, die der Ausdruck größerer Genauigkeit ist – eben das gilt es) *festzustellen*. Wir eröffnen unsere Gottesdienste im Namen Gottes. Und wir beschließen sie, wir beschließen ein Gebet und eine Predigt mit einem Wort, welches Gewissheit und Zuversicht zum Ausdruck bringt – das, was ist, und das, was mehr ist als das, was ist – das, was noch nicht ist und doch sein wird. Am Ende eines Gebets und einer Predigt sagen wir ein hebräisches Wort, ein Wort, das man auf zweierlei Weise übersetzen und verstehen kann, wobei – das ist das Entscheidende – *beide* Weisen richtig sind. Es ist (Sie wissen es und können es alle mitsprechen) das Wort, welches bedeutet: „Das *ist* gewisslich wahr" und ebenso: „Das *werde* gewisslich wahr" – das Wort: Amen.

„Die Welt ist herrlich – die Welt ist schrecklich."*
Bibelarbeit über 1. Mose 1,26-2,3

In einer Bibelarbeit, liebe Zuhörende, soll ein biblischer Text gegenwärtig zur Sprache kommen, seine Zeit in unsere Zeit einbringen – kritisch oder ermutigend und zuweilen kritisch und ermutigend. Die Bibelarbeitstexte legen dazu je auf ihre Weise das Leitwort des Kirchentags aus: „Ihr sollt ein Segen sein!" Wie ist in 1. Mose 1,26-2,3 – dem Text für unsere heutige Bibelarbeit – vom Segen die Rede? Wem gilt dieser Segen? Wird er sich bewahrheiten? Kann Segen auch verspielt oder gar in Fluch verwandelt werden?

Zu Beginn lese ich „unseren" Text in der Verdeutschung, die Frank Crüsemann im Auftrag einer Gruppe von katholischen und evangelischen Exegetinnen und Exegeten erstellt hat. (Diese Übersetzung und eine vom gleichen Autor stammende Interpretation des Textes finden Sie in dem Heft der Zeitschrift „Bibel und Kirche" [2/2003], die zum Ökumenischen Kirchentag erschienen ist und exegetische Skizzen zu den Bibeltexten des Kirchentags enthält.)

Und Gott sprach: „Wir wollen Menschen machen – als unser Bild, gleichsam in unserer Gestalt. Sie sollen bezwingen die Fische des Meeres, die Flugtiere des Himmels, das Vieh, die ganze Erde, alle Kriechtiere, die auf dem Boden kriechen." Da schuf die Gottheit die Menschen als ihr Bild, als Bild Gottes wurden sie geschaffen, männlich und weiblich hat sie sie geschaffen. Dann segnete die Gottheit sie, und Gott sprach zu ihnen: „Seid fruchtbar, vermehrt euch, füllt die Erde und bemächtigt euch ihrer. Bezwingt die Fische des Meeres, die Flugtiere des Himmels und alle Tiere, die auf der Erde kriechen." Da sprach Gott: „Seht, ich übergebe euch alle Samen aussäenden Pflanzen, die auf der gesamten Erdfläche sind, sowie jeden Baum, an dem Samen aussäende Baum-

---
* *Bibelarbeit auf dem 1. Ökumenischen Kirchentag 2003 in Berlin*

früchte sind. Das soll eure Nahrung sein. Auch allen Tieren des Landes, allen Vögeln des Himmels, allem, was auf der Erde kriecht, was immer mit einer Kehle lebt, soll das ganze grüne Gewächs als Nahrung dienen." So geschah es. Und die Gottheit sah alles, was sie gemacht hatte: Sieh hin, es ist sehr gut. Es wurde Abend, es wurde Morgen: der sechste Tag. So wurden die Himmel und die Erde und alles, was in ihnen kämpft, zum Abschluss gebracht. Die Gottheit aber brachte das eigene Werk, das sie gemacht hatte, am siebten Tag zum Abschluss, indem sie am siebten Tag mit all ihrer Arbeit aufhörte, die sie gemacht hatte. Die Gottheit segnete den siebten Tag und machte ihn heilig. Denn an ihm hatte sie aufgehört mit all ihrem Werk, das Gott geschaffen hat, um es zu tun.

Dieser Abschnitt der biblischen Schöpfungsgeschichte wurde auch deshalb als Bibelarbeitstext für den Kirchentag ausgewählt, weil in diesem ersten Kapitel der Bibel vom *Segen* die Rede ist. In unserem Abschnitt kommt der Segen gleich doppelt vor: Gesegnet wird *der* Mensch und gesegnet wird der siebte Tag. Diese doppelte Segensgabe gehört zur Schöpfung. Nicht zuletzt darin unterscheidet sie sich von einer bloßen Erklärung der Weltentstehung. Aber diese beiden Segensgaben sind nicht die allerersten in der Bibel. Denn noch bevor der Mensch in den Blick kommt, werden Lebewesen von Gott gesegnet, Wassertiere und Vögel. Außermenschliche Geschöpfe, der Mensch und eine besondere Zeit also werden in der Schöpfungsgeschichte gesegnet. Um gesegnetes Leben, gesegnete Menschen und gesegnete Zeit also geht es, aber ebenso um Gott, der – oder um Gott, *die* den Segen zuspricht.

Gott, *die* ... – eine im Deutschen eigentümlich klingende Formulierung. Aber womöglich sollten wir von der vertraut gewordenen Gewohnheit Abschied nehmen, das *Wort* „Gott" als männlich anzusehen, um auch damit von der vertraut gewordenen Gewohnheit Abschied zu nehmen, Gott selbst als männlich anzusehen. Womöglich könnten wir dann genauer wahr nehmen, wie die Bibel von Gott spricht und wie Gott in der Bibel spricht.

Das Thema „Segen" ist in unserem Text verbunden mit weiteren gewichtigen Stichworten und Themen. Die Erschaffung des Menschen kommt ins Bild und mit ihr die Aufgabe des Menschen in der Welt – jener zunehmend auch in seiner Problematik erkennbar gewordene so genannte „Herrschaftsbefehl". Von der Mensch und Tier zugewiesenen Nahrung ist dann die Rede und auch damit verbinden sich große Fragen, nicht zuletzt Fragen an die Plausibilität dieser Schöpfungsgeschichte. Ein Löwe, der Gras frisst? Nicht nur an dieser Stelle meldet sich der neuzeitliche Einspruch gegen eine Geschichte, die so unwirklich, so utopisch klingt. Und dann sind da die Worte, die zur Rede von der Gottesbildlichkeit des Menschen sprechen. Was macht den Menschen zum „Bild Gottes"? *Wer* ist „Bild Gottes"? *Der* Mensch? Jeder Mensch? Und wenn *der* Mensch – männlich und weiblich – Gottes Bild ist, kann dann Gott allein männlich sein?

Schließlich kommt (ohne dass schon der Begriff vorkommt) der Schabbat in den Blick. Der siebte Tag ist der Höhepunkt der biblischen Schöpfungsgeschichte und keineswegs ist der *Mensch* die Krone der Schöpfung. Scheinen der biblische Text und die Gegenwart in so vielen Punkten unendlich weit voneinander entfernt, so kommen hier Textzeit und Jetztzeit eng zusammen. Es ist kein Zufall, dass wir über diesen Text an einem Samstag, einem Schabbat nachdenken wollen.

Viele und große Themen für eine einzige Bibelarbeit, fast zu viele und zu große. Ich möchte mit Ihnen eine Reise durch den Text machen. An einigen Stationen werden wir nur kurz anhalten, an anderen länger und werden manche durchaus auch reizvolle ohne Halt durcheilen müssen.

Und Gott sprach: „Wir wollen Menschen machen – als unser Bild, gleichsam in unserer Gestalt. Sie sollen bezwingen die Fische des Meeres, die Flugtiere des Himmels, das Vieh, die ganze Erde, alle Kriechtiere, die auf dem Boden kriechen."

Eine der ganz alten und immer wieder neuen Fragen an den Beginn dieses Abschnitts der Schöpfungsgeschichte richtet sich an die Aufforderung „Wir wollen Menschen machen". Wer ist dieses „wir"? Mit wem redet Gott, wen fordert Gott zu gemeinsamem Werk auf? Christliche Lektüre hat hier (wen wollte es wundern?) einen Hinweis auf die göttliche Dreifaltigkeit gesehen. Eine solche christlich-dogmatische Eintragung in den Text der hebräischen Bibel ist gewiss problematisch, doch enthält die rabbinisch-jüdische Auslegung durchaus Züge, die mit eben den Fragen zu tun haben, auf welche christliche Dogmatik mit der Rede von der Trinität geantwortet hat. Es gibt in der rabbinischen Auslegung dieser Stelle eine große Fülle von Lektüreweisen. Nicht so sehr die Frage nach dem *einen richtigen* Verständnis leitet diese Lese- und Auslegungsweise, vielmehr geht es darum, auf möglichst viele Verstehensmöglichkeiten aufmerksam zu werden, mehr als *eine* Auslegung für möglich zu halten, in der Vielfalt der Verstehensmöglichkeiten einen großen Reichtum zu erkennen. Da gibt es die Möglichkeit, den Plural („wir") so zu verstehen, dass Gott mit den Engeln über die Erschaffung des Menschen redet, geradezu verhandelt. Die Engel sind dabei durchaus skeptisch, was jenes eigentümliche Geschöpf angeht. Sie wollen nur einem perfekten, fehlerlosen Wesen zustimmen, aber Gott selbst lässt sich ein auf das Projekt „Mensch", bei dem ihm von vornherein klar ist, dass es Böse und Gute geben werde. Der Midrasch (die erzählende rabbinische Auslegung) lässt Gott dabei zu einem etwas prekären Umgang mit der Wahrheit greifen. Denn dass es, wenn es denn Menschen gibt, auch böse Menschen geben wird – *das* verschweigt Gott den prinzipienfesten, perfekten und darin „unmenschlichen" Engeln. Diese Verstehensmöglichkeit des eigentümlichen Plurals („wir wollen Menschen machen") ist geeignet, etwas Grundsätzliches über den Menschen zu erfahren – nämlich dass Perfektibilität etwas zutiefst „Unmenschliches" ist. Diese Einsicht macht skeptisch und kritisch gegenüber manchen gegenwärtigen Träumen (oder eben auch Alpträumen) der Herstellung möglichst perfekter, gesunder, schöner, intelligenter, von allen Beschädigungen und Behinderungen freier Menschen. Eine weitere Lektüremöglichkeit jenes Plurals ist geeignet, etwas Grundsätzliches über Gott zu erfahren. Es gibt da nämlich die Verstehensweise, im „wir" einen Plural und damit einen Widerspruch in Gott selbst zu erkennen. Ich zitiere einen kleinen Ausschnitt aus dem Midrasch zum 1. Mosebuch:

Es sagte R. Berechja: Als Der Heilige, gesegnet Er, kam den ersten Menschen zu erschaffen, sah er: Gerechte und Frevler werden von ihm erstehen. Er sagte: Wenn ich ihn erschaffe, werden Frevler von ihm erstehen, erschaffe ich ihn nicht – wie sollen dann Gerechte von ihm erste-

hen? Was tat Der Heilige, gesegnet Er? Er spaltete den Weg der Frevler ab vor seinem Angesicht, verband mit sich die Eigenschaft der Barmherzigkeit und schuf ihn ...

Gott und Gottes Eigenschaft der Barmherzigkeit – diese beiden, so muss man das grammatisch verstehen – erschufen den Menschen. Gott und die Barmherzigkeit, nicht Gott und das Gericht. Auch die Eigenschaft des Gerichts gehört zu Gottes Sein, aber diese Eigenschaft hat Gott, so ist diese Stelle zu verstehen, für diesen entscheidenden Moment verdrängt.

In einem Lied von Herbert Grönemeyer steht die Zeile: „Der Mensch heißt Mensch, weil er vergisst, weil er verdrängt." Im Blick auf die genannte rabbinische Auslegung von 1. Mose 1,26.27 ließe sich die Zeile geradezu so lesen: Der Mensch ist Mensch, weil ER (weil Gott) vergisst, weil ER (oder SIE, weil *Gott*) verdrängt. Eine solche Lesart wäre keine Minderung Gottes, sondern Ausdruck größter Dankbarkeit. Den Menschen gibt es als Frevler und als Gerechten – und allermeist beides in ein und demselben Menschen. Für das Urteilen ist es notwendig, stets auch die andere Seite zu sehen – um des Lebens willen kann es not-wendig werden, die andere Seite auch einmal zu verdrängen. Konsequente Konsequenz könnte „bei Gott" tödlich werden. Gottes Wahrheit ist nicht die der tödlichen Konsequenz; er (sie) lässt sich ein auf das aufregende, gefährliche, verheißungsvolle und allemal offene Projekt „Mensch". Und mehr noch: In diesem Wesen „Mensch" will Gott das eigene Bild zum Ausdruck bringen.

Lesen wir in V. 26 jenen eigentümlichen Plural („wir wollen Menschen machen"), der zu so vielen Verstehensmöglichkeiten einlädt, so ist es im unmittelbar folgenden Vers die Gottheit allein, die die Menschen schuf. Mehrfach betont erscheint Gott im Singular:

Da schuf die Gottheit die Menschen als ihr Bild, als Bild Gottes wurden sie geschaffen, männlich und weiblich hat sie sie geschaffen.

Damit sind wir bei einer weiteren seit alters diskutierten Frage. Was denn macht den Menschen zum Bild Gottes? Vieles wurde da in Betracht gezogen. Die *Vernunft* des Menschen sei es, die ihn vom Tier unterscheide und als „Bild Gottes" qualifiziere. Nein, sagten andere, es sei etwas viel Elementareres: der *aufrechte Gang*. Während das Tier mit dem Kopf nach unten blickt, ist der Mensch mit dem Blick nach oben auf Gottes Himmel verwiesen und so vor allen anderen Geschöpfen ausgezeichnet. Nun, sowohl die *Vernunft* als auch *der aufrechte Gang* (im elementaren und mehr noch im übertragenen Sinne) sind gewiss etwas, dessen Menschen sich nicht zu schämen hätten (die Übung beider ist bekanntlich nicht ganz leicht). Und doch dürften solche und alle weiteren Versuche fehl gehen, die Gottesbildlichkeit des Menschen in einem seiner Wesens- oder Charakterzüge zu sehen. „Bild Gottes" ist der Mensch vielmehr darin, dass sie und er in der Welt Gott repräsentiert. Als Vergleich kann man daran denken, dass das Bild des Herrschers den Herrscher selbst repräsentiert. Wo das Bild des Kaisers aufgestellt ist, ist der Kaiser selbst präsent; so wie das Bild des Bundespräsidenten (oder hoffentlich bald einmal auch das einer Bundespräsidentin) einem Amtsraum oder das Bild einer Königin einer Briefmarke offiziellen Status verleihen kann. Aber auch wenn man die Rede von der Erschaffung des Menschen als Bild Gottes ganz stark auf die Funktion des Menschen in der Welt bezieht, bleibt die Bildqualität selbst (im Text heißt es, der Mensch solle gemacht werden „als unser Bild, gleichsam in unserer Gestalt"). In der Aufgabe des Menschen in der Welt als, wie man gesagt hat, „Mandatar Gottes" geht diese Qualität des Menschen deshalb nicht auf; sie ist auch als Bild selbst wahr zu nehmen. In jedem Menschenantlitz zeigt sich – so möchte ich das verstehen – etwas von Gott, und wer den Menschen als Gottes Bild klein macht, duckt, schändet, vernichtet, tut Gott selbst Gewalt an.

Und noch etwas: Eines der „Zehn Worte", der „Zehn Gebote" ist das (freilich nicht in allen christlichen Konfessionen eigens zählende) „Bilderverbot". Es gibt manche Erklärungen zu seiner Begründung. *Ein* Grund, warum man sich kein Bild Gottes machen soll, ist der: Wir sollen kein Bild Gottes *machen*, weil der Mensch Bild Gottes *ist*. Als Bild Gottes erschaffen wurde *der* Mensch, wurden die Menschen männlich und weiblich. Heute noch zu betonen, dass auch Frauen Menschen sind, klingt eher peinlich als emanzipatorisch. Doch vergessen wir nicht, dass gerade die biblischen Schöpfungsgeschichten lange so gelesen wurden, als habe Gott zuerst den Mann Adam erschaffen und dann aus ihm die Frau, Eva.

So steht es ja scheinbar in 1. Mose 2, doch nur scheinbar steht es da so, denn *adam* heißt nicht Mann, sondern Mensch. Wenn die Frau aus *adam* geschaffen wurde (die bekannte Sache mit der Rippe), dann gab es damit die Frau und, was nun vom Menschen übrig war, wurde so zum Mann. Das Wort „Frau" kommt in dieser Geschichte vor dem Wort „Mann" vor und das entspricht genau dem Erzählten. Und wenn bereits im Neuen Testament die Geschichte so gelesen wird, als habe Gott zuerst den Mann und aus ihm sekundär, zweitrangig die Frau erschaffen und als sei deshalb die Frau dem Manne untergeordnet, dann steht eben das in 1. Mose 2 nicht. Und wenn der Frau die Gottesbildlichkeit aberkannt wurde, dann kann sich das auf die biblische Geschichte von der Erschaffung der Frau nicht stützen.

Bevor im 2. Kapitel der Genesis diese Geschichte erzählt wird, steht in 1. Mose 1 die Aussage, der Mensch, das Gattungswesen „Mensch", sei männlich und weiblich erschaffen worden. Wie sind beide Geschichten in ihrer Abfolge zu verstehen? Da gibt es eine große Fülle von Lektüremöglichkeiten. Eine sehr alte bereits bei den Rabbinen zu lesende verbindet diese Aussage mit einem Mythos aus Platons „Gastmahl" und versteht „männlich und weiblich" als androgyn. Zuerst sei der eine Mensch doppelgeschlechtlich, eben männlich *und* weiblich, erschaffen worden. Später habe Gott dann die beiden Hälften dieses Urmenschen auseinander geschnitten und so erzähle 1. Mose 2, wie aus dem einen Urmenschen die Frau und der Mann wurden. Eine andere alte jüdische Deutung (auf die noch in Goethes „Faust" angespielt wird) lässt 1. Mose 1 von einer ersten Frau Adams handeln, der mythischen Lilith, die sich gegen die Regeln der Unterordnung unter den Mann vergangen habe und deshalb von Gott in die Unterwelt verstoßen worden sei. „Eva" sei dann Adams zweite, endlich fügsame Frau gewesen. Auf diese Weise konnte man (Mann!) einen Bibeltext, der wie kein anderer die Gleichrangigkeit von Mann und Frau fest hält, in einen Frauen unterdrückenden umdeuten. In neuerer Zeit haben Frauen jene vorgeblich „böse" Lilith ihrerseits zu einer Vorkämpferin der Gleichberechtigung umgedeutet. Die Geschichten und die Geschichten über die Geschichten und der jeweilige Kampf um die Frage, wie die Geschichten über die Geschichten erzählt werden, dauern bis in die Gegenwart.

Aber so spannend jene Geschichten über die Geschichten über die Geschichte sind – bleiben wir für heute bei der Geschichte, beim Text von 1. Mose 1 selbst. Der erzählt nichts von einer Lilith, nichts von einer Unterordnung der Frau unter den Mann, er erzählt nichts, als dass der Mensch männlich und weiblich geschaffen sei, dass es von Anfang an Frauen und Männer gebe. Klingt das nicht geradezu banal gegenüber jenen aufregenden Mythen von einem zersägten zweigeschlechtlichen Urmenschen und einer frühfeministischen Dämonin? Tatsächlich wäre die Aussage, Menschen gebe es als Männer und Frauen, einigermaßen banal, wenn sie nicht auch und vor allem *gegen* etwas anderes gesagt wäre. Wogegen richtet sich dieser Grund-Satz aus 1. Mose 1, nach dem die Gott(heit) den Menschen, das Menschenwesen (*adam*) als ihr Bild männlich und weiblich erschaffen hat?

Dass *ein* Mensch „Bild Gottes" sei, die Gottheit repräsentiere, in ihrem Auftrag herrsche – das ist eine auch in anderen Traditionen des Altertums bekannte Aussage. Aber dass *der* Mensch „Bild Gottes" sei, die Gottheit repräsentiere, in ihrem Auftrag herrsche – das ist die besondere Aussage in 1. Mose 1. Bild Gottes ist im alten Ägypten und im Zweistromland der König – dort sogar unter Verwendung des Wortes Zalmu, welches dem in 1. Mose 1 gebrauchten hebräischen Wort Zäläm [Bild] unmittelbar entspricht. In der Bibel ist aber nicht der *König* Gottes Bild, sondern der *Mensch* und den Menschen gibt es männlich und weiblich. Kein anderer Unterschied zwischen Menschen ist in der Schöpfung grundgelegt als dieser „kleine Unterschied" (der dann bekanntlich wieder gar nicht so klein ist). Was das bedeutet, wird erkennbar, wenn man an all die anderen Unterschiede zwischen Menschen denkt, die als „natürlich" und „schöpfungsgemäß" ausgegeben wurden: Rangunterschiede zwischen (angeblichen) Rassen und zwischen Klassen und Kasten, zwischen Priestern und Laien, den Angehörigen des eigenen Volkes und den anderen. Die uns aus der Bibel so vertraute *universale* Aussage, Gott habe *den* Menschen erschaffen, zeigt sich im Vergleich zu anderen Schöpfungsmythen als eine ganz *besondere* Aussage. Gott hat den ersten *Menschen* erschaffen, nicht den ersten König, den ersten Israeliten, den ersten Priester, den ersten Weißen, den ersten Mann. Diese prinzipielle Aussage über den Menschen in der Bibel streitet gegen jedwede

Form einer Apartheidstheologie, gegen jede Klassifizierung von Menschen in wertvollere und weniger wertvolle, worin auch immer ein solcher angeblicher Wertunterschied bestehen möge. Der Midrasch (die rabbinische erzählende Auslegung) bringt das prägnant zum Ausdruck. Warum, so lautet die Frage, stammen alle Menschen von einem ab? Damit, so lautet eine Antwort, keiner sagen kann: „Mein Vater war größer als dein Vater." In 1. Mose 5,1 wird die Rede von der Erschaffung des Menschen als Bild Gottes wieder aufgenommen. Dort heißt es:

Dies ist das Buch der Menschheitsgeschichte:
Als die Gottheit den Menschen erschuf, erschuf sie ihn nach Gottes Bild.

Eben diesen Satz erklärt der rabbinische Lehrer Ben Asai zum „größten Gebot", zum größeren noch als das Gebot der Nächstenliebe. Welches Gebot steckt in diesem Satz und warum ist er überhaupt als ein Gebot anzusehen, wo er doch gar keinen ausdrücklichen Befehl enthält? Weil sich in ihm ausdrückt, dass sich in jedem Menschen, in einem jeden, das Menschenantlitz trägt, Gottes Bild zeigt. In gegenwärtiger Sprache ausgedrückt liegt hier die fundamentale Begründung unteilbarer Menschenwürde. Während die Nächstenliebe, will sie Praxis sein und kein bloßes Gefühl bleiben, im konkreten Fall noch unterscheiden wird zwischen Näheren und Ferneren, ist die Gottesbildlichkeit einer jeden und eines jeden unteilbar, unverlierbar und – wie es im Grundgesetz über die Menschenwürde heißt – unantastbar.

Nun weiß auch die Bibel darum, dass es Menschen verschiedener Völker, Kulturen, Sprachen und Religionen gibt, und sie weiß ebenso, dass diese Vielfalt auch Konflikte birgt. Die Bibel kann von Feindschaften zwischen Gruppen und Völkern berichten, von Grundkonflikten und ihren Folgen. Aber all diese – zuweilen schmerzlichen, zuweilen aber auch heilsamen – Trennungen haben ihren Ort in der Geschichte und nicht in der Schöpfung. Es gibt keinen Schöpfungsauftrag für verschiedene Völker. Auch die Erwählung Israels und dessen besondere Aufgabe in der Welt hat ihren biblisch-theologischen Ort in der Geschichte und nicht in der Schöpfung. Es ist die besondere und im Religions- und Kulturvergleich ganz ungewöhnliche Perspektive Israels, in der Erzählung von der Erschaffung des Menschen von seiner besonderen Perspektive abzusehen und von der *universalen* Menschenschöpfung zu erzählen.

Die Aussage, der Mensch sei männlich und weiblich erschaffen worden, enthält also eine entscheidende Pointe in dem, was gerade *nicht* gesagt ist. Aber wir müssen nun auch noch einmal auf das blicken, was stattdessen gesagt ist, das heißt noch einmal die Rede vom männlichen und weiblichen Menschen aufnehmen. Männlich und weiblich, das heißt auch: der Mensch ist von Anfang an ein soziales Wesen. Wenn man die Grammatik der Verse 1,26 und 27 genau betrachtet (in Übersetzungen lässt sich das nur unvollkommen wiedergeben), zeigt sich im Blick auf Gott eine Linie vom Plural („wir wollen Menschen machen") zum Singular: „Sie (die Gottheit) schuf ..." Beim Menschen ist es umgekehrt: Zunächst ist davon die Rede, dass der Mensch (*adam*, Singular) erschaffen werden soll. Am Ende aber heißt es: „männlich und weiblich hat sie (die Gottheit) sie (die Menschen, Plural) geschaffen". Das ist die Grundfigur biblischer Rede von Gott und den Menschen: die eine Gottheit und die Vielfalt der Menschen.

Im Plural, als soziale Wesen, werden die von Gott erschaffenen Menschen gesegnet. Nicht zum ersten Mal segnet Gott Lebewesen; auch die Wassertiere und Vögel hat Gott gesegnet, wie zuvor erzählt wird. Nicht dass Menschen gesegnet sind, unterscheidet sie also vom Tier, wohl aber, wie sie gesegnet werden. Während es beim Segen über die Tiere zuvor heißt: „Und Gott segnete sie folgendermaßen ...", der Segen also über sie ausgesprochen wird, werden die Menschen als Gegenüber Gottes unmittelbar angeredet:

Dann segnete die Gottheit sie, und Gott sprach zu ihnen: ...

Die Menschen redet Gott an, sie sind nicht Objekt des Redens und Handelns Gottes, sondern Partner. Menschen können (im Reden und im Tun) antworten und sie sind ver-antwort-lich, denn in ihrem Antlitz zeigt sich Gottes Antlitz. Ich habe jetzt gleich mehrere Worte gebraucht, welche die Silbe „ant" enthalten, jene Silbe, die im Deutschen eine Wechselseitigkeit zum Ausdruck bringt. Diese Wechselseitigkeit, dieses Antwort- und Verantwortungsverhältnis unterscheidet, folgen wir der Bibel, den

Menschen vom Tier, nicht etwa eine besondere biologische Qualität. Was die angeht, fällt auf, dass im Aufbau der Schöpfungsgeschichte für die Erschaffung des Menschen nicht einmal ein eigener Tag reserviert ist. Landtiere und Menschen werden am gleichen sechsten Tag erschaffen, während die Erschaffung der Wassertiere und Vögel am fünften Tag erfolgt. Auf der Ebene der Biologie, der Gestalt und der Lebensräume, ist die Differenz zwischen – sagen wir: Fisch und Bär augenscheinlich größer als die zwischen Bär und Mensch. Übrigens zeigt sich an solchen Stellen eine erstaunliche naturkundliche Genauigkeit des Textes und damit die Fruchtlosigkeit all der Debatten, die die biblische Schöpfungsgeschichte entweder gegen die neuzeitlichen naturwissenschaftlichen Erkenntnisse ausspielen wollen (beziehungsweise umgekehrt die gegenwärtige Naturwissenschaft gegen die Bibel) oder die beides in Einklang bringen wollen. Da wird dann in manchen Religionsbüchern die biblische Schöpfungsgeschichte so um-erzählt, dass Gott Moleküle erschaffen habe, dass die Tage Jahrmillionen gewesen seien und so weiter. All das geht nicht nur an der gegenwärtigen Naturwissenschaft vorbei, sondern auch an der Bibel. Sie erzählt, was sie erzählt, im Einklang mit dem naturkundlichen Wissen *ihrer* Zeit. Hier wird nicht Glaube gegen Wissen(schaft) gestellt und deshalb geht es auch heute nicht um die Frage, ob die Weltentstehung sieben Tage dauerte oder Jahrmillionen. Schöpfung oder Urknall, Bibel oder Darwin – all diese Gegensätze gehen an dem vorbei, was die Schöpfungsgeschichte erzählen und bekennen will. Was sie bekennen will, ist, dass die Erschaffung von Welt und Menschen weder das Ergebnis mörderischer Götterkämpfe noch das eines blinden Zufalls ist, sondern Gottes souveränem Willen und Handeln folgt. Wie das im Einzelnen geschah, erzählt 1. Mose 1 so, wie man es vor zweieinhalb Jahrtausenden wusste und wissen konnte. Wir wissen heute mehr, aber zweifellos wird aus der Sicht der Naturwissenschaft schon in zweieinhalb Jahrzehnten das heutige Wissen um die Entstehung des Universums ähnlich überholt sein wie das biblische heute erscheint.

Gehen wir von diesen womöglich nicht ganz überflüssigen, aber doch nicht den Kern „unseres" Textes betreffenden Bemerkungen zurück zum Text selbst. Denn in ihm geht es nicht um Moleküle oder DNA-Strukturen, sondern um etwas, das sich schwerlich in physikalischen und chemischen Formeln ausdrücken lässt: um Segen und Verantwortung. Die Gottheit segnet die Menschen, indem sie sie direkt anredet, als ihr Bild:

„Seid fruchtbar, vermehrt euch, füllt die Erde und bemächtigt euch ihrer. Bezwingt die Fische des Meeres, die Flugtiere des Himmels und alle Tiere, die auf der Erde kriechen."

Das sind in der Bibel die ersten Worte, die Gott zu Menschen sagt, das also ist, wenn man so will, das allererste Gebot:

„Seid fruchtbar, vermehrt euch, füllt die Erde und bemächtigt euch ihrer. Bezwingt die Fische des Meeres, die Flugtiere des Himmels und alle Tiere, die auf der Erde kriechen."

Dieser, so hat man es genannt, „Herrschaftsbefehl" zeigt heute eine bedrohliche Doppelnatur. Auf der einen Seite betont er noch einmal die besondere Stellung des Menschen, der (und die) im Auftrag Gottes die Welt gestalten soll. Diese Aufgabe ist dem Menschen als Segenswort zugesprochen. Auf der anderen Seite zeigt gerade die Erfüllung dieses Auftrags einen Fluchcharakter. Mit diesem „allererste Gebot" scheint es sich anders zu verhalten als mit den anderen Geboten Gottes, etwa den „Zehn Geboten". Während im Blick auf sie das Fazit allzu oft lauten dürfte: „Ja, wir sollten und sollen, aber wir tun leider nicht ...", könnte die Menschheit zu diesem allererste Gebot die Vollzugsmeldung erstatten: „Jawohl. Wir haben es erfüllt, wir haben es total erfüllt! Wir haben uns vermehrt bis zur Überbevölkerung der Erde mit all ihren Folgen, wir haben uns der Erde bemächtigt, sie zum Objekt unserer Interessen gemacht, wir haben die Tiere bezwungen bis zur Ausrottung ganzer Arten und zur Züchtung neuer." Der Mensch hat erfüllt, was ihm der Philosoph Descartes am Beginn der Aufklärung als positives Ziel vor Augen stellte, er ist zum „maître et possesseur de la nature" geworden, zu ihrem Meister und Besitzer. Aber eben die gelungene Naturbeherrschung schlug auf den Menschen selbst zurück; am Ende wurde er selbst zu einem Gegenstand im Getriebe von Technik und Wirtschaft. Die instrumentelle Vernunft, mit der er die Natur beherrschen wollte, machte ihn selbst zum Instrument, zum Mittel. Ebenso katastrophal waren die Folgen für die Natur selbst, die Erde und ihre Ressourcen, die Luft, das Wasser, die Tiere und Pflanzen. Als in den 70er-Jahren des letzten Jahrhunderts ein ökologisches Problembewusstsein entstand, waren es gerade diese Worte der Bibel, die auf die Anklagebank gerieten. Von den „gnadenlosen Folgen des Christentums" sprach Carl Amery und meinte damit die Folgen dieses Herrschaftsbefehls. Ist es Zeit sich von diesem „allerersten Gebot" zu verabschieden? Hat sich der Segen als Fluch realisiert? Muss ein neues Verhältnis der Menschen zu ihren Mitgeschöpfen an die Stelle des „Herrschaftsbefehls" treten? Ist es nicht verständlich, dass immer mehr Menschen angesichts dieser Lage eher bei den Religionen Indiens und des Fernen Ostens Rat und Weisung suchen als in der Bibel? Das sind sehr ernste Fragen, über die wir nicht leichtfertig hinweggehen sollten. Umso genauer sollten wir nach dem Charakter dieses „Herrschaftsbefehls" fragen. Was bedeutete er damals, welche Impulse enthält er für heute?

Tatsächlich wird dem Menschen die Herrschaft in der Welt zugesprochen, im Segenswort zugesagt. Aber nun auch das andere: Von einer grenzenlosen Verfügungsgewalt des Menschen über die Erde und die Mitgeschöpfe ist keineswegs die Rede. Es gibt klare Grenzen – zuvor im Text und dann in seiner unmittelbaren Fortsetzung. Der Aufgabe des Menschen sind nämlich Bereiche vorgegeben, über die er nicht verfügen soll. Die Arten der Tiere sind solche unverfügbaren Vorgaben und der Rhythmus der Zeit ist eine weitere. Erhellender noch ist die Fortsetzung. Zum Herrschaftsbefehl gehört nämlich die sogleich folgende Nahrungszuweisung an Mensch und Tier. Ich lese die betreffenden Verse. Sie klingen etwas umständlich, weil sie naturkundlich präzise formuliert sind. (Abermals ein Hinweis darauf, dass die Schöpfungsgeschichte nicht auf einem behaupteten Gegensatz von Glauben und Wissen beruht.)

Da sprach Gott: „Seht, ich übergebe euch alle Samen aussäenden Pflanzen, die auf der gesamten Erdfläche sind, sowie jeden Baum, an dem Samen aussäende Baumfrüchte sind. Das soll eure Nahrung sein. Auch allen Tieren des Landes, allen Vögeln des Himmels, allem, was auf der Erde kriecht, was immer mit einer Kehle lebt, soll das ganze grüne Gewächs als Nahrung dienen."

Knapp zusammengefasst bekommen die Menschen die Früchte und die Tiere die Gräser zur Nahrung. Menschen und Tiere leben mithin vegetarisch. Für die Herrschaft über die Tiere ergibt sich daraus etwas Entscheidendes. Weder darf man Tiere töten um sie zu essen noch muss man Tiere töten um von ihnen nicht gefressen zu werden. Es handelt sich um eine Herrschaft ohne Blutvergießen – von grenzenloser Verfügungsgewalt über die Tiere kann keine Rede sein.

Bevor wir genauer fragen, was für ein Herrschen denn in jenem „Herrschaftsbefehl" gemeint ist, drängt sich eine Zwischenüberlegung auf. Denn an dieser Stelle meldet sich abermals der Einspruch neuzeitlichen Wissens. Vegetarisch lebende Menschen gab es wohl immer und es gibt sie in unserem Land heute in zunehmender Zahl. Aber vegetarisch lebende Löwen und Krokodile – da hört die Plausibilität auf. Ein Löwe kann gar nicht vegetarisch leben; täte er es, müsste er elendig umkommen. Aber schlägt das als Argument gegen „unseren" Text durch? Dass Löwen kein Gras fressen, wussten die Verfasser von 1. Mose 1 ebenso. Und wenn es in einer der großen Verheißungen im Jesajabuch im wunderbaren Bild des Tierfriedens heißt, der Löwe werde in einer kommenden Heilszeit Stroh fressen wie das Rind, dann lebt die Verheißung davon, dass es jetzt so *nicht* ist. Nicht erst unserer Erfahrung also stellen sich diese biblischen Bilder einer einstigen und einer kommenden Zeit entgegen; sie stehen strikt auch gegen die Erfahrungen der Zeit, in der sie zuerst zu Wort kamen. So ist die Verpflichtung von Menschen und Tieren auf pflanzliche Nahrung in der Schöpfungsgeschichte buchstäblich vorsintflutlich. *Nach* der Flut (1. Mose 9) dürfen Menschen auch Tiere essen, doch auch hier bleibt (ausgedrückt im Verbot des Blutgenusses) die Achtung vor dem Leben der Tiergattung.

Warum erzählt die Schöpfungsgeschichte von einem Zustand des Friedens in und mit der Natur, den es längst nicht mehr gibt? Auf eine Antwort führt die entsprechende Frage an die prophetische Verheißung: Warum erzählt das Jesajabuch von einem Zustand des Friedens in und mit der Natur, den es längst noch nicht gibt? Beide Texte sind utopisch; die Schöpfungsgeschichte ist eine rückwärts gewandte Utopie, die jesajanische Verheißung eine Zukunftsutopie. Beide zusammen umgreifen die so genannte Realität, nehmen sie geradezu in die

Zange und bestreiten ihr so den Anspruch auf Totalität. So wie es ist, muss es nicht immer gewesen sein; so wie es ist, muss es nicht immer bleiben. Das ist die kritische Kraft der Utopie. Sie ist nicht unwirklich, sondern sie bestreitet den Fakten, allein wirklich zu sein, sie erweitert die Realität um die *Möglichkeit*. Das, was ist, ist nicht alles. Und weil, was ist, nicht alles ist, kann das, was ist, sich ändern. Wer der biblischen Schöpfungsgeschichte vorwirft, sie rede von etwas, das es nun einmal gar nicht gebe (zum Beispiel von Löwen, die Gras fressen), dann fällt der Vorwurf auf die zurück, deren Vorstellungskraft an den Grenzen dessen endet, was nun einmal so ist, angeblich immer schon so war und deshalb gefälligst auch immer so sein werde. Das, was ist, war nicht immer so und ist deshalb nicht „nun einmal" so. Zwischen dem Satz „So ist es" und dem Satz „So ist es nun einmal" liegen Welten. Hier liegt der Unterschied zwischen Realismus und Fatalismus, anders gesagt: zwischen dem Glauben an Gott und dem Glauben an das Schicksal. In der Welt herrscht das Gesetz des Stärkeren. Das ist so. Aber das ist nicht „nun einmal" so. Glauben heißt *nicht*, dazu „Ja und Amen" zu sagen, Glauben heißt dazu „Nein" zu sagen und das „Amen" hinzuzufügen, welches heißt: Ich vertraue gewiss darauf, ich weiß zuversichtlich, dass es anders werden kann und anders werden wird.

Der Herrschaftsbefehl in 1. Mose 1 ist aufs Engste verbunden mit dem Traum eines Lebens ohne Blutvergießen, eines Lebens, in dem nicht die großen Tiere die kleinen fressen – biologisch nicht und politisch nicht! Und doch soll der Mensch herrschen. Worin mag eine solche Herrschaft sich realisieren, wenn sie sich nicht im Töten und im Verzehr von Tieren realisieren soll? Menschen dürfen, Menschen sollen der Erde und den Tieren ihren Willen aufzwingen. Menschen dürfen die Milch trinken, die Kühe für ihre Kälber produzieren. Menschen dürfen Tiere vor den Pflug spannen, die Erde pflügen, Bergwerke anlegen. Das ist gemeint und das ist durchaus schroff formuliert, denn es handelt sich um ein gewaltsames Tun. Es gibt altägyptische Bilder, die die Tränen der Kuh zeigen, wenn Menschen ihr die Milch für das Kalb nehmen. Nur der Kitsch mancher Kinderbücher tut ja so, als sei es das Verlangen eines Pferdes geritten zu werden, der Wunsch der Kuh uns Milch und der Hühner uns Eier zu liefern, die Freude des Schafes seine Wolle für unsere Kleider herzugeben. Die biblische Schöpfungsgeschichte unterstützt solchen Kitsch nicht. Sie ist darin realistisch, aber eben nicht fatalistisch. Sie setzt eine Herrschaft des Menschen als Weltgestaltung mit einem unbedingten Schutz des Lebens ins Bild.

Noch immer haben wir einen entscheidenden Punkt nicht voll in den Blick genommen. Denn noch einmal müssen wir fragen, was es denn bedeutet von der Herrschaft *des Menschen* zu reden. Menschen sollen in der Welt herrschen und nicht der Welt oder ihren Elementen dienen. Dienen soll der Mensch Gott allein. Im Gegenüber zu antiken Religionen konnte das konkret bedeuten, keinen heiligen Tieren zu dienen. Das scheint nur auf den ersten Blick eine überholte Frage. Heute dienen Menschen nicht mehr heiligen Krokodilen oder heiligen Schlangen. Heute gehorchen sie gepanzerten Monstern, welche zum Beispiel „Leopard" oder „Fuchs" heißen, heute hängen sie ihr Herz an andere Arten von „Pferdestärken". Was meinen wir eigentlich, wenn wir sagen, wir bedienen eine Maschine? Wer dient da wem? Wie bei der Aussage, der Mensch sei männlich und weiblich erschaffen – und nicht weiß und schwarz und gelb oder als König oder Sklave, als Priester oder als Laie –, hängt auch hier viel an dem, was nicht gesagt ist. Die gewaltige Pointe dieses Herrschaftsbefehls nämlich lautet: Der Mensch soll herrschen, das heißt Menschen sollen nicht über Menschen herrschen.

Kann man nun noch sagen, der Mensch habe jenes allererste Gebot erfüllt und übererfüllt? Sind wir von einer Herrschaft *des* Menschen nicht unendlich weit entfernt? Herrschen nicht allemal Menschen über Menschen und tun gerade die Mächtigsten das nicht immer wieder mit einem religiös aufgeblähten Anspruch, indem sie ihren eigenen Machtwillen als Gottes Willen ausgeben? Nicht der Mensch herrscht, sondern Menschen herrschen über Menschen und beuten die Erde und die Mitgeschöpfe aus um ihre Macht, ihr Prestige, ihre Unersättlichkeit auszuleben. Die Zerstörung der Lebenswelt, die Ausbeutung der Erde und ihrer Ressourcen dient der Herrschaft von Menschen über Menschen. Eine solche Herrschaft aber folgt dem Herrschaftsbefehl der biblischen Schöpfungsgeschichte gerade nicht, *sie* verwandelt den Segen in Fluch. Nein, dieses allererste Gebot hat der Mensch noch längst nicht erfüllt. Darin steht die Menschwerdung des Menschen noch aus. Gerade da, wo „unser" Text am realistischsten ist, ist er auch (wenn die Steigerung grammatisch und sachlich möglich wäre) am utopischsten.

Aber *utopisch* heißt keineswegs *illusionär*. Die Gleichsetzung von Utopie und Illusion verdankt sich dem Bestreben, das, was ist, als das, auszugeben, was allein denkbar sei. Es ist allemal gefährlich die Utopie als Realität auszugeben. Noch gefährlicher ist es, im Namen der Realität die Utopie preiszugeben. Die biblische Schöpfungsgeschichte beschreibt nicht den Zustand von Welt und Menschen, wie er für Israel in der Entstehungszeit des Textes (etwa im 5. oder 4. Jh. v.Chr.) erfahrbar war. Darin, dass sie nicht den bestehenden Zustand mit Gottes Schöpfungswillen gleichsetzt, verhält sie sich subversiv gegen die Verhältnisse. Das gilt auch für die nun folgenden Sätze:

So geschah es. Und die Gottheit sah alles, was sie gemacht hatte: Sieh hin, es ist sehr gut. Es wurde Abend, es wurde Morgen: der sechste Tag.

„Sieh hin, es ist sehr gut." Aber ist denn die von Gott erschaffene Welt mit dem Menschen als ihre von Gott beauftragte Gestalterin und Gestalter „in Wirklichkeit" sehr gut?

Am Schluss seines (1970 erschienenen) Buches „Krummes Holz – aufrechter Gang" formulierte Helmut Gollwitzer in einer Thesenreihe ebenso knapp wie dialektisch vertrackt: „Die Welt ist herrlich – die Welt ist schrecklich" (in der 8. Aufl. München 1979, S. 382). Beides stimmt, beides stimmt nur zusammen. Aber wie geht es zusammen? Mit einem „zwar – aber" oder „einerseits – andererseits" wäre der Satz zur Belanglosigkeit entschärft. Beides stimmt nur im strikten Widerspruch. Aber wann ist was zu sagen? Hat der Satz „Die Welt ist herrlich" dann seinen Ort, wenn es uns gut geht, an einem besonders schönen Tag, angesichts einer glücklichen Begegnung und der andere („die Welt ist schrecklich"), wenn es uns schlecht geht, an einem bösen Tag, angesichts einer grauenhaften Nachricht? Auch die Bibel kennt beide Perspektiven; sie erzählt von der herrlichen und der schrecklichen Welt. Das Prädikat „gut" und „sehr gut" durchzieht die Schöpfungsgeschichte ganz an ihrem Beginn. Aber dann folgt eine weitere Erzählung von der Schöpfung, vom Paradies und dessen Verlust, vom mühsamen Leben gegen eine widerständige Natur und dann bald von Neid und Mord. Und kurz darauf folgt eine Geschichte, in der von der guten Welt nicht mehr die Rede ist. Ganz im Gegenteil: Gott sieht, dass Gewalt die Welt durchzieht und Gott ist die eigene Schöpfung leid. Wegwischen will Gott die Welt, die nicht so ist, wie sie sein sollte, gegen die Gewalt wird noch größere Gewalt aufgeboten. Aber es geht weiter: Am Ende erkennt Gott, dass auch die „zweitbeste aller möglichen Welten" lebenswert sein kann, wenn der Mensch sich an elementare Gebote hält. Gerade in den ersten Kapiteln der Bibel wird deutlich, dass da verschiedene Perspektiven zu Wort kommen und dass sie in ihrer bis zur Widersprüchlichkeit reichenden Vielstimmigkeit doch *eine* Geschichte bilden.

Ist die Welt herrlich oder ist sie schrecklich? Beide Aussagen haben ihren Ort und die eine ist wahr, nicht obwohl, sondern weil die andere auch wahr ist. Aber noch einmal: Was ist wann dran? Obwohl es meist nur hypothetisch möglich ist die Entstehungszeit biblischer Texte genau zu bestimmen, dürfte hier die Aussage möglich sein, dass die je eingenommenen Perspektiven das, was als Zeitgeist angesagt scheint, nicht bestätigen, sondern ihm widersprechen. Das „gut" und „sehr gut" wird in einer Zeit gesagt, in der es Israel kaum gut oder gar sehr gut ging. „Sieh hin, es ist sehr gut." Das ist ein Gegen-Satz gegen die kümmerlichen Verhältnisse. Im Gegensatz dazu (doch in der Haltung des Gegen-Satzes entsprechend) kommt die Skepsis der dann folgenden Schöpfungs- und Paradiesgeschichte in einer Zeit zur Sprache, in der es in Israel aufwärts zu gehen schien. Diese Form des Widerspruchs (des „Nein und Amen") wiederholt sich in der Bibel noch oft. Schärfste Sozialkritik formuliert der Prophet Amos in einer wirtschaftlichen Blütezeit; die größten Hoffnungsperspektiven finden sich am Ende des Jesajabuches und sie stammen aus einer Zeit, in der das bloße Überleben zum Problem wurde. Die Bibel versieht nicht das, was ohnehin angesagt ist, mit einer religiösen Beglaubigung; sie wird – ermutigend oder kritisch – zum Gegenwort gegen das, was sonst zu Wort kommt.

Und heute? Ist heute eher das „gut" und „sehr gut" aus 1. Mose 1 dran oder eher die Skepsis der folgenden Erzählungen? Ja, wenn das so einfach wäre ... Es gibt heute den Allmachtswahn des Alles-machen-Könnens ebenso wie die Ohnmachtsangst des Nichts-tun-Könnens, die Vorstellung vom unendlichen Fortschritt ebenso wie das Gefühl der versteinerten Verhältnisse. Alles ist möglich – nichts geht mehr. Ich empfinde es immer mehr als größten Reichtum der Bibel, dass sie selbst so vielstimmig, so bis zum offenen Widerspruch vielfältig (und allemale nicht einfältig) ist, dass mehr als eine Perspektive in den Texten zu Wort kommt und dass es auch auf den je einzelnen Text mehr als eine Perspektive gibt. Je unübersichtlicher die Verhältnisse in Politik und Wirtschaft, je diffuser die Lebensformen und Lebensentwürfe werden, desto mehr wächst das Bedürfnis nach einfachen Antworten. Das ist der Grund, warum zurzeit (übrigens in fast allen Religionen und Konfessionen) der Fundamentalismus zunimmt. Die fundamentale Auskunft der Bibel ist solchem Fundamentalismus strikt entgegengesetzt. Es gibt keine einfachen Antworten und es gibt in den allermeisten Fällen mehr als *eine* Antwort. Die Bibel ist das Buch der Bücher. Das ist gewiss auch ein besonderer Ehrentitel, das bedeutet aber auch, dass in diesem Buch viele Stimmen zu dem einen Kanon verbunden sind. Ich empfehle das Wort „Kanon" stets in seinem doppelten Sinn zu hören und zu gebrauchen. Im juristischen und theologischen Sprachgebrauch ist ein Kanon eine verbindliche Richtschnur; in der Musik ist ein Kanon ein Lied, in welchem verschiedene und zeitversetzte Stimmen gleichwohl zusammenklingen. Die „Schrift" als „Kanon" wahr zu nehmen bedeutet ihre verbindliche Vielstimmigkeit wahr zu nehmen.

„Die Welt ist herrlich – die Welt ist schrecklich." 1. Mose 1 betont das eine. „Sieh hin, es ist sehr gut." Das wird mir zum heilsamen Gegen-Wort. Denn ich neige eher dazu, die ganze Welt und vieles Einzelne schrecklich zu finden. Die kritische Negation des Bestehenden will ich mir nicht abmarkten lassen. Aber gerade darum wird mir das „Sieh hin, es ist sehr gut" zum mahnenden *und* ermutigenden Satz. Denn wenn ich mal wieder alles schrecklich finde, dann könnte das ja auch daran liegen, dass ich nicht wirklich hingeschaut habe ...

Der Text für unsere Bibelarbeit ist noch nicht zu Ende. Denn nach dem sechsten Tag gibt es noch den siebten. Und wenn etwas die „Krone der Schöpfung" wäre, dann nicht der Mensch, sondern dieser siebte Tag. Ich lese den Bibelarbeitstext bis zum Schluss:

So wurden die Himmel und die Erde und alles, was in ihnen kämpft, zum Abschluss gebracht. Die Gottheit aber brachte das eigene Werk, das sie gemacht hatte, am siebten Tag zum Abschluss, indem sie am siebten Tag mit all ihrer Arbeit aufhörte, die sie gemacht hatte. Die Gottheit segnete den siebten Tag und machte ihn heilig. Denn an ihm hatte sie aufgehört mit all ihrem Werk, das Gott geschaffen hat, um es zu tun.

„So wurden die Himmel und die Erde und alles, was in ihnen kämpft, zum Abschluss gebracht." So beginnt dieser letzte Abschnitt „unseres" Textes und er bringt noch einmal zum Ausdruck, dass die von Gott erschaffene Welt keine konfliktlose ist. Dann aber kommt das Werk des siebten Tages ins Bild. Da gibt es etwas Verblüffendes zu entdecken, denn das Werk besteht in einem Unterlassen. Die Gottheit beendet ihr Schöpfungswerk, indem sie ruht. Die Ruhe ist nicht der Gegensatz der Arbeit, sondern deren Vollendung. Wann ist ein Bild fertig? Etwa, wenn die Malerin den letzten Pinselstrich getan hat? Nein, denn dann weiß sie ja noch gar nicht, dass es der letzte Pinselstrich war. Erst wenn sie zurücktritt, das Werk betrachtet und als gut ansieht – dann ist es vollendet. Das Aufhören gehört zum Tun selbst. Es geht bei diesem siebten Tag um den Sabbat, den Schabbat. Dieser Tag ist ein besonderer Tag und darin ein heiliger und gesegneter. Der Begriff „Schabbat" steht an dieser Stelle noch nicht, wohl aber das Verb *schabat*, welches „aufhören" bedeutet. Gottes Ruhe bringt die Schöpfung zum Abschluss. Die Schöpfung vollendet sich in einem Aufhören, einem Unterlassen. Nicht im ewigen Fortschritt, in der permanenten Steigerung (immer mehr, immer höher, immer weiter) liegt das Heil. Gottes Ruhe am siebten Tag, Vor-Bild des Schabbat, wird zum Vor-Bild eines Lebens, das im fortwährenden Machen nicht aufgeht.

Immanuel Kant hat vor mehr als zwei Jahrhunderten das Programm der Aufklärung in die großen drei Fragen gefasst: Was können wir wissen? Was sollen wir tun? Was dürfen wir hoffen? Immer deutlicher wird, dass es einer ebenso wichtigen vierten Frage bedarf: Was müssen wir *unterlassen*? Indem die Gottheit den siebten Tag segnet, segnet sie das Unterlassen, das Aufhören und Aufhören-Können. Nichts wäre falscher, als den siebten Tag, den Schabbat oder auch den Sonntag (den fest zu haltenden Unterschied zwischen Sabbat und Sonntag will ich für den Moment einmal außer Acht lassen) mit neuen Pflichten zum religiösen Arbeitstag zu machen. Im biblischen Schabbatgebot geht es mit keinem Wort um das, was da zu tun wäre, sondern einzig um das Unterlassen, die Unterbrechung. Im Wortlaut von 2. Mose 20 lautet es so:

Sei eingedenk des Sabbattages ihn heilig zu halten! Sechs Tage sollst du arbeiten und all deine Arbeiten tun. Doch am siebten Tage ist Sabbat für Adonaj, deine Gottheit. Da sollst du keine Arbeit tun, du nicht und auch nicht dein Sohn, deine Tochter, dein Knecht, deine Magd, dein Vieh, auch nicht dein Fremdling, der in deiner Stadt lebt. Denn in sechs Tagen hat Adonaj (Gott) Himmel und Erde gemacht und das Meer und alles, was darin ist, und ruhte am siebten Tage. Darum segnete Adonaj (Gott) den Sabbattag und heiligte ihn.

Nicht, was man tun soll, sondern einzig das, was man nicht tun soll, ist Inhalt dieses Gebots. Im Unterlassen, in der Unterbrechung liegt das Entscheidende. Solche Unterbrechung ist nicht einfaches Nichtstun, sondern kann selbst Praxis sein. Johann Baptist Metz hat vor drei Jahrzehnten einmal eine verblüffend kurze und präzise „Definition" von Religion versucht. Die kürzeste Definition von Religion sei „Unterbrechung". Es geht darum, dass es nicht immer so weiter geht. Gerade auch das Aufhören und Aufhören-Können gehört zu dem, worauf wir hören sollten, nicht nur das Tun, sondern auch das Lassen, nicht nur Aktivität sondern auch Gelassenheit ist geboten. Es ist gewiss kein Zufall, dass man vom Segen sagt, er *ruhe* auf etwas. Und es ist eine ganz besondere Sache, dass Gott arbeiten und dass Gott ruhen kann. Gott ist in der Bibel weder der „unbewegte Beweger" der Philosophen noch eine Gottheit, die sich nach der Schöpfung zur Ruhe gesetzt hat, in Ruhestand gegangen ist um fortan die Welt sich selbst oder dem alleinigen Tun des Menschen zu überlassen.

Gesegnet sind Tiere und Menschen, gesegnet ist am Ende „unseres" Textes die besondere Zeit, der Schabbat, der Ruhetag. Die Folge der sieben Tage der Woche ist allein ein sozialer Rhythmus; sie entstammt nicht wie andere Festzeiten astronomischen Zyklen oder den Rhythmen des Ackerbaus. Als soziale Zeit ist der Sieben-Tage-Rhythmus menschengerecht. Gesegnet ist der Ruhetag als *besondere* Zeit. Der Schabbat ist keine bessere Zeit, aber eine besondere Zeit. Für das Ende des Schabbats gibt es eine besondere jüdische Praxis, die *Hawdala*. Am Ende der Hawdala werden folgende Sätze gesprochen (ich lese sie in der Übersetzung von Samson Raphael Hirsch):

Gesegnet seist Du, Gott unser Gott, König der Welt, der zwischen Heiligtum und Nichtgeheiligtem geschieden, zwischen Licht und Finsternis, zwischen Jisrael und den Völkern, zwischen dem siebten Tag und den sechs Werktagen, gesegnet seist Du, Gott, der zwischen dem Heiligtum und dem Nichtgeheiligten geschieden.

Hawdala heißt Trennung. Das Wort *badal* (trennen, scheiden) spielt in 1. Mose 1 eine große Rolle, es ist (zusammen mit „machen" und „benennen") das Wort, welches Gottes Schöpfungshandeln bezeichnet. Gott trennt zwischen Himmel und Erde, trennt zwischen den Wassern, zwischen Wasser und Land; die von Gott erschaffenen Gestirne trennen zwischen Licht und Finsternis. Um den Segen der Trennung, um die gesegneten Unterschiede geht es hier. Unterschieden wird hier durchaus nicht zwischen Gutem und weniger Gutem. Das Heilige ist nicht besser als das Profane, die Nacht ist nicht schlechter als der Tag, der Mittwoch nicht schlechter als der Samstag (oder der Sonntag), Israel ist nicht besser als die Völker (und schlechter schon gar nicht). Israel wünscht sich keine Welt, in der es nur Jüdinnen und Juden gäbe, fortwährender Sonnenschein wäre eine Katastrophe, immerwährender Feiertag eine Qual. Dass es je beides gibt, ist ein Segen, gesegnet ist der Unterschied.

Vielleicht ist das kein unwichtiger Impuls bei einem ökumenischen Kirchentag, bei dem so viel von Einheit die Rede ist und bei dem die bestehenden Unterschiede zwischen den Kirchen und Konfessionen und ihren Frömmigkeitsformen oft als Mangel und Grund zur Trauer beklagt werden. Es gibt Fragen, in denen es keine Trennungen, keine Apartheid geben darf. Die Menschenrechte sind unteilbar, es darf keine Scheidung in wertvolle und weniger wertvolle Menschen geben. An dieser Stelle fällt in der Schöpfungsgeschichte das Wort *badal* – trennen – nicht. Keineswegs heißt es ja: Gott schuf die Menschen und Gott trennte die

Menschen zwischen Weißen und Schwarzen, Priestern und Laien, Israeliten und Nichtisraeliten, Behinderten und Nichtbehinderten – oder was es da sonst noch an vorgeblich „natürlichen" Unterschieden geben mag. Aber das eine Menschsein existiert in vielen Formen, nicht besseren und schlechteren, aber unterschiedenen. Zu hoffen ist nicht ein Zustand, in dem alle Menschen gleich sind, sondern einer, in dem man (wie es Th. W. Adorno einmal formuliert hat [Minima Moralia, GS 4, 116]), „ohne Angst verschieden sein" kann. Ohne Angst, ohne oben und unten, ohne besser und schlechter, verschieden zu sein und verschieden sein zu dürfen – darum muss es gehen. Versöhnte Verschiedenheit wäre mir im Blick auf die Ökumene nicht nur das realistischere, sondern auch das wünschenswertere Ziel als die Einheit von Gleichem und Gleichgemachten. Der französische Autor François Mauriac sagte in den 50er-Jahren einmal auf sein Verhältnis zu Deutschland befragt, er liebe Deutschland sehr, er liebe es so sehr, dass er sich freue, dass es zwei davon gibt. So geht's mir mit der Kirche. Ich freue mich, dass es zwei, nein: dass es viel mehr als zwei davon gibt.

In der biblischen Schöpfungsgeschichte ist an mehreren prägnanten Stellen vom Segen die Rede. Gesegnet ist das Leben, das Leben von Mensch und Tier. Gesegnet ist der Mensch (männlich und weiblich) für die Aufgabe einer Weltgestaltung ohne Blutvergießen. Gesegnet ist der Ruhetag als besondere Zeit und als not-wendiges Element eines Lebens, das aus Arbeit *und* Ruhe, aus Tun *und* Unterlassen, aus Handeln *und* Aufhören-Können besteht. Und gesegnet ist bei alle dem die Differenz, Segen ruht auf einem Leben, in dem Menschen in Glauben und Denken, Fühlen und Handeln ohne Angst verschieden sein können.

„Eine Grenze hast du bestimmt, dass sie die nicht überschreiten".*
Bibelarbeit über Psalm 104,9

Mit der Bibel, so meine ich, sollte man nicht begründen, was man ohne sie genau so vertreten würde; mit Bibeltexten soll man nicht illustrieren, was man auch ohne sie für richtig hält. Etwas anderes ist es, Worte der Bibel mit der Gegenwart so ins Gespräch zu bringen, dass der Bibeltext und die gegenwärtige Situation einander befragen, einander auch ins Wort fallen können. Ob das biblische Wort dann zur Bestärkung wird oder zu einem „Gegenwort", ist nicht von vornherein ausgemacht. Rezepte enthält die Bibel allemal nicht, vollends, wenn es – wie beim Stichwort „Globalisierung" – um einen Komplex von Problemen, aber auch Chancen zu tun ist, die es in biblischen Zeiten in dieser Weise nicht gab. Vielleicht hilft die Bibel überhaupt weniger dazu, die richtigen Antworten zu finden als richtige Fragen. In einer Zeit, in der mehr Antworten produziert und auf dem Markt angeboten als wirklich kritische Fragen gestellt werden, wäre es nicht wenig, wenn das Hören auf einen Bibeltext vorgefertigte Denk- und Einstellungsmuster auch nur um ein Geringes verrückte. Und wenn dann manch biblischer Text in der Gegenwart geradezu verrückt klingt – weltfremd etwa oder allzu moralisch –, muss das kein Schaden sein.

Ein Letztes vorweg: Es ist Vieles und Schreckliches geschehen in den letzten Wochen. Dass nach dem 11. September nichts mehr so sei wie zuvor, halte ich für eine Übertreibung und doch ist die Welt nicht mehr die gleiche. Die Grenzen, die am 11. September auf furchtbare und durch nichts zu rechtfertigende Weise verletzt wurden, die Grenzüberschreitungen, auf die das eine so schreckliche Antwort war, die weiteren Grenzüberschreitungen, die es nach sich zieht und ziehen wird – all das schiebt sich vor mein, vor unser Thema. Ich kann und will in dieser Bibelarbeit

---

Bibelarbeit auf der EKD-Synode in Amberg zum Schwerpunktthema „Globale Wirtschaft verantwortlich gestalten" (5. 11. 2001)

keine Beurteilung der Weltlage unternehmen, aber ich will und kann auch nicht über ein Wort der Bibel reden, ohne dass dabei die Gegenwart vor Augen ist, in die hinein und der gegenüber es zu Wort kommen soll. So wird bei meinem Versuch, den 104. Psalm und das Schwerpunktthema der Synode in ein Gespräch zu bringen, manches zwischen den Zeilen bleiben.

Aus Psalm 104 habe ich für diese Bibelarbeit vor allem einen, den 9. Vers ausgewählt. Mir schien es nicht falsch zum Thema „Globalisierung" eine Art „Gegenwort" ins Zentrum zu stellen, das Wort „Grenze". *„Eine Grenze hast du bestimmt, dass sie die nicht überschreiten."* So steht es in Ps 104,9 und diese Grenze, die Gott ein für alle Male gesetzt hat, ist den Wassern der Urflut bestimmt, damit sie nie wieder die Erde und was auf ihr lebt, ins Chaos versinken lassen. Aber dieser Vers steht nicht für sich allein, er steht in einem Psalm, der als ganzer einen sozusagen „globalen" Blick hat. In den Blick kommt die bunte und schöne, aber auch von Konflikten durchsetzte Welt als Gottes Schöpfung. Da gibt es mehr als die Menschen und ihre Lebensbedürfnisse, da gibt es Vögel und Wildesel, aber auch die Löwen und ihre Opfer, da gibt es das bedrohliche Meer und in ihm den Leviathan, da gibt es Erdbeben und Vulkanausbrüche. Es ist *diese* Welt und diese Welt mit all ihren Gegensätzen wird zum Lob des Schöpfers. Aber es gibt eine Grenze, doch bevor sie und dabei das *Wort* „Grenze" selbst im Gespräch mit Psalm 104 und anderen biblischen Worten Thema werden soll, möchte ich Ihnen den ganzen Psalm vorlesen. Ich lese ihn in der Übersetzung, die eine Gruppe von Theologinnen und Theologen für den Deutschen Evangelischen Kirchentag 1995 in Hamburg gemeinsam erarbeitet hat. Der Eigenname Gottes, der in den vier Konsonanten j-h-w-h geschrieben wird und dessen Aussprache niemand mehr kennt, ist in jüdischer Tradition in dieser Übersetzung mit dem „Rufnamen" Gottes, der allein Gott vorbehaltenen Herrschaftsanrede „Adonaj" wiedergegeben. Es ist ein langer Psalm, aber er enthält Vieles, das Sie womöglich, auch wenn Sie den Psalm oder einige seiner Sätze kennen, unter dem Stichwort „Globalisierung" noch einmal neu hören werden.

1   Segne, meine Kehle, Adonaj!
*   Adonaj, mein Gott, du bist so groß,*
*   in Glanz und Hoheit bist du gekleidet*
2   In Licht hüllst du dich wie in einen Mantel,
*   den Himmel spannst du aus wie eine Zeltbahn,*
3   Du zimmerst in den Wassern deine hohen Gemächer,
*   du bestimmst Wolken zu deinem Wagen,*
*   du fährst auf den Flügeln des Windes daher,*
4   Winde machst du zu deinen Boten,
*   zu deinen Dienern Feuer und Lohe.*
5   Du hast die Erde fest auf ihre Pfeiler gegründet,
*   dass sie nie und nimmer wanke.*
6   Urflut bedeckte sie wie ein Kleid,
*   auf den Bergen standen Wasser.*
7   Deinem Drohen wichen sie,
*   vor deiner Donnerstimme hasteten sie davon,*
8   stiegen auf Berge hoch, in Täler nieder
*   hin zum Ort, den du für sie gesetzt hast.*
9   Eine Grenze hast du bestimmt,
*   dass sie die nicht überschreiten,*
*   dass sie nicht zurückkehren und die Erde bedecken.*
10   Du sendest Quellen in die Bachtäler;
*   so laufen sie zwischen Bergen dahin;*
11   tränken alle Tiere des Feldes;
*   Wildesel löschen ihren Durst;*
12   Über ihnen wohnen die Vögel des Himmels,
*   aus den Zweigen erheben sie die Stimme.*
13   Berge tränkst du aus deinen hohen Gemächern;
*   so wird von der Frucht deiner Werke die Erde satt.*
14   Gras lässt du sprießen für das Vieh
*   und Saatgrün für die Arbeit der Menschen,*
*   um Brot hervorzubringen aus der Erde*
15   auch Wein, der das Menschenherz erfreut,
*   um das Antlitz glänzend zu machen:*
*   Öl – und das Brot, das das Menschenherz stärkt.*

16	*Es trinken sich satt die Bäume Adonajs,*
	die Zedern des Libanon, die du gepflanzt,
17	*dass die Vögel dort nisten;*
	die Störchin – auf Wipfeln ist ihr Haus.
18	*die hohen Berge gehören den Steinböcken,*
	Felsklüfte sind der Klippdachse Zuflucht.
19	*Du hast den Mond gemacht zum Maß der Zeiten;*
	die Sonne kennt ihren Lauf.
20	*Bringst du Finsternis und es wird Nacht,*
	regen sich alle Tiere des Waldes.
21	*Die jungen Löwen brüllen nach Beute,*
	von der Gottheit ihre Speise zu fordern.
22	*Strahlt die Sonne auf,*
	ziehen sie sich zurück und lagern in ihren Höhlen.
23	*Da ziehen die Menschen aus zu ihrem Tun*
	und zu ihrer Arbeit bis zum Abend.
24	*Wie sind deiner Werke so viel, Adonaj!*
	Alle hast du sie mit Weisheit gemacht;
	erfüllt ist die Erde von dem, was du dir geschaffen hast.
25	*Da – das Meer: groß und weit sich dehnend;*
	dort ist Gewimmel ohne Zahl,
	kleine Tiere zusammen mit großen.
26	*Dort ziehen Schiffe dahin,*
	der Leviathan, den du gebildet hast, mit ihm zu spielen.
27	*Alle harren sie auf dich,*
	dass du ihnen Speise gibst zur rechten Zeit.
28	*Gibst du ihnen, nehmen sie;*
	öffnest du deine Hand, sättigen sie sich mit Gutem.
29	*Verbirgst du dein Antlitz, sind sie verstört;*
	entziehst du ihnen ihren Atem,
	schwinden sie dahin und werden wieder zu Staub.
30	*Sendest du deinen Atem, werden sie erschaffen*
	und du erneuerst das Antlitz der Erde.
31	*Die Majestät Adonajs habe Gewicht für immer,*
	mögest du, Adonaj, dich deiner Werke freuen!

*32   Du blickst die Erde an und sie erbebt,
     du rührst an die Berge und sie rauchen.
33   Singen will ich Adonaj, solange ich lebe,
     aufspielen meinem Gott, solange ich bin.
34   Möge dir gefallen mein Psalmsingen;
     ich aber, ich will mich freuen an Adonaj.
35   Verschwänden doch die Sündigen von der Erde,
     und die Frevelnden möge es nicht mehr geben!
     Segne, meine Kehle, Adonaj! Halleluja!*

Der Mensch spielt nicht die Hauptrolle in der Welt, wie sie in diesem Psalm in den Blick und zu Wort kommt. Aber der letzte Vers bringt Menschen auf prekäre Weise ins Spiel. Sünder – das können allein Menschen sein. Der Löwe, der seine Speise von Gott fordert und erhält, sündigt nicht, wenn er das Schaf tötet und frisst. Aber mehr noch als die fragwürdige Sonderstellung des Menschen in Ps 104 klingt der Vernichtungswunsch im Ohr: „Verschwänden doch die Sündigen von der Erde, und die Frevelnden möge es nicht mehr geben!" Ist das nicht jene Mentalität, für die die Welt in Ordnung wäre, wenn nur die Bösen erst vernichtet wären? In der Frage, wer jeweils die zu vernichtenden Bösen seien, unterscheiden sich die Ideologien – im Denkmuster selbst, das Welt und Menschen in Gute und Böse aufteilt, unterscheiden sie sich weniger.

Ich komme darauf zurück, aber ich will zunächst beim 9. Vers des Psalms einsetzen und zuerst beim Wort „Grenze" selbst. Es hat nämlich eine bemerkenswerte Herkunft. „Grenze" ist eines der wenigen slawischen Wörter im Deutschen. Das alte deutsche Wort für Grenze ist Mark. „Grenze" ist also zunächst das Grenzland. Man könnte, etwas sophisticated, was im Zuge der Vereinigung Europas geschieht, somit als Re-Germanisierungsprojekt bezeichnen: Wo die *Grenzen* waren, soll die *Mark* hinkommen! (Im ehemals jugo-slawischen Bosnien ist heute die DM offizielle Währung.) Allerdings ist auch das mit der *Mark* schon wieder überholt, denn nun kommt der *Euro*. Auch da gäbe es philologisch-mythologisch Erhellendes zu sagen ...

Ich zitiere den ersten Satz in Ps 104,9 im Hebräischen: *gvul-samta bal-ja'avorun* – „Eine Grenze hast du bestimmt, dass sie die nicht überschreiten". In der lateinischen Vulgata lautet der Satz: *„Terminum posuisti, quem non transgrediuntur"*. In der englischen New Reversed Standard Version heißt es: *„ You set a boundary that they may not pass"*. Martin Buber verdeutscht: *„Du hast ihnen eine Schranke gesetzt, die überschreiten sie nie"*. „Terminus", „boundary", „Schranke" – in den unterschiedlichen Wiedergaben zeigt sich etwas Schillerndes im Wort- und Problemfeld „Grenze" selbst.

Mit dem Wort *gvul* (Grenze) hat es noch etwas auf sich, das ich Ihnen erzählen möchte. Wie ähnliche Worte in anderen Sprachen hängen mit diesem Wort im Hebräischen und verwandten Sprachen mehrere Ortsnamen zusammen, so der Name der phönikischen Hafenstadt Gubla, hebr. *geval*, das heutige libanesische Djebeil nördlich von Beirut. Von dort bezogen die Griechen einen großen Teil des Papyrus, den sie daher wie die Stadt *Byblos* nannten. Die Bezeichnung wurde dann zu der für ein Buch, *biblion*, *biblos,* schließlich zum Namen *des* Buches, der Bibel.

Über mehrere Stufen geht also das Wort „Bibel" zurück auf das Wort „Grenze". Das führt zu weiteren Fragen: Wie steht es denn bei der Bibel mit ihrem Geltungsanspruch und dessen Grenze? Ist der biblische Wahrheitsanspruch selbst grenzenlos? Doch wie verträgt er sich dann mit einem eben solchen Anspruch eines anderen Heiligen Buches, etwa des Korans? Welche Grenzen sind zu überwinden, welche zu respektieren, wo unterschiedliche und unvereinbare Wahrheitsansprüche gegeneinander stehen, vor allem dann, wenn sie je für sich globale Geltung fordern? Wo immer von Globalisierung die Rede ist (ein nahes griechisches Wort dafür wäre übrigens „Katholizität"), meldet sich Grenzenlosigkeit als Vision und als Gefahr. Es gab eine Zeit, in der man von einer „Globalisierung" vor allem negativ sprach. („Das darf man nicht globalisieren" oder: „In dieser Globalisierung stimmt das nicht.") Globalisierung warf man denen vor, die sich in einer komplexen Frage zu undifferenziert äußerten, Unterschiede und Grenzen verwischten. Dieser alte Sprachgebrauch sollte durch den neuen nicht einfach verdrängt werden. Womöglich enthält die Formulierung „Globale Wirtschaft verantwortlich gestalten" (das Schwerpunktthema dieser Synode) selbst eine *contradictio in adjecto*. Es könnte ja sein, dass Globalisierung selbst die Grenzen des Verantwortbaren überschreitet. Wenn Politik (eine ebenso böse wie wahre Beschreibung) die

Kunst ist, eigene Interessen als allgemeine auszugeben oder zu universalen Sachzwängen zu erklären, dann wäre der Appell globale Wirtschaft verantwortlich zu gestalten, bereits im Ansatz kritisch zu befragen. Wenn das aber nicht so sein muss oder wenn uns gar nichts anderes mehr übrig bleibt, als es dennoch zu versuchen, dann wäre die Frage nach den einzuhaltenden Grenzen mit ins Zentrum der Überlegungen und Planungen, ins Zentrum der Praxis zu stellen. Im unmittelbaren Zusammenhang von Ökonomie und Recht – genauer: der Grenze zwischen beidem – kommt „Grenze" (*gvul*) in der hebräischen Bibel prägnant zu Wort.

Nicht sollst du verrücken die Grenze (gvul) *deines Nächsten, die deine Vorfahren eingegrenzt haben* (gavla) *auf dem Erbbesitz, den du zum Erbe bekommst in dem Land, das dir Adonaj, dein Gott, zu eigen gibt!*

So steht es in 5. Mose 19,14. Und im Buch der Sprüche (Prov 23,10) heißt es:

Verrücke nicht die Grenze (gvul)*, auf Dauer nicht (beziehungsweise in anderer Lesart: Verrücke nicht die Grenze der Witwe) und dringe nicht ein in das Feld der Waisen!*

Die Grenzen der *personae miserae*, für die hier die Witwen und Waisen stehen, sind besonders zu achten, weil sie selbst sie nicht ausreichend schützen können. Die Option für die Armen als vorrangiges Ziel menschlicher Arbeit an der Gerechtigkeit hat hier ihren biblischen Grund. Um die Arbeit *an der* Gerechtigkeit geht es dabei, keineswegs um die Herstellung der, gar der perfekten Gerechtigkeit. Grenzenlose Gerechtigkeit („*infinite justice*") kann nie und nimmer an biblischer Gerechtigkeit ausgerichtet sein. Grenzenlose Gerechtigkeit nämlich wird notwendig zum Terror, zum Terror der Tugend. Selbst Gottes Gerechtigkeit ist nicht grenzenlos. Gerade in Gott selbst, so lerne ich aus der Bibel und vor allem ihrer jüdischen Auslegung, gibt es den Konflikt zwischen Liebe und Gerechtigkeit und die Hoffnung, dass die Liebe die Gerechtigkeit überwinden möge. Die Warnung vor dem Projekt grenzenloser Gerechtigkeit lähmt die Arbeit an der Gerechtigkeit nicht. „Auf dem Weg der Gerechtigkeit ist Leben", so steht es im Buch der Sprüche (Prov 12, 28). Wo Weg, Gerechtigkeit und Leben aus diesem Zusammenhang gerissen werden, geht immer etwas Entscheidendes verloren. Dabei geht es um das Leben gerade derer, denen Recht und Gerechtigkeit verweigert werden. Der Schutz der von Ausbeutung und Bedrückung Bedrohten ist Gottesrecht, gerade weil er sich nicht im Kräftespiel der Gesellschaft, in den Regeln des Marktes, austariert. Dafür steht auch eine dritte Stelle, an der das Wort *gvul* (Grenze) vorkommt, nämlich in Hi 24,2 in einer Klage über die Mächtigen, deren Gewalt zur Anfrage an Gottes Macht wird:

Grenzen (gvulot) *verrücken sie; sie rauben Herden und weiden sie selbst.*

An all diesen Stellen geht es um das Bewahren von Grenzen gerade der Schwachen gegen räuberische Ausbeutung durch die Mächtigen und deren schrankenlose Erweiterung von Macht und Raum. Und auch dies gehört dazu: *jesch-gvul* – „Es gibt eine Grenze!", das ist der Name einer Gruppe der israelischen Friedensbewegung. Es gibt für sie eine geographische und eine moralische Grenze der Machtpolitik, eine Grenze auch gegen eine schrankenlose Ausweitung der jüdischen Siedlungen in palästinensischen Gebieten.

Von was für einer Grenze ist in Ps 104 die Rede, wenn es heißt: *„Eine Grenze hast du ihnen bestimmt, dass sie die nicht überschreiten"*? Der Psalm hat die Schöpfung zum Thema. Anders als in der bekannteren Schöpfungsgeschichte am Anfang der Bibel kommt in diesem Psalm die Schöpfung als Konfliktgeschehen in den Blick. Wird in 1. Mose 1 die einst totale, globale Urflut durch Gottes souveränes Trennen und Benennen des Materials begrenzt, so donnert, so brüllt im Psalm Gott die Fluten an und verweist sie wie Gegner mit machtvollem Drohwort in ihre Schranken. Die Welt von Ps 104 ist eine bunte und von gegensätzlichen Lebensbedürfnissen bestimmte Welt. Nicht die heile Welt garantiert Gott, geschweige denn eine Welt, die sich als ganze den menschlichen Interessen oder gar den Interessen lediglich mancher Menschen fügt, wohl aber, dass sie nicht wieder ins Chaos versinkt. Damit das nicht geschieht, bedarf es der gegen die chaotische Flut ein für alle Male gesetzten Grenze. Innerhalb dieser Grenzen aber wird ein Leben in Verschiedenheit nicht nur möglich, es wird zum Grund des Schöpferlobs. Die bunte Welt ist keine heile Welt, und jeder Versuch, sie unter eine nur bestimmten Interessen folgende Ordnung zu zwingen, erzeugt statt globaler Ordnung universales Chaos. Der Versuch, den Himmel auf Erden herzustellen, hat in aller Regel eher eine Hölle bewirkt.

Was die Kategorie „Grenze" angeht, so beobachte ich bei mir und vielen meiner Generation eine Mentalitätsveränderung. Am Ende der 60er-Jahre war es unsere Leitvorstellung, immer mehr Lebensbereiche aus dem Bunker des vorgeblich Unabänderlichen, das nun einmal so sei, zu befreien und Gestaltungsmöglichkeiten zu erweitern. Nicht nur aus der Universität wollten wir den Muff vertreiben, auch aus den Schulen und Kirchen, den Elternhäusern, der Presse, der Gesellschaft als ganzer. Alles Autoritäre sollte gestürzt werden, eine freie, wirklich demokratische Republik sollte entstehen (damals war das Wort „republikanisch" noch ein Ehrentitel). Ziel war ein zugleich fortschrittliches wie lustbetontes Leben. Ging es damals darum Grenzen zu erweitern und zu überschreiten, so ist es in immer mehr Bereichen heute angesagt Grenzen zu achten und auch Grenzen neu zu bestimmen. Gentechnologie, Apparatemedizin, pragmatischer, wenn nicht interessegeleiteter Definitionszugriff auf die Grenzen von Leben und Tod, Grenzenlosigkeit als Schamlosigkeit der Medien, die Grenzenlosigkeit globaler Ökonomie – die Stichworte mögen genügen. In der Wahrnehmung von Grenzen hat sich etwas geändert.

Erlauben sie mir noch eine Reminiszenz: In meiner Schulzeit hatte ich mir einen Aphorismus des großen Aufklärers und noch größeren Spötters *Lichtenberg* übers Bett gehängt: „Ich kann freilich nicht sagen, ob es besser werden wird, wenn es anders wird, aber soviel kann ich sagen, es muß anders werden, wenn es gut werden soll." Ich mag diesen Satz noch immer, aber auf eine beunruhigende Weise meldet sich da immer öfter auch die Gegenstimme: Ich kann freilich nicht sagen, dass es gut ist, wie es ist, aber ich fürchte, dass es schlechter werden wird, wenn es anders wird.

Neben die Frage, was zu *tun* sei, damit es gut wird, tritt immer stärker auch die andere, nämlich, was man lassen muss, damit es halbwegs gut bleibt. Die Grenzen des Wachstums zu akzeptieren, statt geradezu mythisch auf immerwährendes Wachstum zu setzen, mehr noch, Grenzen endlich zu ziehen gegenüber dem Immer-mehr, Immer-schneller, Immerweiter wird zur Aufgabe. Zum „verantwortlichen Gestalten" gehört auch das, was zu unterlassen ist.

Eine bunte Welt bringt Psalm 104 zu Wort und ins Bild. Da gibt es Löwen und Wildesel, Vögel und Klippdachse. Sie alle dürfen leben in ihrer Weise. Hier muss weder der Löwe Stroh fressen, um seinen Betrag zum Frieden zu leisten, noch muss der Wildesel etwas Nützliches leisten, um leben zu dürfen. Ich lese das auch als eine Vision des Zusammenlebens unterschiedlicher Menschen. Nicht die eine globalisierte Einheitswelt und -gesellschaft wäre dann zu wünschen – ich wünsche mir auch nicht die Einheitskirche. Stattdessen geht es um „die Verwirklichung des Allgemeinen in der Versöhnung der Differenzen". Diese Formulierung steht in den „Minima Moralia" *Theodor W. Adorno*s und ebenso die Fortsetzung, die in jeder Ökumene, der kirchlichen wie der größeren, der bewohnten Welt als ganzer, die bei jedem Versuch des Zusammenlebens in einem großen oder sehr großen Haus zu beherzigen ist. Man müsse, so Adorno (GS 4, 116), „den besseren Zustand ... denken als den, in dem man ohne Angst verschieden sein kann". Zum Leben in versöhnter Verschiedenheit bedarf es der Grenzüberschreitungen wie der Einhaltung von Grenzen. Alles hängt davon ab, mit behutsamer Entschlossenheit wie entschlosserer Behutsamkeit Grenzen zu überwinden und Grenzen zu achten und dabei vor allem die Grenzen zwischen den einen und den anderen Grenzen nicht zu verwischen.

Gibt es Kriterien der Unterscheidung zwischen den einen und den anderen Grenzen, denen, die zu überwinden, und denen, die einzuhalten oder gar neu zu errichten sind? Die Bibel hat dafür kein Rezept, aber der 104. Psalm gibt einige Hinweise, auf die zu hören gut und im Wortsinn not-wendig sein könnte. Was das Schöpfungshandeln Gottes betrifft, gibt es da nämlich eine Grundunterscheidung. Vieles ist in einem ganz bestimmten Sprachstil formuliert, nämlich mit Hilfe zeitunabhängiger Partizipien. Würde man das nachahmen, müsste man in V. 2 und 3 etwa verdeutlichen:

Ein in Licht wie in einen Mantel sich Hüllender ist Gott / ein den Himmel wie eine Zeltbahn Ausspannender / ein in den Wassern seine hohen Gemächer Zimmernder, / ein die Wolken zu seinem Wagen Bestimmender ...

Das alles tat Gott, das tut er und das wird er tun. Der Lauf der Gestirne ist so beschrieben, die Versorgung der Lebewesen und vieles andere. Von diesem dauernden Tun unterschieden ist aber ein Schöpfungshandeln, das ein für alle Male Wirklichkeit gesetzt hat. Dieses Tun ist in der Sprachform eines Perfekts bezeichnet. Der Satz über die Grenze, die den Urwassern bestimmt ist, dass sie die nicht überschreiten, steht in dieser Sprachform. Hier geht es um ein einmaliges Tun, ein ein für alle Male Getanes. Die Balance zwischen den unterschiedlichen Lebensinteressen der Geschöpfe dagegen, das Leben in einer Welt, in der es Löwen und Wildesel, Menschen und den Leviathan gibt, ist nicht ein für alle Male gesetzt. Sie bedarf je neuer Gestaltung.

Was die Versorgung der Lebewesen angeht, so gibt es in Ps 104 noch etwas Wichtiges zu entdecken. Die Tiere bekommen ihre Speise von Gott unmittelbar, die Menschen bekommen dagegen die Rohstoffe, aus denen sie das für ihr Leben Wichtige in eigener Arbeit gestalten. Arbeit und Wirtschaften sind so als eine Grundbestimmung des Menschen formuliert. Dabei ist es bemerkenswert, dass die Arbeit zwar zuerst und vor allem dem Broterwerb dient (das Brot ist deshalb zweimal genannt), dass aber auch Freude und Schönheit (ins Bild gesetzt durch den Wein und das auch für kosmetische Zwecke wichtige Öl) Ziel von Arbeit sind. Nicht die Nützlichkeit ist das Hauptmerkmal der in diesem Psalm beschriebenen, besungenen, gelobten Welt. Vögel kommen in den Blick, weil sie schön singen, andere Tiere, weil sie die Welt bunt machen. Selbst die Vulkane und Erdbeben gehören (ich bin mir der Problematik bewusst) zur Ästhetik der Welt als Schöpfung Gottes. Die Globalität dieser Welt ist nicht das Ergebnis globaler Wirtschaft und der Mensch ist nicht ihr Herr. Aber am Ende des Psalms kommt dann auf dramatische Weise doch der Mensch ins Zentrum:

Verschwänden doch die Sünder von der Erde, und Frevelnde möge es nicht mehr geben!
jittammu chatta'im min-ha'aräz urescha'im od enam

Sünder und Verbrecher – das können nur Menschen sein. Der Löwe, der von Gott seine Speise verlangt, ist kein Sünder, wenn er das Schaf tötet. Hier kommt der Mensch als der einzige potenzielle Schädling in Gottes Schöpfung ins Bild. Er vermag das Gleichgewicht der bunten, Welt nachhaltig zu stören, ja, wie wir heute wissen, sie zu vernichten. Aber enthält der Vers über diesen Realismus hinaus nicht auch eine furchtbare Sentenz – und sei es in der Form des Wunsches? Ist es nicht die Bitte um „Schädlingsbekämpfung"? Wie viel Gewalt steckt in diesem Vertilgungswunsch? (*Verschwänden doch die Sünder von der Erde, und Frevelnde möge es nicht mehr geben!*) Ist es nicht das Zeichen totalitärer Gesellschaften und Religionen (allemale im Plural!), *die* mit Vernichtung zu bedrohen, die sich den vorgeblich gottgewollten Regeln nicht fügen? Freilich: Der Beter sieht nicht etwa sich und die, die wie er denken, ausersehen die Frevler zu vernichten. Das immerhin unterscheidet ihn von manchen historischen und gegenwärtigen selbsternannten Vollstreckern des Gotteswillens. Der Psalmenbeter wünscht sich die Bösen weg. Gewaltphantasie trotz allem? Die jüdischen AuslegerInnen haben darüber nachgedacht. Im Traktat Brachot (10a) des Babylonischen Talmud findet sich dazu eine Geschichte, die von Rabbi Meir handelt und mehr noch von seiner Frau Brurja:

In der Gegend des R. Meir gab es Verbrecher, die ihm Kummer bereiteten. Er betete deshalb, dass sie sterben möchten. Seine Frau hörte das Gebet und stellte ihn zur Rede: Meinst du etwa, dass dein Gebet durch den Psalmenvers gedeckt ist: „Mögen die Sünder von der Erde verschwinden!"*? Du sollst nicht* chatta'im – *Sünder, sondern* chata'im – *Sünden lesen!*

Der Unterschied liegt in der vollzogenen oder fehlenden Verdoppelung eines Konsonanten; die Verdoppelung wird im Bibeltext durch einen Punkt im Buchstaben Tet ausgedrückt, doch wurde das entsprechende Punktsystem erst im Mittelalter hinzugefügt, so dass der Konsonantentext tatsächlich beide Verstehensmöglichkeiten zulässt.

Lies nicht *chatta'im*, sondern *chata'im*! So Brurja, die Frau des Rabbi Meir, die sich nicht nur an dieser Stelle als womöglich noch klügere Bibelleserin zeigt. Und was den zweiten Versteil angeht, fügte sie hinzu, so werden, wenn es keine Sünden mehr gibt, auch die Frevler nicht mehr sein. Er solle also darum beten, dass sich jene Menschen bekehren. Der Rabbi hörte auf seine Frau und, so schließt die schöne (zu schöne?) Geschichte, die Verbrecher kehrten um von ihrem Tun.

Ob die Lesart der Brurja die ursprüngliche Meinung des Psalms trifft? Ich weiß es nicht. Aber sie gehört zu seiner Lesegeschichte und so auch zu seinem Text. Folgt man der Brurja, so ginge es nicht um die Vertilgung der Sünder, sondern um ihre Konversion zu Nicht-mehr-Sündern. Das Entscheidende ist dabei: Es gibt eine Grenze zwischen „gut" und „böse". Es ist gefährlich, diese Grenze zu verwischen. Aber sie ist nicht die Grenze zwischen „den Guten" und „den Bösen". An der Unterscheidung dieser beiden Grenzen liegt alles – in Ps 104 und gerade in diesen Zeiten.

Liest man mit Brurja, wäre der Schluss des Psalms um seine Gewalt, nicht um seine Schärfe gebracht. Denn dass die Sonderstellung des Menschen in der Welt nicht darin besteht, dass die Welt für ihn und seine Interessen erschaffen wurde, sondern dass allein der Mensch sie gefährden kann – das bleibt auch in dieser Lesart. Eine Idylle ist dieser Psalm nicht und sein „Halleluja" als allerletztes Wort wie das Gotteslob, das der ganze Psalm ist, dienen nicht der Verzuckerung dessen, was ist. Die bunte Welt ist keine „heile Welt" – es ist eine Welt, in der es reißende Löwen und Erdbeben gibt – es ist *diese* Welt als eine bunte Welt, eine Welt, in der viele und auch widerstreitende Lebensbedürfnisse ihren Ort haben. Zu denken und zu hoffen ist eine Welt, zu arbeiten ist an einer Lebenswelt, in der man ohne Angst verschieden sein kann und in der gerade die Grenzen derer geschützt sind, die diesen Schutz nicht von sich aus bewirken können. Im Blick auf eine solche Lebenswelt bedarf es der Überwindung von Grenzen, es bedarf der respektierenden Einhaltung und auch der Aufrichtung von Grenzen und es bedarf immer wieder der Unterscheidung zwischen den einen und den anderen Grenzen. Eins aber bleibt allemale zu beherzigen, wenn es darum zu tun ist, „globale Wirtschaft verantwortlich zu gestalten". Ich kann es nicht besser sagen als mit dem bereits genannten Namen einer Gruppe der Friedensbewegung in Israel: *jesch-gvul* – Es gibt eine Grenze!

Ein weites Feld – Ein *zu* weites Feld?*
Bibelarbeit über 1. Mose 12

I. Eine Geschichte in verschiedenen Zeiten

Die Bibeltexte des Kirchentags legen die Losung aus. Auf je ihre Weise ent*falten* sie deren Dimensionen, legen Spuren aus und helfen das Leitwort des Kirchentags in verschiedenen Perspektiven und Konkretionen wahrzunehmen. Umgekehrt lädt der Losungssatz aus Psalm 31: „Du stellst meine Füße auf weiten Raum" dazu ein, „unseren" Text aus dem 1. Mosebuch unter einer bestimmten Fragestellung zu lesen. In der Erzählung von Abram und Sarai (später heißen sie Abraham und Sara) ist von Räumen und Wegen die Rede, vom Gehen ins Offene und auf bedrückende Weise auch vom Geschickt-Werden und Sich-Schicken in enge und engste Räume.

(Fast) ganz am Anfang steht ein Befehl: *läch-lecha* „Geh für dich / auf dich gestellt!", und (fast) ganz am Ende ertönt wieder ein Befehl „Geh!" Die beiden Imperative bilden eine Klammer der Erzählung, verbinden Anfang und Ende und doch sind es ungleiche Forderungen zu gehen. Am Anfang ergeht dieser Befehl an Abram von Adonaj, Israels Gott, am Ende vom ägyptischen Pharao. Am Anfang ist es die Aufforderung, Schritte ins Offene zu wagen; am Ende ist's eine (so *Bettina Eltrop* in den „Exegetischen Skizzen") „großzügige Abschiebung". Dazwischen geht es um viel und es wird viel gegangen. Wir werden dem Schritt für Schritt nachgehen. Ich will die Erzählung nacherzählen und so auslegen.

Eine Geschichte *heute* nachzuerzählen bedeutet auch sie heute *neu* zu erzählen. Dabei will ich die alte Geschichte von Abram und Sarai nicht so erzählen, wie wenn sie heute spielte. Vielmehr will ich umgekehrt das *Heu-*

---

* *Bibelarbeit auf dem Deutschen Evangelischen Kirchentag 2001 in Frankfurt am Main* *te*, meine (unsere) Gegenwart in das Lesen der alten Geschichte einbringen. Die alten Worte verknüpfen sich, wo immer sie erzählt werden, mit neuen Erfahrungen. Das ist nicht erst so, wenn wir die im biblischen Text erzählte vergangene Zeit mit der gegenwärtigen Zeit zusammen bringen. Das war schon so, als die alten Geschichten aufgeschrieben wurden. Es kommt nicht darauf an, ob Abraham und Sara je als historische Personen gelebt haben. Sie leben in den Geschichten und sie leben weiter, wo immer diese Geschichten erzählt und gehört, weitererzählt und neu gehört werden.

Zwischen der Zeit, in der die Geschichte spielt, und der Zeit, in der sie in ihrer endgültigen Gestalt an dieser Stelle der Bibel aufgeschrieben wurde, liegen Jahrhunderte. Folgen wir den biblischen Zeitangaben selbst, so lebten Abraham und Sara etwa 2000 Jahre nach der Weltschöpfung. Dürfte man das in Datierungen unserer Zeitrechnung umbuchen, käme man auf den Beginn des zweiten vorchristlichen Jahrtausends. Die in den Mosebüchern jetzt so vorliegende Gestalt bekam die Erzählung etwa einenhalb Jahrtausende später, in der persischen Zeit, als man in Israel nach dem Babylonischen Exil in der Erinnerung an all das Geschehene nach neuen Lebensgestaltungen und zugleich nach verbindlich bleibenden Normen fragte. Von den ersten Abrahamerzählungen bis zu den jetzt vorliegenden Bibeltexten haben Menschen in Israel die Geschichten mit je ihren Fragen und Erfahrungen immer wieder nach- und neu erzählt. Die Geschichte heute nachzuerzählen heißt daher den Versuch zu machen, sie als Gewebe wahrzunehmen (das lateinische Wort Text, *textus* heißt eben das), als Gewebe, in das viele Generationen ihre Erfahrungen, ihre Antworten und ihre Fragen, ihr gelebtes Leben eingewoben haben. Der so entstandene Text ist kein „Patchwork", keine Flickarbeit aus verschiedensten Stoffen, sondern ein Gewebe, in dem jeder Satz so, wie er da steht, zu einem unverzichtbaren Faden gehört und andere Fäden aufnimmt. Kein Satz, kein Wort ist überflüssig, keines überschüssig – zusammen bilden sie *einen* Text.

Wenn wir die Geschichte heute hören, werden wir auch unsere Fragen und Erfahrungen einbringen. Vielleicht verhelfen Beobachtungen an der alten Geschichte zu neuen Entdeckungen im Blick auf die Losung und die großen Themen dieses Kirchentags, zur Frage nach dem weiten Raum, in dem wir *auf* Freiheit und *in* Freiheit bestehen müssen, oder zur Gefahr, den weiten und freien Raum gerade dadurch zu verlieren, dass wir ihn sichern wollen. Aber das ist schon zu viel an Ankündigung und Reden *über* den Bibelarbeitstext. Ich will lieber *mit ihm* reden und tue das in acht Abschnitten. Ich lese 1. Mose 12 in der „Kirchentagsübersetzung", die eine Gruppe von Exegetinnen und Exegeten gemeinsam erarbeitet hat. *Ein* Ziel unserer Übersetzung ist, Frauen in den biblischen Texten und als Adressatinnen biblischer Texte nicht unsichtbar zu machen. Wir werden sehen, wie wichtig das gerade bei diesem Text ist.

II. Der Text

Adonaj [Gott] sprach zu Abram: „Geh, auf dich gestellt, aus deinem Land, aus deiner Verwandtschaft, aus deinem Elternhaus in das Land, das ich dich sehen lasse. Ich werde dich zu einem großen Volk machen und dich segnen und deinen Namen groß machen. Werde du ein Segen! Ich will segnen, die dich segnen, die dich erniedrigen, verfluche ich. In dir sollen sich segnen lassen alle Völker der Erde." Da ging Abram, wie Adonaj ihm gesagt hatte, und Lot ging mit ihm. Abram war 75 Jahre alt, als er aus Charan hinauszog. Abram nahm Sarai, seine Frau, und Lot, seinen Brudersohn, und alle Habe, die sie erworben hatten, und die Leute, die sie sich in Charan zu eigen gemacht hatten; sie zogen aus, um in das Land Kanaan zu gehen, und sie kamen in das Land Kanaan. Abram durchzog das Land bis zum Ort Sichem, bis zum Baum Moräh. Und da wohnte das kanaanäische Volk im Land. Adonaj ließ sich sehen vor Abram und sprach: „Deinen Nachkommen gebe ich dieses Land." Er baute dort einen Altar für Adonaj, denn Gott hatte sich vor ihm sehen lassen. Und Abram brach von dort ins Gebirge auf bis östlich von Bet-El und spannte sein Zelt auf, Bet-El im Westen und Ai im Osten. Und er baute dort einen Altar für Adonaj und rief den Namen „Adonaj" an. Danach zog Abram weiter südwärts in den Negev. Es kam eine Hungersnot über das Land. Abram machte sich auf den Weg hinab nach Ägypten, um dort als Fremder Aufnahme zu finden – schwer war ja der Hunger im Land. Als er sich Ägypten näherte, sprach er zu Sarai, seiner Frau: „Sieh doch, ich weiß ja, du bist eine Frau, die schön anzusehen ist.

Wenn dann die Ägypter dich sehen, werden sie sagen: 'Das ist seine Frau' und sie werden mich töten, dich aber leben lassen. Sag doch, du wärst meine Schwester, damit es mir auf deine Kosten gut geht und ich mein Leben dank deiner behalte." Als Abram nach Ägypten kam, sahen die Ägypter die Frau: Ja, sie war sehr schön. Die Mächtigen Pharaos sahen sie und priesen sie vor Pharao. Da wurde die Frau in den Harem Pharaos gebracht. Und Abram ging es gut auf ihre Kosten. Er bekam Schafe und Rinder und Eselhengste und Sklaven und Sklavinnen und Eselinnen und Kamele. Da schlug Adonaj Pharao mit harten Schlägen – auch sein ganzes Haus. Es ging um Sarai, Abrams Frau. Pharao rief Abram und sprach: „Was hast du mir da angetan? Warum hast du mir nicht erzählt, dass sie deine Frau ist? Warum hast du gesagt: 'Sie ist meine Schwester'? So habe ich sie mir zur Frau genommen. Nun sieh: Sie ist deine Frau. Nimm sie und geh!" Und Pharao ordnete Männer für ihn an, ihn und seine Frau und alles, was er hatte, fortzubringen.

III. Eine Geschichte in verschiedenen Räumen

Ein ganzes langes Kapitel aus dem ersten Mosebuch also – mit vielen Wegen und weiten Räumen. Der weite Raum wird zuerst in den in 1. Mose 12 genannten Ortsnamen erkennbar. Da ist Charan genannt, eine Stadt im oberen Mesopotamien, am Euphrat, heute in der Südtürkei, nahe der syrischen Grenze. Nach Charan selbst war die Sippe, wie zuvor erzählt wird, auf weiten Wegen gekommen. Als Ausgangsort nennt 1. Mose 11 die Stadt Ur ganz im Süden des Zweistromlandes am persischen Golf, heute im Südirak. Von Charan aus wandert Abrams Familie nach Kanaan, ins Land des späteren Volkes Israel. Aber auch im Israelland selbst kommen in „unserem" Kapitel weit voneinander entfernte Orte in den Blick, solche im Norden wie Sichem und Betel, aber auch der Negev, die südliche Wüste. Und dann gelangen Sarai und Abram nach Ägypten. Von Charan am Euphrat bis an den Nil sind es weit mehr als 1000 km Luftlinie. Aber natürlich reiste man in Abrahams Zeiten nicht „per Luftlinie" und die Karawanenstraßen mussten in zuweilen gewaltigen Umwegen unwegsame Gegenden weiträumig umgehen. All diese Orte und Räume spielen eine Rolle in Israels Geschichte und mit all diesen Orten im Israelland und den weiten Räumen draußen verbinden sich Geschichten. Geschichten und Geschichte bilden die Markierungen der Landkarte „unseres" Kapitels. Betel und Sichem, aber auch Charan sind Orte der Geschichte des Abrahamenkels Jakob, der den Namen Israel bekommen wird. Der Süden des Landes ist seit alters mit der Abrahamtradition verbunden. Der Ortsname Ai lässt die Erinnerung an Josuas Eroberung auftauchen. Das Land am Euphrat ist nicht nur Heimat der Abrahamfamilie, sondern auch Ort des Babylonischen Exils Israels. Ägypten ist nicht nur der Zufluchtsort wandernder Nomaden in Hungerzeiten, sondern auch das Land, in dem Israel zum Volk wurde. Ägypten aber wurde Israel zum „Sklaven-" zum „Arbeitshaus", aus dem Gott das Volk herausführte. Von der Heimat der ältesten Sippen, aus denen das Volk wurde, über den Auszug aus Ägypten – Ur-Sprung der Geschichte und Theologie Israels –, weiter über die Zeit der Einwanderung der Stämme ins Land Kanaan bis hin zur Babylonischen Gefangenschaft, dem neuen Auszug aus diesem Exil und der Neukonstituierung jüdischen Lebens in einem multikulturellen Großreich – alle diese Zeiten und ihre dramatischen Geschichten sind in der Landkarte des Textes *verortet*.

Es ist so, wie wenn wir heute bestimmte Ortsnamen nennen und damit nicht zuerst eine geographische Lage bezeichnen wollen. Wer „Schalke" sagt, meint meist mehr als einen Stadtteil von Gelsenkirchen, „Pankow" war zuzeiten nicht nur ein Ortsteil Berlins, „Woodstock" ist mehr als ein ziemlich öder Ort mit einer großen Wiese im Staat New York, „Canossa" meint nicht nur ein Schloss in der Nähe von Reggio nell'Emilia in Norditalien. „Waterloo" ist nicht nur eine Stadt in Belgien, „Gorleben" nicht nur ein Dorf im niedersächsischen Wendland. – Und dann könnten wir an noch andere Ortsnamen denken, solche wie „Eschede" oder „Hiroshima" – – – und noch andere wie „Birkenau" oder „Bergen-Belsen".

Orte stehen für Geschichten. Ein weiter Raum ist in 1. Mose 12 entfaltet, aber in den meisten Zeiten war er weder Freiraum noch Spielraum. Ich sage das zu Beginn unserer Reise mit und durch 1. Mose 12, damit jeder idyllisierende Zugriff auf diese Geschichte erschwert wird. Abrahams Gottvertrauen, „der Weg" als besonders beliebtes Feld der Symboldidaktik – ein solcher Zugang muss nicht, aber er kann die Geschichte ins Ungefähre der Gefühle abdriften oder im Zugriffig-Banalen eines „Wir alle sind unterwegs" versinken lassen. Folgen wir Abram und Sarai, folgen wir der Erzählung – Schritt für Schritt:

Adonaj sprach zu Abram:

So beginnt 1. Mose 12. Israels Gott ist hier mit seinem Eigennamen genannt, den ich *Adonaj* ausspreche. Gott redet den „Erzvater" an, der zunächst noch Abram heißt und später (in 1. Mose 17) den erweiterten, größeren Namen Abraham bekommen wird. Voraus geht in Kapitel 11 eine Genealogie, eine Familiengeschichte, die Namen und Lebensdaten der großen Familie nennt, vom Noahsohn Schem bis zu Abram selbst und seiner Frau Sarai, die später Sara heißen wird. Gott ruft Abram, ruft ihn hinaus in weiten Raum:

„Geh, auf dich gestellt,
aus deinem Land, aus deiner Verwandtschaft, aus deinem Elternhaus
in das Land, das ich dich sehen lasse. (...)

Der Schritt ins Offene, den zu tun Gott Abram anweist, ist mit Trennungen verbunden. Freiheit und Bindung gehören zusammen, aber sie gehen nicht immer leicht zusammen. Abram erhält einen Befehl und ein Ziel. Das Ziel wird nicht vorab definiert. Kennt *Gott* es schon? *Abram* kennt es nicht. Er geht, ohne zu wissen, wohin. Die offene Zukunft kann leicht *zu* offen, das weite Feld leicht ein *zu* weites Feld werden. Bereits der erste Vers „unserer" Geschichte lässt die Losung dieses Kirchentags in eben dem Zwiespalt erkennbar werden, in dem allein sie ernst genommen ist.

Bei der Wahl dieser Losung gab es ausführliche und spannende Debatten im Kirchentagspräsidium. Da waren viele, die spontan und freudig auf diese Losung zugingen. Der weite Raum, Raum der Freiheit, Raum zur freien Gestaltung. Aller Bedrängnis und Beklemmung entkommen, „mit meinem Gott über Mauern springen" (Psalm 18,30). Der weite Raum: Gegenbild zu Enge und Angst, zum Eingeschnürtsein in die Zwänge der verkrusteten Strukturen in Gesellschaft und Kirche – Raum zum Atmen, Spielraum, Raum zum Gestalten. Nicht länger ängstlich und defensiv auf die Sicherung der Bestände fixiert sein (die wachsenden Austrittszahlen und die sinkenden Einnahmen der Kirche, den schwindenden Einfluss der christlichen Werte – oder was man dafür hält), nein: Schritte ins Offene, phantasievolle und phantastische Ideen, neue Wege entdecken und gehen. Aber da war dann in der Debatte um die Losung rasch und gewichtig auch das Gegenbild. „Du stellst meine Füße auf weiten Raum." Das Bild kann auch Unsicherheit auslösen. Wie soll man sich einigermaßen sicher bewegen, wenn es keine Grenzen gibt, wie soll man auf unüberschaubarem Weg gehen können ohne Geländer, ohne Halt? Die Wahl des Kirchentagsplakats scheint mir auf ihre Weise diesen Zwiespalt zu kommentieren. Unter den vier zur Wahl gestellten Plakatentwürfen fiel die große Mehrheit der abgegebenen Stimmen (stimmberechtigt waren alle, die sich an dieser Wahl beteiligen wollten) auf das Plakat mit dem Kompass, das in diesen Tagen allerorts zu sehen ist. Ich sehe in dieser Wahl einen Versuch, den weiten Raum nicht all zu unübersichtlich, den Weg nicht all zu richtungslos werden zu lassen. Immerhin will ich darauf beharren, dass ein Kompass keinen Weg zeigt. Er zeigt, wo Norden ist und ermöglicht so eine Orientierung. Doch wohin ich gehen will, gehen soll – das sagt mir der Kompass nicht. Freilich ist es gut zu wissen, wo Norden ist, wenn ich, sagen wir, strikt nach Süden (oder mit Abram) irgendwie nach Westen gehen will. Der Kompass hilft mir den Weg auch zu gehen, den ich gehen will. Er nimmt mir nicht die Entscheidung ab, welchen Weg ich gehen will oder soll oder muss.

Hatte Abram (im übertragenen Sinne, versteht sich) einen Kompass? Der Aufbruchbefehl selbst spricht eher dagegen. Da heißt es in einer eigentümlichen und nur noch ein weiteres Mal (in 1. Mose 22) vorkommenden Formulierung: *läch-lecha*: Man kann verdeutschen: „Geh, auf dich gestellt!", „Geh für dich" – womöglich kann man das (mit dem großen jüdischen Gelehrten *Samson Raphael Hirsch*, der in der Geschichte der Frankfurter jüdischen Gemeinde im 19. Jahrhundert eine herausragende Rolle spielt) noch schärfer verstehen: „Isolier dich!" Abram soll (und wird) gehen ohne Rückversicherung, ohne zu fragen, was die anderen sagen, die Mehrheit denken wird, ohne Anpassung an das, was üblich, ohne das Leitbild dessen, was „man tut". Der Schritt ins Offene ist verbunden mit Trennungen – kaum nur für Abram. Die Verheißung hat einen Preis. Abram muss sich entscheiden zwischen dem höchst fragilen Neubeginn und der sichernden Kontinuität. In einer Zeit, in der zunehmend das als richtig gilt, was die meisten sagen, in der die Akzeptanz der Vielen als Maßstab für Wahrheit gilt, Einschaltquoten über Qualität entscheiden, muss der Befehl an Abram grotesk und sein Befolgen geradezu als absurd erscheinen. „Sicherheit mit Dividende!" – das ist die zeitgemäße Losung: Sicher will ich sein und dabei noch was verdienen. Und am sichersten geht das, wenn ich mit dem Strom schwimme. Doch: *„Nur tote Fische schwimmen mit dem Strom."* Das steht *so* nicht in der Bibel, das stand in Maos kleinem roten Büchlein – aber so ganz falsch muss es deshalb ja nicht sein. Abram aber folgt der Stimme Gottes – wir werden noch sehen, dass der Drang nach Sicherheiten auch für ihn noch eine große Bedeutung bekommen wird. In bestimmter Hinsicht sage ich „glücklicherweise", denn der Abram, der sich sichern will – und wenn es auf Kosten anderer geht – ist mir immerhin, wenn ich ehrlich bin, immer noch näher, als der, der allein auf Gottes Wort und sich selbst gestellt, geht. Für die Kritik an Abram und die dabei fällige Selbstkritik kommen noch Zeit und Ort – folgen wir dem Text. Der enthält eine riesige Verheißung.

IV. Ein Raum für verschiedene Völker

(...) Ich werde dich zu einem großen Volk machen
und dich segnen
und deinen Namen groß machen. (...)

Gott wird aus Abram ein großes Volk machen, Abram segnen und seinen Namen groß machen. Hier beginnt etwas ganz Neues. Und doch ist diese grandiose Anfangsgeschichte mit mehreren Fäden verbunden mit der vorausgehenden Erzählung vom „Turmbau zu Babel". Hatte sich (1. Mose 10) die Menschheit – ausgehend von Noah und seinen Söhnen – entfaltet in Sippen, Völker und Sprachen, so kam es (Kap. 11) in „Babel" zu einem imperialen Versuch, die Vielfalt rückgängig zu machen zugunsten eines riesigen Einheitsprojekts mit einer eindeutigen, verordneten Sprache. Gott zerstört Stadt und Turm und stellt die Vielfalt wieder her. Die Vielfalt von Völkern und Sprachen ist keine Strafe Gottes, sondern die

„Gott sei Dank" wieder hergestellte Vielfalt von Sprachen, Völkern und Kulturen gegen das Projekt imperialer, globaler Einheit. Mit dieser Globalisierung (geradezu „Globabelisierung") war das Bestreben verbunden *sich* einen Namen zu machen. Der Größenwahn findet Ausdruck im „Babylonischen Turm". Die Worte in den ersten Versen „unserer" Geschichte weisen auf das „Babelprojekt" zurück und eröffnen eine Gegenlinie. Abram macht nicht *sich* einen Namen, vielmehr macht Gott seinen Namen groß. Und in dem Wort „ich will groß machen" (*we'agaddela*) steckt ein Rückbezug auf den Turm (*migdal*).

Zu beachten ist aber vor allem das Wort für „Volk" in der Verheißung „Ich werde dich zu einem großen Volk machen". Hier steht nämlich *das* Wort, das ein Volk neben und mit anderen Völkern bezeichnet, das Wort *goj*. Wenn vom Volk Israel, von Gottes Volk die Rede ist, wird meist ein anderes Wort für „Volk" gebraucht, das Wort *'am*. So gewiss in den Worten an Abram das künftige Volk Israel im Blick ist, so deutlich markiert die Wortwahl das große Thema, das dieses und die weiteren Kapitel durchzieht. Es geht um das Verhältnis dieses Volkes zu den Völkern, um Israels Geschichte im Raum der Völkerwelt. Das entscheidende Stichwort ist *Segen*. Nicht weniger als fünfmal kommen die Worte Segen, segnen in den Versen 2 und 3 vor. Damit ist ein Gegenton gesetzt zu den fünf Fluchworten in den 1. Mose 12 vorausgehenden Texten. Die Worte: „Ich werde dich zu einem großen Volk machen und dich segnen und deinen Namen groß machen" münden ein in einen Imperativ:

(...) Werde du ein Segen! (...)

Manchmal muss man die Grammatik eines biblischen Satzes sehr genau ansehen, um den Satz interpretieren zu können. So ist es hier, denn die hebräische Formulierung (*wähjä bracha*) bezeichnet ein Resultat, das aus dem zuvor Gesagten folgt. Es handelt sich also nicht um eine Aufforderung, der man nachkommen, die man auch aber verweigern oder verfehlen kann, vielmehr *wird* Abram ein Segen. Abrahams, Israels gesegnetes und Segen spendendes Dasein und Sosein steht nicht zur Disposition. Diese Segenszusage gilt unbedingt. Wie aber steht es im Blick auf den Segen mit den übrigen Völkern? Die Aussage des folgenden

Verses nimmt die Völker hinein in den Segensraum Abrams – freilich mit einer Bedingung, an die Gott sein eigenes Verhalten gegenüber den Völkern bindet:

Ich will segnen, die dich segnen;
die dich erniedrigen, verfluche ich.

Mit diesem Satz bindet Gott selbst sich in seinem Verhalten gegenüber den Völkern daran, wie sie sich verhalten gegenüber dem Volk, zu dem Abram werden wird. Menschen, Völker, die Abram segnen, wird Gott segnen; und wer Abram verflucht, gering achtet, wörtlich: leicht nimmt (hier formuliert der hebräische Text im Singular – es geht um den je einzelnen Menschen), den wird Gott verfluchen. Während der Segen je mit demselben Verb bezeichnet wird, finden sich im anderen Satzteil zwei Verben, die fluchen bedeuten, wobei Gott den Fluch mit einem womöglich noch substanzielleren beantworten wird.

Der Segensraum, den Abram und das Volk, zu dem er werden wird, auch für die anderen Völker eröffnet, wird im nächsten Satz noch einmal aufgenommen:

(...) In dir sollen sich segnen lassen alle Völker der Erde."

Dieser Satz und vor allem eine (hebräische) Formulierung in ihm hat zu einer langen und noch anhaltenden Debatte unter den Auslegerinnen und Auslegern geführt. Mehrere Übersetzungs- und mit ihnen mehrere Verstehensmöglichkeiten stehen neben- und gegeneinander. *Eine* Auffassung (vor allem *Gerhard von Rad*) versteht Abram als Segens*mittler* für alle Völker: „Durch dich sollen gesegnet werden alle Völker der Erde!" Der universale Segen für die ganze Welt wäre danach das Ziel des Segens für Abram. Das ist eine christlich universalisierende Sicht auf 1. Mose 12. Aber wenn der Zweck des Segens für Abram der universale Segen für alle Völker wäre, wären dann nicht Abram und sein Volk geradezu zu einem Mittel für diesen Zweck geworden? Damit Israel nicht in dieser Weise instrumentalisiert wird, haben andere Ausleger (vor allem *Erhard Blum*) vorgeschlagen, Abram nicht als Segensmittler zu verstehen, sondern als einen geradezu paradigmatisch, vorbildlich Gesegneten. Möglich wäre in dieser Linie die Übersetzung: „Mit dir" (indem sie von dir als Beispiel sprechen) werden sich Menschen aller Völker Segen wünschen. Alle wünschten sich so gesegnet zu sein wie Abram. So bleibt der Segen bei Abram und Abrams Volk. Aber diese Auffassung enthält geradezu das umgekehrte Problem. Israel wird nicht instrumentalisiert, der Segen Abrams kann anderen wie ein Vorbild erscheinen, aber sie haben bei dieser Auffassung keine Möglichkeit an diesem Segen Anteil zu bekommen. So spricht vieles für eine (von *Magdalene L. Frettlöh* eingebrachte) dritte Möglichkeit, die auch in die Kirchentagsübersetzung eingegangen ist: „In dir sollen sich segnen lassen alle Völker der Erde." Die Völker können hineinkommen in den Segensraum Abrahams und Israels, aber nicht, indem sie Israel enteignen und sich an die Stelle Israels setzen, sondern indem sie sich in diesen Segensraum hineinbegeben, sich *mit*segnen lassen. Wie das gehen kann, ist im Gotteswort des vorangehenden Satzes klar benannt. Es geht um ein Tun, ein Handeln an und mit Israel:

Ich will segnen, die dich segnen;
die dich erniedrigen, verfluche ich.

Völker und Menschen aus den Völkern kommen in den Blick in diesen ersten Worten an Abra(ha)m. Sie sind in dieser Bestimmung mit hineingenommen in die Beziehung zwischen Gott und Abra(ha)m, dem Gott Israels und dem Volk Israel. Aber sie kommen nur vor in diesem Mithineingenommen-Sein, nicht außerhalb der Beziehung zwischen Gott und Abraham – und erst recht nicht so, dass sie sich (wie es in der Christentumsgeschichte nur zu oft geschehen ist und bis heute geschieht) an die Stelle Abrahams und seiner Kinder setzen könnten.

V. Offene Wege

Abram tut, was Gott ihm gesagt hat; er verlässt Vaterhaus und Heimatland um in das Land zu gehen, das Gott ihm zeigen wird. Abram geht auf sich gestellt, doch nicht allein:

Da ging Abram, wie Adonaj ihm gesagt hatte, und Lot ging mit ihm.

Lot, Abrams Neffe, zieht mit. Die Geschichten der Abramfamilie und der Lotfamilie kommen in den folgenden Kapiteln mit- und auch gegeneinander zur Sprache. Mit ihnen werden sich unterschiedliche Formen des Gehens und Bleibens verbinden. Lots Geschichte und mehr noch die seiner Frau und die seiner Töchter enthalten dramatische und bedrückende Erfahrungen. Sie wären gewichtig (und irritierend) genug, ihnen eigene Aufmerksamkeit zu widmen. Doch für diesmal müssen wir uns auf Abram und Sarai beschränken. Folgen wir ihren Wegen:

Abram war 75 Jahre alt, als er aus Charan hinauszog.
Abram nahm Sarai, seine Frau, und Lot, seinen Brudersohn,
und alle Habe, die sie erworben hatten,
und die Leute, die sie sich in Charan zu eigen gemacht hatten;
sie zogen aus, um in das Land Kanaan zu gehen,
und sie kamen in das Land Kanaan.

Diese Sätze lassen einiges über die Familienstruktur der erzählten Zeit erkennen. Vorausgesetzt ist eine Großfamilie, zu der mehrere Generationen und auch die abhängigen Personen gehören. „Chef" der Großfamilie ist der „Vater". Solange er lebt, verfügt er über die gesamte Familie, über die Frau(en) ebenso wie über die Kinder, auch wenn die längst erwachsen sind. Freilich, Abram und Sarai hatten keine Kinder, denn – so steht es schon in Kap. 11: Sarai war quälend lange kinderlos. Dieses Schicksal teilt sie mit vielen Frauen der Erzelterngeschichten.

„... und sie kamen in das Land Kanaan." Abram also zieht mit allen zu seiner Großfamilie gehörenden Personen sowie mit den Tieren und aller Habe nach Kanaan.

Abram durchzog das Land bis zum Ort Sichem, bis zum Baum Moräh.

Was es mit diesem Baum auf sich hat, ist nicht ganz klar. Es handelt sich womöglich um eine „Orakeleiche", einen heiligen Baum. Der nächste Satz bringt eine ganz andere Frage ins Spiel:

Und da wohnte das kanaanäische Volk im Land.

Das Land ist nicht leer, es ist bewohnt, bewohnt vom Volk der Kanaanäer. Die auf den ersten Blick unscheinbare Notiz eröffnet ein Problemfeld, indem sie die zuvor gegebene Bestimmung des Verhältnisses zwischen Abrams Volk und den anderen Völkern aus einer abstrakten Relation in die politische Realität bringt. Wie kann die gleich im nächsten Vers ausgesprochene Verheißung des Landes für Abrams Nachkommen Wirklichkeit werden, wenn doch andere Menschen und Völker dort schon wohnen? In der Bibel gibt es das Konzept der Eroberung und Vertreibung, es gibt aber in derselben Bibel auch ganz andere Konzepte – und gerade im 1. Mosebuch solche einer friedlichen Koexistenz. Worauf ist zu hoffen, worauf zu setzen, auf welchen Normen und regulativen Ideen soll das reale Leben der Völker basieren? Im nachexilischen Israel wurde diese Frage neu virulent. In der Gegenwart der verschiedenen Nachkommen Abrahams *ist* sie virulent. Wie kann sich das Zusammenleben zwischen verschiedenen Völkern und Religionen gestalten? Welche Bilder hat man voneinander, welches Verhalten entspringt solchen Bildern? Wir werden noch sehen, wie die Geschichte in 1. Mose 12 mit eben diesen Fragen zu tun bekommt. An dieser Stelle steht der Satz „Und da wohnte das kanaanäische Volk im Land" wie ein Merkzeichen. Hören wir, wie es weiter geht.

Adonaj ließ sich sehen vor Abram und sprach:
„Deinen Nachkommen gebe ich dieses Land."
Er baute dort einen Altar für Adonaj,
denn Gott hatte sich vor ihm sehen lassen.
Und Abram brach von dort ins Gebirge bis östlich von Bet-El
und spannte sein Zelt auf, Bet-El im Westen und Ai im Osten.
Und er baute dort einen Altar für Adonaj
und rief den Namen „Adonaj" an.
Danach zog Abram weiter südwärts in den Negev.

Abram war in Kanaan, seinem Zielraum angekommen, aber er wurde in diesem Raum nicht sesshaft. Wir sollten uns an dieser Stelle der Erzählung keine armen Flüchtlinge vorstellen, die durch ein fremdes Land hetzen, sondern eine große und starke, eine reiche Gruppe, die das Land weiträumig durchzieht und in Zelten lebt. „Sesshaft" (wenn man das so sagen darf) werden Abraham und Sara, Isaak und Rebekka, Jakob und seine Frauen erst im Grab. Orte ihrer Wege werden genannt, die später eine große Rolle spielen werden in der Geschichte Israels, Orte die – in der Erinnerung derer, die die Abrahamgeschichten so erzählten und weiter erzählten – eine große Rolle in der Geschichte Israels gespielt *haben*. Abram baut einen Altar für Gott, doch er opfert nicht auf diesem Altar. Seine Beziehung zu Gott beruht im Anrufen des Gottesnamens. Gott ist in seinem Namen präsent. Doch nicht alles, was „in Gottes Namen" geschieht, lässt sich mit dem Namen Gottes vereinbaren. Auch in Abrahams Geschichte nicht, wie wir gleich sehen werden. Die Geschichte geht weiter, sie geht so weiter, dass der weite Raum zunächst ganz eng wird.

VI. Geschlossen, eingeschlossen, ausgeschlossen

Es kam eine Hungersnot über das Land.
Abram machte sich auf den Weg hinab nach Ägypten,
um dort als Fremder Aufnahme zu finden –
schwer war ja der Hunger im Land.

Der Hunger macht den weiten Raum eng. Abram und Sarai gehen nach Ägypten. Sie sind – so nennt man das heute – Wirtschaftsasylanten, gar: Scheinasylanten. Die in diesem Begriff steckende perfide Unterscheidung zwischen Wirtschaftsflüchtlingen und „echten" Asylanten unterstellt ja, dass Hunger so etwas ist wie ein Naturgeschehen oder gar eine Folge eigener Faulheit, jedenfalls nicht etwas, das mit der Frage nach Gerechtigkeit in der Welt zu tun hat. Immer wieder erzählt die Bibel von solchen Wirtschaftsflüchtlingen, Abram und Sara sind keineswegs die letzten. Im letzten Teil des Buches „Genesis" wird erzählt, wie die Jakobsippe aus eben solchen Gründen nach Ägypten kommt, wie sie dort von Josef und von Pharao versorgt wird und in Ägypten bleibt. Und die in „unserem" Text nun folgende Geschichte wird, was ihre Grundzüge angeht, gleich dreimal erzählt. Abraham erlebt fast dasselbe noch einmal im Gebiet des Königs Abimelech von Gerar (1. Mose 20) und auch seinem Sohn Isaak und dessen Frau Rebekka bleibt die Wiederholung nicht erspart, wie in 1. Mose 26 erzählt wird. Die Geschichten sind in der Bibel als Wiederholungen erzählt; zuweilen muss man etwas noch einmal erleben und nur in seltenen Fällen hat man aus einer Geschichte oder gar aus *der Geschichte* so viel gelernt, dass einer und einem die Wiederholung erspart bleibt.

Wirtschaftsflüchtlinge gehören zur Realität nicht nur, aber auch des Altertums und das Wirtschaftsasyl auch. Es gibt ägyptische Dokumente, die den Vorgang schildern. So ist in einem „Grenztagebuch" eines ägyptischen Beamten aufgezeichnet, dass Nomaden in Hungersnotzeiten die ägyptische Grenze überschritten, um zeitweilige Zuflucht baten und diese Zuflucht auch erhielten. In Israels Erinnerung ist diese Erfahrung grundlegend geblieben. Keine Norm wird in den Gesetzen der hebräischen Bibel so oft und so intensiv eingeschärft wie die, die Fremden nicht zu bedrücken. In immer neuen Variationen lautet die Begründung: Du weißt, wie es Fremden zumute ist. Du kennst das Herz der Fremden. Du selbst warst Fremdling in Ägypten. Ägypten wurde für Israel das Land des Sklaven-, des Arbeitshauses, das Land, aus dem Gott sein Volk herausführte. Aber Ägypten war und blieb zugleich das Land, in dem die Mütter und Väter Zuflucht fanden, als Fremde leben und überleben konnten. Das pharaonische Ägypten war kein Unrechtsstaat, im Gegenteil: ein ausgesprochener Rechtsstaat. Doch man kann (das gilt nicht nur für das pharaonische Ägypten) auch *mit* den herrschenden Gesetzen Unrecht tun. Ohne Risiken war daher eine solche Asylsuche gewiss nicht. Hätte Abram nicht sehen müssen, was da auf ihn und vor allem auf Sarai zukommt, und die Reise nach Ägypten unterlassen müssen? So fragen die mittelalterlichen jüdischen Gelehrten und sind sich nicht einig. Manche sehen hier eine Schuld Abrams, der die eigene Sicherheit höher stelle als das Vertrauen auf Gott. Doch andere weisen auf die reale Not hin (zweimal ist im Text der schwere Hunger betont) und sie erinnern an den talmudischen Grundsatz, man dürfe sich nicht auf ein Wunder stützen (*bKidduschin 39b*).

Und noch etwas findet sich im Talmud als ein *Gebot* (bBaba Qamma 60b), indem es unter direkter Bezugnahme auf „unseren" Text heißt: „Ist Hungersnot in der Stadt, so zerstreue deine Schritte", das heißt, geh in ein anderes Land! In Hungerzeiten ist es Menschenrecht, ja, folgen wir den Rabbinen, Menschenpflicht, für sich und die Seinen ein Land aufzusuchen, in dem man zu essen hat. Freilich ist das (und auch das wird an dieser Stelle des Talmud gleich im Anschluss bedacht) nicht ohne Risiko. Abram selbst sieht vor allem *ein* Risiko, das mit seiner Frau zusammenhängt, um die es von nun an geht. Das immer wieder auftauchende Wort „Frau" wird zum Leitwort des folgenden Textes. Dass sich alles um eine Frau dreht, heißt aber noch lange nicht, dass diese Frau auch als Subjekt wahrgenommen wird. Hören wir Abrams Besorgnis:

Als er sich Ägypten näherte,
sprach er zu Sarai, seiner Frau:
„Sieh doch, ich weiß ja,
du bist eine Frau, die schön anzusehen ist.
Wenn dann die Ägypter dich sehen, werden sie sagen:
'Das ist seine Frau',
und sie werden mich töten, dich aber leben lassen.

Abram fürchtet, die Schönheit seiner Frau Sarai werde ihm zum Verhängnis werden. Denn wenn ein hoher Herr in Ägypten ein Auge auf sie werfe, werde er sich des lästigen Ehemanns wohl entledigen. Dass hohe Herren so handeln, wusste man in Israel durchaus auch aus der eigenen Geschichte. Denn eben so handelte David an Uria, dem (übrigens ausländischen) Mann der Batscheba. David sah Batscheba, sah, wie schön sie war, begehrte sie und nahm sie. Die Erzählung im 2. Samuelbuch kritisiert David hart. Aber was kritisiert sie? Um Batscheba und ihr Geschick geht es da kaum. Dass David über sie und ihre Sexualität schlicht verfügte, kommt ins Bild wie ein Eigentumsdelikt gegenüber ihrem Ehemann, jedenfalls als eine Sache zwischen den beteiligten Männern. So denkt (aus der Perspektive des Schwächeren in der möglichen Männerrivalität) auch Abram – und was das Kommende betrifft, denkt er zunächst einmal mit Recht so. Doch der Erzvater ist schlau und weiß einen Ausweg:

Sag doch, du wärst meine Schwester,
damit es mir auf deine Kosten gut geht
und ich mein Leben dank deiner behalte."

Wird man den Ehemann einer Frau, auf die man selbst scharf ist, töten, um ihn aus dem Weg zu räumen, so wird man (so sagt sich Abram) den Bruder einer schönen Frau hofieren, ihn gut versorgen – oder sagen wir's ehrlicher: gut *bezahlen* für seine Einwilligung. Alles hat dann ja seine Ordnung und Abram ginge es gut. Gut „auf Kosten" seiner Frau. So lässt es, unverstellt, die Erzählung Abram selbst ausdrücken. Mangelnde Ehrlichkeit wird man dem Erzvater nicht vorwerfen können. Freilich: Sarai wird in einem Harem verschwinden. Ich stelle mir vor, dass das Abram auch irgendwie Leid tut, aber Opfer müssen eben gebracht werden in schweren Zeiten und so können doch immerhin beide überleben und Abram vielleicht nicht einmal schlecht, ja viel besser, als es einem Wirtschaftsflüchtling im Allgemeinen vergönnt sein dürfte. Und hatte (ich imaginiere weiter, wo der Text selbst vieles offen lässt) nicht Sarai ein ums andere Mal gesagt, sie wolle *alles* tun, damit es Abram nur gut gehe? Warum soll sie nicht beim Wort genommen werden, wenn es hart auf hart geht? Sie hatte das doch wohl hoffentlich ganz ernst gemeint ... Und schließlich: Wenn es so komme, wie es zu erwarten stehe, dann bleibe der Harem eines reichen Ägypters oder Pharaos der Sarai so oder so nicht erspart. Für sie gehe es also nur um die Alternative, ob sie als vermeintliche Schwester oder als Witwe Abrams in einem ägyptischen Harem leben werde. Aber für *ihn* gehe es um Leben oder Tod, um die Alternative, getötet zu werden oder („auf deine Kosten") ein gutes Leben zu haben. Und (so könnte Abram hinzufügen, wie er es in der Wiederholungsgeschichte in 1. Mose 20 tut): Eine richtige Lüge ist das übrigens auch nicht, schließlich bist du ja meine Halbschwester. Und wenn die Ägypter daraus schließen, dass wir nicht verheiratet sind, dann ist das schließlich ihr Problem. Nicht einmal eine wirkliche Unwahrheit also, und sie kann *mein Leben* retten. –

Sarai schweigt. –

Ich phantasiere weiter und stelle mir vor, wie Abram in tiefste Krisen gerät: Wenn es nur um mich ginge (höre ich ihn sagen), ich würde, wenn es denn irgendetwas nützte, mein Leben geben für dich und deine Unversehrtheit. Aber es geht nicht nur um mich; es geht um das, was ER (und nun höre ich Abram tief bewegt reden) – es geht um das, was Gott mit mir vor hat. Ich bin ja nicht nur der einst wohlhabende und nun hungernde

Nomade, ich bin (Abram richtet sich auf) der Träger einer großen Verheißung. Ich weiß es noch wie heute, ich höre die Stimme Gottes ganz nah: „Geh für dich" – ich habe also die Pflicht, für *mich*, für *mein* Wohlergehen zu sorgen. Nur so kann ich zum Segen auch für andere werden. Und auch das hat ER zu mir gesagt, zu mir allein: „Ich werde dich zu einem großen Volk machen und dich segnen und deinen Namen groß machen. Werde du ein Segen! Ich will segnen, die dich segnen, die dich erniedrigen, verfluche ich. In dir sollen sich segnen lassen alle Völker der Erde." Hat je ein Mensch eine solche Verheißung bekommen? Ich bin es mir und dir, ich bin es aller Welt schuldig, das meine zu tun, sie nicht zu gefährden! Was soll aus dieser Verheißung werden, wenn ich hier in Ägypten beiseite geräumt werde, nur weil du so attraktiv bist!? *Mein* Same, *meine* Nachkommen werden das Land erben. So hat ER es gesagt: „Deinen Nachkommen gebe ich dieses Land." Es geht nicht um mich und mein elendes Leben, das ich, ich sage es noch einmal, gern für dich hergäbe. Aber du musst einsehen: Es geht um mehr, um viel, viel mehr.

Diese Beweggründe und Worte stehen nicht im Text; es ist meine Phantasie in den Lücken des Textes, die mich Abram so denken, so reden lässt und die mich annehmen lässt, dass er all das ganz ernst meint, ganz tief empfindet. Wir könnten auf solche Verstehensversuche verzichten und uns mit der Aussage begnügen, das seien nun einmal andere Zeiten gewesen, die mit unseren moralischen Maßstäben nicht zu messen seien. Das aber wäre am Ende noch überheblicher und verächtlicher als jede Kritik an Abram. Wir könnten uns den Erzvater auch als schlichten Macho vorstellen, der leichtfertig und zynisch seine Frau preisgibt und es sich auf ihre Kosten gut gehen lassen will. Aber ich meine, dass die Sache noch dramatischer (und im Blick auf mein eigenes Verhalten, meine eigenen Konfliktlösungsstrategien noch kritischer) wird, wenn ich mir Abram an dieser Stelle als einen Menschen vorstelle, der sein Tun mit höchst altruistischen Begründungen versieht und eben diese Begründungen auch glaubt. Abram opfert Sarai, um *Gottes* Verheißung zu retten. Er tut, was er tut, „um Gottes willen". Müssen denn nicht zuweilen die kleinen und auch die nicht so kleinen Schurkereien sein, damit das Große und eigentlich Wichtige nicht in Gefahr gerät? Wenn schon die Parteiraison zuweilen verlangt, um der größeren Sache willen zu lügen, zu betrügen,

Andersdenkende wider besseres Wissen zu diffamieren, wenn das gegebene Ehrenwort einen Gesetzesbrecher zu einem tragischen Helden stilisieren kann, ist es dann nicht geboten, (ich springe wieder in die biblische Geschichte) lieber das Wohlergehen einer einzelnen Frau als Gottes Verheißung preiszugeben. Ich stelle mir vor, dass Abram sich selbst als tragischen Helden begreift. Wenn der tragische Held selbst noch komfortabel davon kommt, umso besser! Und wenn er sich zugleich als Realist ausgeben kann – noch besser! Denn könnte nicht Abram bei allem, was nun geschieht, ein ums andere Mal ausrufen: Da sieht man mal, wie Recht ich hatte!? Denn es geschieht eben so, wie Abram es vorausgesehen (und mit eingefädelt ...) hatte:

Als Abram nach Ägypten kam, sahen die Ägypter die Frau:
Ja, sie war sehr schön.
Die Mächtigen Pharaos sahen sie und priesen sie vor Pharao.
Da wurde die Frau in den Harem Pharaos gebracht.
Und Abram ging es gut auf ihre Kosten.
Er bekam Schafe und Rinder und Eselhengste und Sklaven und Sklavinnen
und Eselinnen und Kamele.

Ägypter sehen die schöne Sarai, Mächtige überzeugen sich von dem Eindruck, melden es dem Allermächtigsten und der greift zu. Sarai wird be- und gehandelt wie ein besonders attraktiver Gegenstand, wie eine Ware. Und Abram erging es gut auf ihre Kosten. Die Erzählung konstatiert das in kalter Präzision. Als Bruder der schönen Frau wird er großzügig entlohnt für die Ware, die er zu geben hat. Pharao, so könnte man auch sagen, lässt sich nicht lumpen. Und überhaupt: Ein Lump ist Pharao nicht. Niemand könnte ihn wohl zwingen den Bruder einer Frau, die er in seinen Harem nehmen will, so gut zu stellen. Hielte Abram die Ägypter allesamt für Lumpen, so hätte seine Rechnung gar nicht aufgehen können. Man hätte ihn ja auch umbringen können um die Brautgabe für den vermeintlichen Bruder zu sparen. Abram entwirft, was die Ausländer angeht, ein merkwürdiges Doppelbild. Er hält sie für so gewissenlos, dass er auf seinen Tod rechnet, solange er als Mann der schönen Frau angesehen werde. Andererseits hält er dieselben ägyptischen Ausländer für so ehrbare Kaufleute, dass er auf seine Alimentierung rechnet, wenn er nur als Sarais Bruder durchgehe.

Zunächst geht nun alles, wie Abram es vorausgeahnt, vorausgeplant hatte. Wie aber sieht das ganze aus Sarais Sicht aus? – Sarai *schweigt*. – Sarai wird nicht gefragt, von Abram nicht, von den Ägyptern nicht, von Pharao nicht. Sie ist – grammatisch und sachlich – Objekt:

Als Abram nach Ägypten kam, sahen die Ägypter die Frau:
Ja, sie war sehr schön.
Die Mächtigen Pharaos sahen sie und priesen sie vor Pharao.
Da wurde die Frau in den Harem Pharaos gebracht.
Er bekam Schafe und Rinder und Eselhengste und Sklaven und Sklavinnen
und Eselinnen und Kamele.

VII. „Es ging um Sarai"

Wie ein Paukenschlag durchbricht der folgende Satz den Fluss der Erzählung. Die Gewichtungen zwischen den handelnden und behandelten Personen werden umgestülpt:

Da schlug Adonaj Pharao mit harten Schlägen – auch sein ganzes Haus.
Es ging um Sarai, Abrams Frau.

Es ging um Sarai, Abrams Frau. So haben wir die hebräischen Worte *al dvar sarai* übersetzt. Das ist eine Möglichkeit, vermutlich die im Text gemeinte. Aber beim hebräischen Wort *davar* ist es so ähnlich wie beim griechischen *logos*; es kann *Sache* bedeuten, aber auch *Wort* und manches weitere. Und so kann man auch ganz wörtlich verstehen, Gott habe Pharao geschlagen: „auf das Wort der Sarai". Blieb sie also doch nicht stumm? Aber dann wäre zwar vom Wort der Sarai die Rede, doch kein Wort von ihr wäre mitgeteilt. Und zu wem spräche sie ihr Wort? Der Midrasch, die erzählende rabbinische Auslegung (Bereschit rabba, Par. 41), spielt mit der Möglichkeit, dass es da um ein *Wort* Sarais gehe. Im Diskurs der Gelehrten werden gleich drei Adressaten des Wortes ins Spiel gebracht. Rabbi Berachja schlägt vor, zu *Gott* habe Sarai geredet: „Herr der Welten! Abraham ist mit einer Verheißung ausgezogen und ich mit Vertrauen. Abraham ist außer Not und ich bin in Not." Da habe Gott ihr geantwortet, alles geschehe um ihretwillen. Rabbi Levi bringt andere Möglichkeiten ins Spiel: Um Sarai vor Pharaos Zudringlichkeit zu schützen, habe die ganze Nacht ein Engel mit einem Knüppel dagestanden. Der habe zu Sarai gesagt: Sobald du sagen wirst „Schlage!", so schlage ich, sobald du sagen wirst: „Hör auf!", so höre ich auf. Und auch Pharao wird als Adressat eines Wortes Sarais ins Spiel gebracht. Er sei nämlich zudringlich geworden, obwohl Sarai ihm gesagt habe, sie sei eine verheiratete Frau.

Mehr als *eine* Möglichkeit also, die Worte zu verstehen. Blieb Sarai stumm oder macht der Text sie wieder stumm, indem er von ihrem Wort spricht und es nicht nennt? Dann kann das Nach- und Neu-Erzählen Sarai ihre Stimme zurückgeben, wie es die jüdische Überlieferung tut. Hat Sarais klagendes und anklagendes Wort Gott selbst daran erinnert, dass da etwas fehlte in den Segens- und Verheißungsworten an Abram? Vieles noch kann man sich vorstellen. Der weite Raum der Deutungsmöglichkeiten steht im Gegensatz zur Enge des Raums, in dem Sarai sich befindet. Nur auf Spekulationen führt auch die Frage, was konkret wir uns vorstellen sollen unter jenen harten Schlägen, mit denen Gott Pharao und sein ganzes Haus schlug. Irgendetwas traf Pharao und sein Haus und das, was da zuschlug, zeigte, dass es um Sarai ging. Eine plötzliche Krankheit, die Pharao und sein Haus traf, womöglich eine, die man mit dem mindestens geplanten sexuellen Zugriff auf Sarai in Verbindung bringen konnte – eine Art epidemischer Impotenz womöglich? Eine Katastrophe, die den Palast oder ganz Ägypten heimsuchte? In Frage kommen alle die „Ägyptischen Plagen", die am Beginn der 2. Mosebuches berichtet werden, wenn es darum geht, nicht den Exodus der Sarai aus dem Machtbereich Pharaos zu bewirken, sondern den des ganzen Volkes Israel. *Diese* Verknüpfung zwischen „unserer" Geschichte und der Exoduserzählung ist nun keine Spekulation, sie ist im Text selbst deutlich markiert, indem die Formulierung „ Da schlug Adonaj Pharao mit harten Schlägen" eine der Plagenerzählungen *ist*.

Die Geschichte der Befreiung Sarais ist Vor-Bild der Exodusgeschichte. Es ging um Sarai – es geht um ganz Israel. Aber ebenso auch umgekehrt: Es ging um ganz Israel – es geht um Sarai! Hier wird es ganz deutlich: Die Erzählungen des 1. Mosebuches von Kapitel 12 an sind eben keine Erz*väter*geschichten, sondern Erz*eltern*geschichten und die (so nennt man in der Tradition Abraham, Isaak und Jakob auch) *Patriarchen* müssen lernen, dass ihr Patriarchat mit dem Willen Gottes nicht identisch ist. (Wir, die lange Zeit fast ausschließlich raumbeherrschenden männlichen Exegeten, konnten und können das, belehrt durch Exegetinnen – im Blick auf die Erzelterngeschichten von *Irmtraud Fischer* vor allem –, dann noch einmal lernen.)

Gott nimmt Partei für Sarai. *Jetzt* nimmt Gott Partei für Sarai. Das ist nicht weniger als eine Korrektur der Verheißung der Nachkommenschaft an Abram. Nicht: Abram wird Nachkommen haben, sondern: Abram und Sarai werden Nachkommen haben. Was Abram tat, womöglich auch um die Verheißung zu sichern, gefährdet eben diese – mindestens die mit diesem letzten Satz *korrigierte* – Verheißung. Gott selbst kann lernen, kann sich korrigieren. Ein für manche verstörender Gedanke. Aber die Bibel kann von Gottes Lernen, ja von Gottes Reue erzählen. Und auch diese Stelle kann ich nur so verstehen. Gott erinnert sich daran, dass der Segen nicht auf einen Männersegen halbiert bleiben darf, soll er Segen für die Welt werden. Dass es um Sarai geht, korrigiert die Verheißung und den Segen, wie sie in den allein männlichen Formen am Anfang des Kapitels formuliert sind. (Eine Korrektur vielleicht auch des Segens allein über die Männer – Noah und seine Söhne – am Beginn von 1. Mose 9?)

Es gibt noch mehr zu korrigieren; wir sind noch nicht ganz am Ende der Erzählung angekommen. Sie hat noch eine Überraschung in petto, die Pharao betrifft. Ich lese den Text bis zum Schluss:

Pharao rief Abram und sprach:
„Was hast du mir da angetan? Warum hast du mir nicht erzählt, daß sie deine Frau ist?
Warum hast du gesagt: 'Sie ist meine Schwester'?
So habe ich sie mir zur Frau genommen.
Nun sieh: Sie ist deine Frau.

Nimm sie und geh!"
Und Pharao ordnete Männer für ihn an,
ihn und seine Frau und alles, was er hatte, fortzubringen.

Pharao hat gemerkt, dass die großen Schläge, die ihn und sein ganzes Haus trafen, mit Sarai zu tun hatten, mit Abrams Frau. Und so wendet er sich an Abram. Sarai selbst kommt nicht zu Wort. Ein Männergespräch also um eine Frau, Patriarchen unter sich. Wieder drängt sich der Eindruck auf, es gehe bei der Sexualmoral in Wahrheit um Eigentumsfragen. Das Verhalten gegenüber Frauen wird zum Problem, wenn sich dabei Männer in die Quere kommen. Und so kann man mit Fug fragen, ob Pharao wirklich begriffen hat, dass es um Sarai geht. Und doch: Die Erzählung zeichnet ein erstaunliches Bild vom ägyptischen König. Könnte man nicht nach allem erwarten, dass Pharao Sarai und Abram als die Schuldigen ausmerzen lässt? Kann er zulassen, dass hergelaufene Nomaden aus dem Lande Kanaan solches Unheil über ihn, den geliebten Sohn der Götter und ägyptischen Allherrscher bringen?

Gewiss berichtet „unser" Text nicht, wie es damals in Ägypten „wirklich gewesen". Er entwirft Bilder, aber korrigiert auch Bilder. Denn Pharaos Verhalten durchkreuzt die Imaginationen Abrams. Abram hatte sein Tun begründet mit seinem Bild der brutalen und geilen Ausländer, vor denen keine anständige Frau sicher ist. Und nun dieser Pharao. Das erste ist: Er sieht eine eigene Schuldverstrickung. Dass ihm Unheil widerfuhr, begreift er als Folge seines Übergriffs auf die Frau Abrams. Aber er gibt diese Schuld mit allem Recht an Abram zurück. „Was hast du mir da angetan?", fragt er und diese Frage verbindet seine Geschichte mit anderen in der Genesis. „Was hast du da getan?" – fragt Gott Adam im Garten in Eden, „Was hast du da getan?" – fragt Gott den Brudermörder Kain. Abram hat den ausländischen Mann in Schuld verstrickt. Das lastet auf ihm wie die Preisgabe Sarais selbst. Pharao gibt die Verantwortung an Abram zurück. Das ist ein im Rahmen seiner Logik berechtigter Haftungsvorhalt. Man könnte aber auch sagen: Pharao achtet das Gottesrecht mehr als Abram. Dieser Ausländer verhält sich nicht so, wie Abram erwartet hatte. Ist das nicht auch ein Kommentar zu der an früherer Stelle notierten Problemanzeige, nach der es im verheißenen Land, im weiten Raum um ein Zusammenleben verschiedener Völker und Kulturen geht? Die Erzählung ist auch eine über die Gefahr von Vorurteilen und Vorverurteilungen.

Freilich: Pharao will die Menschen, die ihn in eine solche Bredouille bringen, nicht im Lande haben. So schickt er sie weg. Er belässt ihnen großzügig alle Habe, auch die Brautgaben, die Abram für Sarai bekommen hatte. „Geht mit Gott", höre ich Pharao sagen, „geht mit Gott, aber geht!" Eine komfortable Abschiebung in einen weiten Raum. Die Geschichte endet, wie sie begann: mit dem Imperativ „geh!". Abram und Sarai gehen (ich will mir vorstellen, dass sie *nun* zusammen gehen) abermals nach Kanaan. Es geht wieder von vorn los.

VIII. Verschiedene Schlüsse

Es geht wieder von vorn los. Aber die Wiederholung ist nicht die ewige Wiederkehr des Gleichen. Gewiss: Auch und gerade „unsere" Geschichte wiederholt sich noch zweimal. Es ist oft mit einem Mal nicht getan, wenn man etwas Schwieriges lernen muss. Die Erzväter und auch die Erzmütter sind in der Darstellung der Bibel selbst nicht ohne Fehl und Tadel. Das unterscheidet sie von den unechten Heldinnen und Helden manch anderer Literatur. *Das ist ein weites Feld.* (So steht das berühmte Zitat in *Adalbert Stifter*s „Nachsommer"). Vielleicht ist es auch ein *zu weites Feld* (so steht es in *Theodor Fontane*s „Effi Briest"). Ein weites Feld – ein zu weites Feld? Allemale ein mehrdeutiger Beitrag zur Kirchentagslosung.

Und was ist „die Moral von der Geschicht"? Wir sollten nicht versuchen, die Quintessenz einer biblischen Geschichte zu destillieren und in Flaschen abzufüllen. Was die Geschichte zu sagen hat, sagt sie als diese Geschichte – in allen ihren Sätzen und Worten. Und doch gibt es da das eine oder andere mit dieser Geschichte und über sie hinaus zu beherzigen. Ich versuche deshalb (angeregt durch die biblischen Nacherzählungen, die der polnische Philosoph *Leszek Kolakowski* in seinem wunderbaren Buch „Himmelsschlüssel" verfasst hat und die jeweils mit einem oder mehreren Sätzen zur „Moral" enden) einige Schlussfolgerungen zu formulieren:

Moral: Wenn wir eine Schurkerei begehen, damit wir auf Kosten anderer gut leben, lasst uns diese Schurkerei wenigstens nicht mit einem höheren Zweck adeln. Denn niemals heiligt der Zweck die Mittel, vielmehr werden noch die heiligsten Zwecke durch unheilige Mittel in den Dreck gezogen.

Eine andere Moral: Das, was uns ganz wichtig ist, wollen wir sichern. Aber der Versuch, ganz sicher zu gehen, erzeugt die größte Unsicherheit. Was ich sichern will, kann gerade durch den Versuch der Sicherung verloren gehen. Beispiel: Abram.

Dritte Moral: Wenn wir uns im Besitz einer göttlichen Verheißung wähnen, sollten wir mit der Möglichkeit rechnen, dass Gott selbst lernfähig ist, sich korrigieren und wahrnehmen kann, dass da etwas gefehlt hat. So war es, wo es zunächst nur um Abram zu gehen schien. „Es ging um Sarai."

Und noch eine mögliche Moral: Wenn wir meinen, genau ausrechnen zu können, wie die anderen, zum Beispiel „*die* Ausländer" sich verhalten, könnten wir uns sehr irren. Beispiel: Pharao.

Schließlich: Wenn Menschen hungern und deshalb ein anderes Land aufsuchen, in dem sie genug zu essen bekommen können, dann nehmen sie ein Menschenrecht, eine Menschenpflicht wahr. Wer diese Menschen als „Scheinasylanten" denunziert, verachtet ein Menschenrecht, verstößt gegen eine Menschenpflicht.

Einstweilen letzte Moral: Es ist schön, wenn unsere Füße auf weiten Raum gestellt sind. Es bedarf aber auch der „Raumpflege", damit die weiten Räume nicht zu weite und eben darum wieder ganz enge Räume werden. Gewiss: Wir sollen *auf der Freiheit* bestehen. Aber viel schwieriger kann es sein, *in Freiheit* bestehen zu können.

Gegen ein zu kleines „ich" und gegen ein zu großes „ICH".*
Bibelarbeit über Markus 5, 21-43

1. Mehr als *eine* Seite ...

Jesus setzte wieder mit dem Boot ans andere Ufer über ...

So beginnt der Text für unsere Bibelarbeit in Mk 5, 21. „Jesus setzte wieder mit dem Boot ans andere Ufer über ..." Was so anfängt, ist zugleich Fortsetzung. Was Jesus am gegenüberliegenden Ufer des Sees Genezareth im Gebiet der Gerasener getan hatte, erzählt die erste Hälfte des Kapitels. Da war er einem Mann begegnet, der von einer fremden Macht so besessen, so besetzt war, dass seine ganze Persönlichkeit ausgelöscht war. Er hatte keine eigene Stimme mehr, war aggressiv gegen andere und sich selbst. Die fremde Macht, der Dämon „Legion", wie es in deutlichem Bezug zur römischen Besatzungsmacht und ihren Legionen heißt, hatte ihn besetzt, von ihm Besitz ergriffen. Jesus bezwingt den Dämon – Legion fährt in Schweine und ersäuft mit ihnen im See – und der Mann kann wieder ein eigener Mensch werden.

Die Dämonen, die in solchen Wundergeschichten ausgetrieben werden, sind Mächte, die von Menschen Besitz ergreifen, sie gefügig machen, ihr Denken, Fühlen und Handeln besetzen, so dass diese Menschen zuletzt von ihnen ganz besessen sind. An der Stelle, an der uns neuzeitlichen Menschen die biblische Lebenswelt am unverständlichsten scheinen könnte, rückt sie uns womöglich überraschend nahe. Denn das gibt es damals wie heute, dass Menschen von einer Idee, einer Macht so besessen sind, dass sie nichts anderes mehr in Kopf und Herz haben, als

---

* *Bibelarbeit auf dem Deutschen Evangelischen Kirchentag 2001 in Frankfurt am Main*

dieser Idee, dieser Macht zu dienen, bis sie (wie im Märchen dem Teufel) dieser Macht die eigene Seele, ihe ganzes „Ich" verschrieben haben. Nur dass solche Menschen oft nicht als geistig und psychisch gestörte Menschen am Rande der Gesellschaft leben, sondern als höchst erfolgreiche Repräsentanten eines Unternehmens, einer Partei, einer Bewegung, eines Vereins, einer Kirche in ihrem Zentrum. Dämonenaustreibung wäre auch da die Voraussetzung, ein eigener Mensch zu werden. Beobachten wir genau, so geraten Grenzen ins Fließen – eine Wahrnehmung, mit der wir es in dieser Bibelarbeit noch oft zu tun bekommen.

Unmittelbar nach „unserem" Text wird von einem ziemlichen Scheitern Jesu erzählt. In seinem Heimatort Nazareth nämlich bleibt er nahezu erfolglos. Die ihn immer schon zu kennen glauben, lernen mit ihm keinen Glauben kennen – manchmal lässt das *zu* Vertraute kein Vertrauen zu. Um Glauben und Vertrauen geht es in weiteren Einzelgeschichten vor und nach „unserem" Text, um Zeichen und Wunder, aber auch um Nähe und Distanz – und immer wieder kommt Starres in Bewegung und Grenzen geraten ins Fließen. Formulierungen sind deutlich undeutlich, nicht weil es den Erzählenden an literarischem Geschick mangelte, sondern weil da etwas zu erzählen ist, das sich eindeutigen Zuordnungen entzieht, solchen der Grammatik *und* der Sache. In den Reden des Besessenen in Gerasa weiß man oft nicht, wer da eigentlich redet (der Besessene oder der Dämon aus ihm), und eben das ist ja gerade das Merkmal des Besessen-, Besetzt-Seins, der Besatzung.

Bei der Tochter des Jaïrus schwankt die Erzählung zwischen der Aussage, das Kind sei tot und es schlafe. Gibt es da etwas *zwischen* dem „entweder – oder" oder etwas jenseits der Alternative selbst? Fäden verbinden die beiden ineinander erzählten Geschichten und dann gibt es – um im Text- und Textilbild zu bleiben – kleine Durchschüsse, die ein Muster mehr andeuten als darstellen. *Zwölf* Jahre litt die ältere Frau an Blutungen, *zwölf* Jahre war die jüngere alt. Kaum ein Zufall, gewiss mehr als eine irgendwie heilige oder symbolische Zahl. Aber es gibt kaum *die* Erklärung. Zu Berührungen kommt es in beiden Geschichten (in jedem Sinn des Wortes „Berührung"), aber auch zu Entfernungen, zu gemeinsamem Gehen und zu Trennungen. Ums Reden und ums Schweigen geht es, um Leben und Tod – und in all dem leuchtet etwas auf vom Reich

Gottes, auf das hin alle Gleichnisse und Wunder Hinweise und Zeichen sind.

2. Die drei großen „G"

Als sich in den Planungen dieses Kirchentags allmählich thematische Schwerpunkte herausschälten, war bald von den drei großen „G" die Rede, denn viele Themen und Problemanzeigen kreisen um die Begriffe: Glaube, Geld und Gentechnik. Auf eigentümliche Weise kommen in Mk 5 alle drei „G" zur Sprache. Um Glauben geht es allemale; ums Geld geht es ganz konkret bei der Frau, die durch ihre Krankheit um all ihr Vermögen gebracht wurde, und dann auch in dem weiteren Sinn, auf den die Nähe vieler Worte um Glaube und Geld aufmerksam macht: Credo und Kredit, Glaubwürdigkeit und Kreditwürdigkeit, Schuld und Schulden oder ein Wort wie „Geldsegen".

Und das dritte „G"? Natürlich kommt das Wort „Gentechnik" in der Bibel nicht vor und die technische Möglichkeit auch nicht. Aber die Debatte, die sich heute mit diesem Stichwort verbindet, hat zu tun mit mehr als *einem* Aspekt „unseres" Textes, in dem es um die Heilung einer chronischen Krankheit und schließlich um die Grenzen von Leben und Tod geht – und um die Ambivalenz des Begriffs „Grenze" selbst. Oft ist es lebensförderlich, Grenzen zu überwinden, Starres aufzubrechen, sich mit dem, was vorgeblich nun einmal so ist, nicht abzufinden. Oft ist es dagegen lebensförderlich, Grenzen zu achten und zu wahren, ja neue Grenzen aufzurichten, damit nicht alles, was machbar ist, auch gemacht wird. Aber wo verlaufen zwischen den einen und den anderen Grenzen die Grenzen? Und bei all dem geht es um Grundfragen des Menschseins. Ist der gesunde, perfekte, leistungsstarke, autarke, das heißt nicht auf die Hilfe anderer Angewiesene das Idealbild und die Zielvorgabe? Sollen Krankheit und Leiden, ja der Tod selbst verdrängt werden? Was bedeutet ein solches Ideal jetzt schon für die, die ihm nicht entsprechen? Oder ist demütige Hinnahme chronischer Krankheiten und Behinderungen, Akzeptanz auch eines frühen Todes Christenmenschen geboten? Aber warum erzählen die Wunder- und Heilungsgeschichten dann so, wie in „unserem" Text erzählt wird? In der Berührung Jesu versiegt die Quelle der chronischen Krankheit („sofort", wie es im Text heißt) und selbst der Tod hat nicht das letzte Wort.

Warum lesen wir im Neuen Testament nicht etwa dies:

Eine Frau – sie litt schon zwölf Jahre an Blutungen und hatte viel erduldet von den Ärzten, dabei alles verbraucht, was ihr gehörte, und doch hatte es nichts geholfen, ihr Zustand hatte sich weiter verschlechtert – weil diese Frau von Jesus gehört hatte, kam sie in der Menschenmenge und berührte von hinten seinen Mantel. Denn sie sagte: „Wenn ich nur seinen Mantel berühre, werde ich gerettet werden." Jesus hatte gespürt, welche Kraft in dieser Frau steckte, und sprach zu ihr: „Bring dein großes Vertrauen ein, dein Leben so anzunehmen, wie es ist. Vergeude deine Lebenskraft nicht länger in unerfüllbaren Erwartungen. Deine chronische Krankheit ist eine große Last für dich, aber du kannst gewiss sein, dass Gott dich so annimmt wie du bist, mit all deiner Schwäche und all deiner Stärke. Du musst nicht gesund werden, um ein vollwertiger Mensch zu sein. Die Gesunden sind dem Reich Gottes nicht näher als du, liebe Frau. Gott hat uns Menschen geschaffen mit all unseren Gebrechen und all unseren Fähigkeiten. In all dem sind sie, in all dem bist du Gottes Bild. Besinn dich auf das, was du kannst, und definiere dich nicht selbst durch das, was dir fehlt. Und wenn du erlebst, dass andere dich gemindert sehen – Gott tut es nicht."

Sie alle wissen, dass so nicht erzählt wird. Und *dass* so nicht erzählt wird, macht gerade die Heilungswunder zu so belastenden Geschichten. Gehört denn *doch* die Gesundheit zu den Zeichen des Gottesreiches? Unterstützen diese Jesusgeschichten das „Hauptsache gesund!", welches (kaum so gemeint und doch so gesagt) ein Menschenbild zur Parole erhebt, das chronisch Kranke und Behinderte wie weniger geglückte Geschöpfe erscheinen lässt? Wie klingen Bibeltexte wie der unserer Bibelarbeit in den Ohren Kranker und Behinderter und ihrer Angehörigen? Wie klingen sie für Eltern, deren Kind gestorben ist? Ist für sie dieses „Evangelium" eine „frohe Botschaft" oder wird es zur Last, gar zur Keule. „Es ist dein Vertrauen, das dich gerettet hat." Wie klingt das für Menschen, die nicht gesund wurden und nach allem, was wir wissen können, nicht gesund werden? „Das Kind ist nicht tot, es schläft." Wie klingt das in der stets gegenwärtigen Erinnerung an einen Tod, der ein Tod war und blieb?

Mit solchen Fragen wird das Hören auf „unseren" Text schwer. Ohne sie würden wir mit dem Text leichter fertig, doch es wäre leichtfertig, sie zu unterdrücken. Aber *wie* kommen diese gegenwärtigen Fragen mit dem alten Text ins Gespräch? Sollten wir wenigstens das Wichtigste zuvor klären? Die drei großen „G" müssten da ins Spiel kommen und viel mehr. Aber so wäre ich am Ende dieser guten Stunde, die uns zur Verfügung steht, kaum am Ende der Vorüberlegungen und der Text selbst könnte von ihnen zugeschüttet werden. Also versuche ich den Bibeltext zu Wort kommen zu lassen und an mehreren Stellen gegenwärtigem Fragen Raum zu geben. Wenn die Bibelarbeit auf diese Weise etwas verschachtelt wird, zwischen mehreren Ebenen der Beobachtungen und Überlegungen hin und her springt, dann nimmt ja auch das etwas auf vom verschachtelten Erzählen in Mk 5 selbst, wo eine Geschichte von einer anderen unterbrochen wird und die Unterbrechung Vorrang hat.

3. Mit dem Text anfangen ...

Jesus setzte wieder mit dem Boot ans andere Ufer über. Eine große Menschenmenge sammelte sich um ihn. Er stand dicht am See. Da kommt einer der Synagogenvorsteher, er hieß Jaïrus, und wie er ihn sieht, fällt er ihm zu Füßen. Und er bittet ihn flehentlich: Meine kleine Tochter stirbt! Bitte komm, lege die Hände auf sie, damit sie gerettet wird und leben bleibt." Da ging er mit ihm. Die Menschenmenge folgte ihm und sie umdrängten ihn.

Die Szene ist plastisch. Wir sehen Jesus umringt von einer Menschenmenge; ein vornehmer, Mann, ein Synagogenvorsteher – ihm obliegt die Aufsicht über den Ablauf des Gottesdienstes – kommt zu Jesus gelaufen (die Erzählung fällt ins vergegenwärtigende Präsens) und bittet ihn flehentlich sogleich zu seiner todkranken Tochter zu kommen, um ihr Leben zu retten. Später erfahren wir, dass es sich nicht um ein Kleinkind handelt, sondern um eine zwölfjährige schon junge Frau – der Vater benennt sie liebevoll-fürsorglich als „mein Töchterlein". Will er nicht wahr haben, dass sie so klein nicht mehr ist? Liegt hier gar ein psychologischer Schlüssel für die Krankheit der Tochter? Es gibt solche Deutungen; ich bin da skeptisch. Halten wir uns an den Text: Jesus folgt ohne jede Frage und die Menge geht mit. Man will doch sehen, was geschieht und ob Jesus tatsächlich Leben retten kann. Das wollen die Leserinnen und Leser gewiss auch wissen, aber es kommt – literarisch und im erzählten Geschehen selbst – zu einer Unterbrechung, die geradezu umständlich erzählt wird.

Eine Frau – sie litt schon zwölf Jahre an Blutungen und hatte viel erduldet von Ärzten, dabei alles verbraucht, was ihr gehörte, und doch hatte es nichts geholfen, ihr Zustand hatte sich weiter verschlechtert – weil diese Frau von Jesus gehört hatte, kam sie in der Menschenmenge und berührte von hinten seinen Mantel. Denn sie sagte: „Wenn ich auch nur seinen Mantel berühre, werde ich gerettet werden."

Wieder geht es um Rettung. Das Wort kann auf mehreren Ebenen gehört werden. Es geht um Heilung und es geht um das Heil. „Heil" – ein Wort, das die Nazis so verfälscht und verhunzt haben, dass man es in deutscher Sprache kaum noch in den Mund nehmen mag. Und doch gibt es kein anderes, das so eindrücklich den Zusammenhang zwischen dem Materiellen und dem Spirituellen, dem Irdisch-Zeitlichen und dem Ewigen fest hält.

„Kannst du mir das heil machen?", fragt das Kind mit dem zerbrochenen Spielzeug in der Hand. Es ist mehr zerbrochen als nur das Spielzeug. Der Weltlauf ist verstört, wenn die Puppe oder das Spielgerät nicht mehr „heil" ist. Und manchmal konnte ich es „heil machen" – glückliche Momente eines Vaters, denn da war mehr „heil" geworden als das Spielzeug, und gefährliche Momente dazu, denn für einen Augenblick mochte ich mich fühlen wie Gott. „Heile, heile, Segen ..." – mehr als nur ein tröstendes *Wort*. In einer heillosen Welt vom „Heil" zu reden, gibt es etwas Notwendigeres? Aber genau an dieser Stelle meldet sich ebenso not-wendiger Widerspruch. Nicht nur die Nazis mit ihrem „Heil-Gegröle", ihrer Pseudoreligion und deren brutaler Verwirklichung haben das Wort „Heil" so problematisch gemacht, es kommt etwas ebenso Problematisches hinzu. Denn eben der sprachliche Zusammenhang zwischen dem theologischen Wort „Heil" und dem medizinischen Wort „Heilung" legt nahe, dass Menschen, die nicht geheilt sind, heillos leben, dass sie ein Leben führen, das Gott nicht gefällt, dass sie der Heilung bedürfen, um am Heil Anteil zu haben.

4. Einreden

Ich möchte in diese Frage zwei biblische Sätze einspielen. Der erste Satz steht im 2. Mosebuch in der Berufungsgeschichte des Mose. Gott hatte Mose beauftragt zu Pharao zu gehen und die Freilassung der Israelitinnen und Israeliten zu fordern. Mose wendet ein, er sei dafür nicht der Richtige, könne er doch nur schwerfällig reden. Darauf (2. Mose 4,11) antwortet Gott:

Und es sprach Adonaj zu ihm:
Wer hat dem Menschen einen Mund gegeben
oder wer die Stummen oder Tauben oder Sehenden oder Blinden gemacht?
Bin nicht ich es, Adonaj?!

Der zweite Satz steht in der Johannesoffenbarung (21,4), in der Schilderung des neuen Himmels und der neuen Erde, des neuen Jerusalem und des Lebens in dieser ganz und gar neuen Welt:

Und Gott wird abwischen alle Tränen von ihren Augen
und der Tod wird nicht mehr sein,
noch Leid noch Geschrei noch Schmerz wird mehr sein;
denn das Erste ist vergangen.

Betrachten wir den ersten Satz: Die Antwort Gottes an Mose entlässt weder den Mose noch seine (wenn man das so nennen kann) „Behinderung" aus dem Bereich des Willens und Tuns Gottes. Gott hat Mose zu diesem Auftrag berufen weder *wegen* seiner noch *trotz* seiner, sondern *mit* seiner Redehemmung. In der Fortsetzung wird er ihm den redegewandten Bruder Aaron an die Seite stellen. Die Erzählung enthält davor und danach eine Fülle von Wundergeschichten – einer Wunderheilung, die den Mose zum großen Redner macht, bedarf es augenscheinlich nicht. Die Antwort Gottes ist aber noch in weiterer Hinsicht bemerkenswert. Verwiese sie allein darauf, dass Gott *auch* die „Behinderten" geschaffen habe, so wären sie gewiss in ihrem Sein und ihrem Sosein als Geschöpfe Gottes beglaubigt – und das wäre nicht wenig. Aber es bliebe bei dem vertrackten „auch", welches ihnen einen Platz einräumte, den die „Nichtbehinderten" wie selbstverständlich immer schon hätten. Von einem solchen *auch* ist in unserem Text aber nicht die Rede, mehr noch: Die Reihe schließt in der Abfolge: „die Stummen oder Tauben oder Sehenden oder Blinden", behinderte und *so* nicht behinderte Menschen zusammen und nennt sie auf einer Ebene.

Nun handelt es sich bei dieser Stelle aus der Moseerzählung nicht um eine abstrakte biblische Reflexion über Krankheit und Gesundheit, Behinderung oder Nichtbehinderung. Vielmehr geht es um eine konkrete Situation und in dieser Situation wird dem Argument des Mose der Boden entzogen. Er soll weder Mitleid noch verständnisvolle Schonung einklagen. Als Geschöpf Gottes wie alle anderen auch soll er sich dem Auftrag stellen. Gott hat Mose zu diesem Auftrag berufen, weder wegen noch trotz, sondern mit seiner Redehemmung. Und doch geht der Satz in seiner situativen Funktion über diese hinaus und enthält – so gelesen – eine grundsätzliche Aussage. Da gibt es nicht die Starken, Autarken und Gesunden, die ihr Sosein Gott verdanken, und dagegen die weniger Starken, auf Hilfe anderer Angewiesenen und womöglich chronisch Kranken und Behinderten, die ihr Sosein anderen Mächten und Ursachen verdanken, welche Mächte und Ursachen es auch sein mögen.

Daran ist festzuhalten. Es gibt andere Texte und Worte in der Bibel, in denen die mögliche Tragweite solcher anderen Mächte und Ursachen zur Frage wird. Es gibt bei allen Differenzen zwischen antiken und gegenwärtigen Plausibilitätsstrukturen gute Gründe entsprechende Fragen auch heute zu stellen. Aber in dieser zentralen Hinsicht bleibt die Aussage aus dem 2. Mosebuch in der Bibel ebenso gültig, wie sie in jeder *theo*logisch verantworteten Aussage über Gott und Menschen gelten soll. Es gibt kein Sein von Menschen, das in seinem Sosein aus dem Bereich der Schöpfung Gottes und des Willens Gottes herausdefiniert werden darf.

„Bild Gottes" ist nach der biblischen Schöpfungsgeschichte und ihrer Grund legenden Bestimmung des Menschen eine jede, die, ein jeder, der Menschenantlitz trägt. „Bild Gottes" ist *der* Mensch – kein bestimmter Mensch und keine bestimmte Gruppe von Menschen, weder die Angehörigen einer bestimmten Hautfarbe noch eines Volkes noch eines Geschlechts noch eines religiösen oder politischen Status oder einer körperlichen oder geistigen Verfassung. Es gibt – auf welchen Ebenen auch immer – kein weniger und kein mehr Menschsein.

Wie aber ist gerade dann der zweite zitierte Satz der Bibel zu verstehen? „Gott wird abwischen alle Tränen von ihren Augen, und der Tod wird nicht mehr sein, noch Leid noch Geschrei noch Schmerz wird mehr sein; denn das Erste ist vergangen."

Es gibt eine Verstehenslinie, gegen die Menschen mit Behinderungen und Krankheiten oder solche, die für Menschen mit Behinderungen und Krankheiten und ihre Fragen sensibel geworden sind, protestieren müssen. Sie ist gekennzeichnet durch die Vorstellung, als gebe es Menschen, deren Menschsein bereits jetzt den Status der neuen, von allen Beschädigungen des Lebens freien Schöpfung habe, und dagegen andere, die erst dieser Verwandlung bedürften, um im Vollsinne des Wortes ein menschenwürdiges Leben geschenkt zu bekommen. Krankheit und Behinderung können auf diese Weise ins Licht eines noch nicht oder nicht mehr vollwertigen Lebens geraten. Gegen eine solche Lektüre ist der Text selbst in seinem Kontext stark zu machen. In Offenbarung 21 wie in seinem alttestamentlichen Leittext in Jesaja 65 (einem Bibelarbeitstext des Stuttgarter Kirchentags vor zwei Jahren) geht es um nicht weniger als einen neuen Himmel und eine neue Erde. Nichts, was ist, wird so bleiben. Da gibt es nicht die, die in ihrem Sosein schon geborene Kandidatinnen und Kandidaten der neuen Erde sind, und andere, die dazu erst ihre Defizite verlieren müssten.

Es ist jedoch ebenso wichtig, auch das Umgekehrte zu betonen. Denn es gibt in der christlichen Frömmigkeitsgeschichte auch jene andere Linie, die Krankheit, Leiden und Armut mit der falschen Vertröstung verzuckert, gerade solches Leben sei besonders gottgefällig und dem Reich Gottes schon nahe. Die besondere Nähe Gottes wird dann denen als Trostpreis zuerkannt, die bei der realen Preisverteilung zu kurz gekommen sind.

Statt längerer Erörterungen ein in dieser Hinsicht treffender Witz: Kommt einer in eine Buchhandlung und sagt, er wolle ein Buch für den Besuch bei einem Kranken erstehen. Fragt die Buchhändlerin: „Soll's was Christliches sein oder geht's ihm schon besser?"

Es gibt die Gefahr der lieblosen Abqualifizierung derer, die im Leistungswettbewerb der Gesellschaft nicht mithalten können. Ihre Schwäche – sei es die der Armut, seien es körperliche und geistige Schwächen – auch noch theologisch als defizitär zu klassifizieren, ist böse. Es gibt aber auch die andere Gefahr, die der religiösen Überhöhung gerade der Armut und Schwäche, die sich als Kitsch und darin womöglich nicht weniger problematisch manifestiert. Die biblischen Visionen von der neuen Schöpfung widersprechen beiden Halbierungen. Weder ist ein Leben mit Schmerzen und Tränen, Leid und Geschrei ein Gott ferneres noch *eo ipso* ein Gott näheres Leben. Vielmehr kommt das ganze Leben auf der Erde in seinem unvollkommenen, seinem beschädigten Charakter in ein neues Licht. Ja – das kommt selten in den Blick: Es bedarf offenbar auch eines neuen *Himmels*. Ich kann das nicht anders lesen denn als Hinweis darauf, dass auch der Ort Gottes und damit Gott als Ort selbst nicht unverändert bleiben wird. Biblische Bilder vom Reich Gottes so zu verstehen, dass die Gesunden und Starken ihm jetzt schon näher seien als die Kranken und Schwachen, ist nicht nur zynisch, sondern hält vor den biblischen Texten selbst nicht einen Moment stand.

Doch da meldet sich auch eine andere Stimme. Biblische Textträume und Textträume, in denen das Reich Gottes in Bilder und Worte kommt, verheißen ja nicht abstrakt und flächendeckend, dass eben für alle alles besser werden solle. Diese Texte sind Gegenworte und Gegenbilder zu ganz konkreten Erfahrungen von Tränen, Tod, Leid, Geschrei, Schmerz. Das Leben von Mächtigen, Starken, Reichen, Glücklichen, Gesunden ist dem Reich Gottes nicht näher als das Leben von Ohnmächtigen, schwach und stumm Gemachten, Unglücklichen und Kranken, aber das Leben letzterer schreit auf andere Weise nach der Befreiung von Tränen, Tod, Leid, Geschrei, Schmerz. Der Wunsch der Mächtigen, noch mächtiger, der Reichen, noch reicher, der Glücklichen, noch glücklicher zu sein, erfährt in den Bildern von der neuen Erde und dem neuen Himmel keine Legitimation. Der Schrei der Elenden und elend Gemachten nach dem Ende ihres Leidens umso deutlicher.

So wenig eine Zuordnung von Tränen, Tod, Leid, Geschrei und Schmerz zu den Kranken und Behinderten und deren Abwesenheit zu den so genannten Gesunden zuträfe, so sehr ist in diesen Bildern vom Reich Gottes doch auch die Verheißung im Blick, dass Lebensminderungen auch in diesen Bereichen nicht das letzte Wort behalten werden, nicht Gottes letztes Wort sind. Menschen mit solchen Lebensminderungen sind alles andere als weniger geglückte Geschöpfe – daran ist auch im Lichte der großen Verheißungen festzuhalten. Und doch kann die Befreiung von den Minderungen und Beschädigungen des Lebens – *jedes* Lebens – Ziel von Sehnsucht und Hoffnung sein. Die allemale notwendige Entlarvung des dumpf-bösen Slogans „Hauptsache gesund" setzt den Wunsch nach einem Leben in Gesundheit (des Lebens neugeborener Kinder und des eigenen Lebens) nicht ins Unrecht. In der Verwechslung beider Ebenen liegen nach meiner Wahrnehmung der einschlägigen Debatten nicht selten Verkürzungen auf beiden Seiten.

Wie ein Leben, befreit von Tränen, Tod, Leid, Geschrei und Schmerz, aussehen mag, das zu imaginieren steht unter dem „Bilderverbot". Und doch können wir uns nicht anders als in Bildern davon eine Vorstellung machen. Meine Vorstellung wäre nicht die, dass im neuen Himmel und auf der neuen Erde alle Menschen „gesund" sind. Denn die „Gesundheit" selbst ist keine Größe, die unverändert Teil der neuen Wirklichkeit sein wird. Die Vorstellung eines Gottesreiches mit lauter jugendlichen, strotzend gesunden, bodygebildeten und schönheitskonkurrenzfähigen Menschen käme mir eher einem Alptraum nahe. Ich mag mir jedenfalls die Welt der Fernsehwerbung ebenso wenig als Maßstab des neuen Himmels und der neuen Erde denken wie die Vorstellung von Theologen des Mittelalters, nach der wir im Himmel immerfort 30 Jahre alt wären.

5. Weiter im Text

Denn sie sagte: „Wenn ich auch nur seinen Mantel berühre, werde ich gerettet werden." Und sofort trocknete die Quelle ihrer Blutung aus und sie spürte in ihrem Körper, dass sie von ihrem Leiden befreit war. Jesus hatte sofort bei sich gespürt, wie die Kraft aus ihm herausfloss; er wandte sich in der Menschenmenge um und fragte: „Wer hat mich an meinem Mantel berührt?"

Und wieder müssen wir einhalten, denn es gibt vieles zu beobachten und zu bedenken. Aber bevor wir die Worte der neutestamentlichen Geschichte genauer ansehen, ist von einem Deutungsmuster zu berichten, das sich oft mit dieser Erzählung verbunden hat und noch verbindet. Es hat zu tun mit den Kategorien „rein" und „unrein". Die Frau, die Jesus am Mantel berührt, leidet an über Jahre andauernden Gebärmutterblutungen, einer Art Dauermenstruation. Nach den Bestimmungen der Tora, vor allem des Kapitels 15 des 3. Mosebuches (Leviticus), ist eine menstruierende Frau unrein. Wer berührt, was sie berührt hat, ist ebenfalls unrein und muss sich einer Waschung unterziehen. Von hier aus kam es zu einer Interpretation „unserer" Geschichte, die jene Frau (1.) etwas Unerlaubtes tun lässt (nämlich in ihrem Zustand überhaupt einen anderen Menschen beziehungsweise dessen Kleidung zu berühren) und die (2.) in der Heilung, die von Jesu beziehungsweise seines Mantels Kraft ausgeht, eine Genesung von den einengenden jüdischen Vorschriften erkennen will. In dieser Interpretationslinie ist das wahre Leiden jener Frau ihre durch ihre Unreinheit verursachte soziale Deklassierung und die rettende Tat Jesu besteht in der Befreiung von den alten Normen. Dass die Frau gewusst habe etwas Unerlaubtes zu tun, entnimmt man ihrem (so steht es noch in neuesten wissenschaftlichen Kommentaren) „Geständnis" auf Jesu Frage hin, wer ihn berührt habe. Was da gemeint ist in dem Satz „Danach erzählte sie ihm, was in Wahrheit geschehen war" (in der Luther-Bibel heißt es: „und sagte ihm die ganze Wahrheit"), werden wir noch sehen; bleiben wir zunächst bei der Reinheitsfrage.

Dass eine menstruierende Frau nach der Auffassung der Tora für eine bestimmte Zeit „unrein" ist, ist richtig. Nun hängt alles daran jene „Unreinheit" nicht mit „Schmutz" oder moralischer Minderwertigkeit zu verwechseln. Die Klassifizierungen „rein und unrein" sind zunächst Ordnungskategorien. Es gibt Gegenstände, Tiere, Nahrungsmittel, aber eben auch Körperzustände bei Männern und Frauen, die besonders sind und ein besonderes Verhalten fordern. Gewiss spielen da auch hygienische Gesichtspunkte eine Rolle, aber sie sind nicht die grundlegenden. Nun gibt es in 3. Mose 15, 19-23 Vorschriften, die die Situation „unseres" Textes betreffen:

Wenn eine Frau ihren Blutfluss hat, so soll sie sieben Tage für unrein gelten. Wer sie anrührt, der wird unrein bis zum Abend. Und alles, worauf sie liegt, solange sie ihre Zeit hat, wird unrein, und alles, worauf sie sitzt, wird unrein. Und wer ihr Lager anrührt, der soll seine Kleider waschen und sich mit Wasser abwaschen und unrein sein bis zum Abend. Und wer irgend etwas anrührt, worauf sie gesessen hat, soll seine Kleider waschen und sich mit Wasser abwaschen und unrein sein bis zum Abend. Und wer etwas anrührt, das auf ihrem Lager gewesen ist oder da, wo sie gesessen hat, soll unrein sein bis zum Abend.

Also wurde Jesu Mantel durch die Berührung mit der Frau unrein. Oder auch nicht, denn es heißt, sofort sei die Quelle ihrer Blutung ausgetrocknet. Aber auch wenn man in jenes (in unserem Text immerhin kennzeichnend häufige) „sofort" nicht zu viel hinein lesen will, ist kaum ein großer Schaden angerichtet. Jesus müsste, folgt man 3. Mose 15, sich und seinen Mantel waschen. – Mit Verlaub: Na und? An keiner Stelle in Lev 15 steht, eine solche Berührung dürfe nicht sein. Im Gegenteil: Die Vorschriften gehen davon aus, dass es solche Berührungen gibt, ja dass sie (man denke an die in Mk 5 erwähnte Volksmenge) unvermeidlich sind. Kommt es zu einer solchen Berührung, so sind bestimmte Vorschriften einzuhalten. Dass eine Frau wie die „unseres" Textes sozial deklassiert sei, dass sie Begegnungen mit anderen Menschen vermeiden müsse, ergibt sich weder aus 3. Mose 15 noch ist es in Mk 5 auch nur mit einem Wort ausgedrückt. Dabei ist der Text keineswegs wortkarg. Das Entscheidende ist geradezu umständlich ausführlich berichtet:

Eine Frau – sie litt schon zwölf Jahre an Blutungen und hatte viel erduldet von den Ärzten, dabei alles verbraucht, was ihr gehörte, und doch hatte es nichts geholfen, ihr Zustand hatte sich weiter verschlechtert ...

Die Frau ist körperlich ausgezehrt, schwach bis zum Sterben – und sie ist arm geworden. Das wird erzählt, das ist entscheidend. Nun kann man natürlich sagen, die Reinheitsvorschriften seien so bekannt gewesen, dass sie nicht eigens erwähnt werden. Aber gerade eine sorgfältige Beachtung der Vorschriften des Buches Leviticus zeigt ja, dass hier nicht Verbotenes ins Bild gesetzt ist, vielmehr gebotene Reaktionen auf etwas Übliches bestimmt sind. Ich will das Missverständnis jener Auslegungsmuster plakativ ins Bild setzen. Man stelle sich vor, spätere Ethnologen stießen im Blick auf unsere Verhaltensregeln auf die Vorschrift, man solle sich nach dem Essen die Zähne putzen, und würden daraus schließen, in dieser Gesellschaft sei das Essen etwas eigentlich Untersagtes. Jedem leuchtet ein, dass da eine eklatante Fehldeutung vorläge. Und eben eine solche Fehldeutung liegt vor, wenn man unter Berufung auf Lev 15 und ähnliche Texte schließt, jene Frau habe einen gezielten Tabubruch begangen, diese Regelverletzung sei von Jesus ins Recht gesetzt und auf diese Weise seien die jüdischen Reinheitsvorschriften selbst überboten. Dass dabei eine weitere Fehldeutung vorliegt, wenn diese Reinheitsvorschriften als immer schon frauenfeindlich oder Frauen einengend angesehen werden, kommt hinzu.

Das alles ist ein spannendes Thema, es gibt dazu von jüdischen Frauen und besonders von orthodox lebenden Verblüffendes zu hören. Für „unseren" Text ist es aber allenfalls ein Nebenthema, ein Thema aus Anlass dieses Textes, keines, das zum Verstehen der Geschichte in Mk 5 zentral wäre. Doch das Wegräumen von Fehldeutungen ersetzt die Deutung nicht. Es gibt noch genug an Befremdlichem gerade an dieser Stelle der Erzählung.

6. Alte und neue Schwierigkeiten mit den Wunderheilungen

Noch einmal der Text und die Fortsetzung:

Denn sie sagte: „Wenn ich auch nur seinen Mantel berühre, werde ich gerettet werden." Und sofort trocknete die Quelle ihrer Blutung aus und sie spürte in ihrem Körper, dass sie von ihrem Leiden befreit war. Jesus hatte sofort bei sich gespürt, wie die Kraft aus ihm herausfloss; er wandte sich in der Menschenmenge um und fragte: „Wer hat mich an meinem Mantel berührt?" Da sagten seine Jüngerinnen und Jünger zu ihm: „Du siehst doch, wie dich die Menge bedrängt, und da fragst du: „Wer hat mich an meinem Mantel berührt?" Und er schaute sich weiter um, um die zu sehen, die so gehandelt hatte.

„Und sofort trocknete die Quelle ihrer Blutung aus" – „Jesus hatte sofort bei sich gespürt, wie die Kraft aus ihm herausfloss". *Panta rhei* – alles fließt? Nein, nicht alles. Hier fließt etwas und deshalb hört etwas anderes auf zu fließen. Wir können das hören und lesen. Können wir es auch verstehen? Eine weitere Unterbrechung empfiehlt sich, eine, in der es um die Glaubwürdigkeit einer Wundergeschichte überhaupt geht.

Eine chronisch kranke Frau berührt den Mantel Jesu und wird sofort gesund. Jesus fasst ein totes Kind bei der Hand, richtet es auf und sofort steht sie auf und geht herum. Kann man solche Wunder glauben? Und die anderen Wundergeschichten: Jesus geht übers Wasser, sättigt Tausende von Menschen mit fünf Broten und zwei Fischen, vermag mit seinem Wort einen Sturm zu stillen, macht Blinde sehen und Lahme gehen. Kann man solche Wunder glauben, vollends die, die Naturgesetzen zuwider laufen? Vor der Neuzeit gab es da kein unüberwindliches Problem. Es gab keine Naturgesetze, es gab Abläufe der Natur und deren Durchbrechungen und beides kam von Gott. Mit der Neuzeit entsteht ein neues Problem und mit ihm eine Reihe von Erklärungsmustern. Namentlich im 19. Jahrhundert gab es den Versuch der rationalen Erklärungen. Im Wasser lagen flache Steine, Jesus ging über sie; die Jünger hatten Vorräte gesammelt, von ihnen wurden die 5000 satt; die Toten waren nur scheintot. Manche dieser Erklärungen muten heute eher putzig an; sie beseitigen nicht nur das Anstößige der Geschichten, sondern mit ihm die Geschichten selbst. Und dann gab es die Erklärung, hier dürfe man überhaupt nicht nach Historizität und Faktizität fragen, hier sei ein „nachösterliches Kerygma" ins Bild gesetzt, Gemeindetradition und ihr Wunderglaube, nicht etwas, das Jesus „wirklich" getan hat. Aber die Frage nach der Glaubwürdigkeit der Geschichten ist mit dieser Erklärung nicht erledigt. Kann man das glauben, kann man das heute noch glauben? Nun hat sich, was die Wunder und Heilungen Jesu angeht, in den letzten Jahrzehnten etwas Bemerkenswertes getan. Ich muss ein wenig ausholen.

Am Ende des Jahres 1967 veröffentlichte DER SPIEGEL unter dem Titel „Was glauben die Deutschen?" Ergebnisse einer Umfrage. Erhoben wurden unter anderem Zustimmungsgrade zu einzelnen Glaubenssätzen. Wie viel Prozent der Deutschen glauben, dass Jesus Christus Gottes Sohn ist, wie viel, dass er auferstanden ist? Wie viele glauben an die Jungfrauengeburt, an die göttliche Dreifaltigkeit, ans Jüngste Gericht und so weiter? Ob man *so* Glauben ermitteln kann, ist weniger eine soziologische und statistische als eine theologische Frage. Gleichwohl waren (und sind) die Ergebnisse aufschlussreich. Dreizehn Jahre später wurde ein Teil der Umfrage wiederholt (DER SPIEGEL 46 und 47, 1980 – Anlass war der Papstbesuch in Deutschland). Im Vergleich zeigte sich, dass der „Glaubenspegel" deutlich und in nahezu allen Punkten gesunken war. Es gab zwei signifikante Ausnahmen, das heißt, zwei Aussagen, denen 1980 deutlich mehr Menschen zustimmten als 1967 und denen, wie man annehmen darf, heute noch mehr Menschen zustimmen. Es sind: der Glaube an ein Leben nach dem Tod und die Zustimmung zu dem Satz. „Jesus hat Kranke geheilt".

In Verbindung mit den anderen Ergebnissen jener Glaubenserhebungen wäre es gewiss ein Fehlschluss, aus der gewachsenen Zustimmung zu diesen beiden Sätzen zu schließen, der christliche Glaube sei den Menschen wieder näher gekommen. Es sind offenkundig andere Wahrnehmungsformen und Plausibilitätsstrukturen, die die Zustimmung zu diesen Sätzen erleichtern, vielfältige Vorstellungen über ein Leben nach dem Tod in vielen Religionen und religionsähnlichen Überzeugungen und (was die Heilungsgeschichten angeht) eine größere Offenheit gegenüber Geschehnissen, die sich allein mit rational-wissenschaftlichen Erklärungen nicht erfassen lassen.

Dass es zu einer Heilung (vor allem von so genannten psychosomatischen Erkrankungen) auch der eigenen Kraft, des eigenen Wollens, des eigenen Glaubens bedarf, ist heute durch viele Geschichten sinnfällig zu machen – und dieser Glaube muss allemal kein christlicher Glaube sein. An eben dieser Stelle können die wachsende Kritik an einer technischen Medizin, überhaupt einer technischen Konstruktion der Lebenswelt und die alten biblischen Geschichten nahe zusammen rücken. Aber an eben dieser Stelle bedarf es auch der Vorsicht. Dass oft gerade die Lösung eines Problems ein neues schafft, ist eine altbekannte Erfahrung. Auf unsere Fragen bezogen lautet die notwendige Warnung: Die Kritik an einer zur bloßen Technik verkommenen Aufklärung rechtfertigt keinen neuen Obskurantismus. Wenn ich einer Statistik trauen darf, gibt es in Deutschland mehr beruflich arbeitende Hellseherinnen und Hellseher als Pfarrer und Pfarrerinnen und nach einer anderen Erhebung glaubt ein Drittel aller Deutschen, dass es Menschen gebe, die den „bösen Blick" haben. Hinzu kommt, dass sich vielfältige Formen von Esoterik im Übrigen sehr wohl mit kapitalistischen Profitinteressen verbinden können – bei den Anbietern wie bei der Kundschaft.

Gewiss: „Es gibt (mit Shakespeares „Hamlet") „mehr Ding' im Himmel und auf Erden, / Als eure Schulweisheit sich träumt." Aber das rechtfertigt keine mythologisch-esoterisch-psychologische Mixtur, die das Projekt der Aufklärung zurückdreht. Eine zur Technik verkürzte Aufklärung bedarf der Kritik und doch ist am Projekt „Aufklärung" fest zu halten, ja, es muss sich erst wirklich durchsetzen.

7. Zu kleines „ich" – zu großes „ICH"

Geht es um die angesprochene „Dialektik der Aufklärung" nach meiner Überzeugung grundsätzlich, so kommt, was „unsere" biblische Geschichte angeht, etwas genauer zu Bestimmendes hinzu. Ich muss abermals ein wenig ausholen. Es gibt gerade an dieser Geschichte Grundlegendes wahr zu nehmen und zu beherzigen. Luise Schottroff und Marlene Crüsemann haben in den Vorarbeiten zu diesem Bibelarbeitstext darauf hingewiesen, wie wichtig es ist eine ganze Reihe von Dualismen (man könnte auch sagen: von falschen Alternativen) zu vermeiden. Der Dualismus von „alt" und „neu" ist einer davon. Im Neuen Testament, so wurde und wird es ja oft dargestellt, wird alles umgewertet, was im Alten wichtig ist. Da kommt es dann zu den ebenso bekannten wie falschen

Gegensätzen zwischen dem „alttestamentarischen" (wie es dann meist heißt) „Auge um Auge" im Gegensatz zu neutestamentlich-jesuanischer Feindesliebe, zwischen dem angeblichen Gott der Rache im Alten und dem der Liebe im Neuen Testament, zwischen einem strafenden und einem sich erbarmenden Gott – und so weiter und so falsch. Diese verfehlte Perspektive, die so viele böse Verzeichnungen des Alten Testaments und des Judentums zur Folge hatte, führte dazu, in „unserem" Text vor allem zu sehen, dass Jesus die kranke Frau von den jüdischen Reinheitsgeboten befreit hätte. Davon haben wir gesprochen. Der Dualismus von „krank" und „gesund" ist ein zweiter. Auch darüber haben wir gesprochen, dass es da keine klare Grenzlinie gibt und, vor allem, dass nicht etwa die Gesunden dem Reich Gottes schon näher wären, ihr Sosein dem Willen Gottes eher entspräche als das von Kranken und Behinderten.

Ein dritter falscher Dualismus besteht in der Auffassung, als tue Gott (und Jesus durch ihn) alles und die Menschen hätten nichts zu tun, als das von Gott und Jesus Getane dankbar zu empfangen. Gegen diese Verkürzung kommt viel darauf an, wahr zu nehmen, *wer* (in „unserem" Text und vielen ähnlichen) handelt, von wem Aktivität ausgeht. Liest man nur genau, so zeigt sich ja rasch, dass keineswegs alles Tun allein von Jesus ausgeht, dass es vielmehr des Mit-Handelns, oft und auch in „unserem" Text der vorausgehenden Aktivität von Menschen bedarf. Die Frau ergreift die Initiative, sie kommt, sie fasst Jesu Mantel an, sie entzieht ihm Kraft – und alsbald wird Jesus sagen, es sei ihr Vertrauen gewesen, das sie gerettet habe. Der Vater der todkranken jungen Frau kommt mit all seinem Vertrauen zu Jesus und er bleibt gegen den Augenschein bei diesem Vertrauen. Nein, da handelt nicht nur der große Meister, da handelt er zusammen mit anderen Menschen. Man spricht in solchen Fällen von Synergie (einem Zusammen-Handeln, Zusammenwirken). Berührungen werden zu fließenden Kraftströmen – in „unserem" Text ist das ganz plastisch ins Bild gesetzt:

Jesus hatte sofort bei sich gespürt, wie die Kraft aus ihm herausfloss; er wandte sich in der Menschenmenge um und fragte: „Wer hat mich an meinem Mantel berührt?"

Die biblischen Heilungsgeschichten machen die Menschen nicht klein, machen sie nicht zu bloßen Objekten der Wunder Jesu. Von ihrem Glauben, ihrem Vertrauen, ihrem Tun hängt viel ab – anderes, aber nicht weniger als vom Tun Jesu. Das kann zur Ermutigung werden für Menschen, die klein gemacht, gedemütigt, geduckt wurden und werden. Menschen wird viel zugetraut. Aber was, wenn eben diese Bewegung gegen das Kleingemacht-, das Geduckt- und Gedemütigt-Werden umschlägt in einen neuen Leistungsdruck? Die alte Verbindung von Krankheit und Schuld hat ihr gegenwärtige Neuauflage in einem Gesundheits- und Fitness-Kult, der seinerseits zur Pflicht wird. Konnten Krankheit und Behinderungen einst als Strafe Gottes gewertet werden (mit all den schrecklichen Folgen, die diese Sicht haben konnte und noch kann), so tritt heute zunehmend ein veränderter und nicht weniger fataler Mechanismus an die Stelle der alten Erklärungsmuster. Wer krank ist, hat es sich selbst zuzuschreiben, sei es, dass er nicht gesundheitsbewusst genug gelebt hat, sei es, dass sie nicht auf die richtige Ernährung geachtet hat, er sich nicht fit gehalten, sie nicht Diät gehalten hat. Und wer eine Krankheit nicht überwindet, hat womöglich nicht genug an Willen, an Glauben, an Vertrauen aufgebracht. Gerade Glaube und Vertrauen werden zu Leistungen, die zu erbringen sind. Was vom Leistungsdruck befreien soll, wird vom Leistungsdruck aufgesogen und als eines seiner stärksten Felder erobert. Vielleicht ist in keinem Bereich die Aktualität der Erfahrung Luthers, die ihn zur Rechtfertigungslehre führte, so erkennbar wie in diesem. Je mehr ich einer Norm zu entsprechen trachte, desto mehr versage ich vor eben dieser Norm. Je mehr ich einem Ideal von Fitness, Gesundheit, Leistungskraft, Schönheit entsprechen will, desto mehr bleibe ich hinter diesem Ziel zurück. Je mehr ich leiste, desto deutlicher wird, dass ich nie genug leiste. Die dramatischen Fälle von Essstörungen vielfacher Art haben oft mit diesem Mechanismus zu tun.

So richtig und so wichtig es ist, in den neutestamentlichen Heilungsgeschichten nicht Jesus als den großen Zampano zu sehen, der alles tut, während die Geheilten bloße Objekte wären, so wichtig ist es doch auch, nicht bei der umgekehrten Sichtweise zu landen, in der nun das Gesund-Werden den Kranken als Leistungspflicht aufgebürdet wird. Es ist keine menschenfreundliche Lösung, wenn aus der Erfahrung eines zu klein gemachten „ich" nun ein zu großes „ICH" wird. „Unser" Text widerrät beiden Engführungen. Weder tun die Menschen nichts, noch tun sie das Entscheidende selbst. Das Entscheidende geschieht (in Mk 5) nicht ohne die Aktivität der Frau, die ihr Vertrauen einbringt. Aber das Entscheidende macht sie nicht, es geschieht ihr.

Die Frau fürchtete sich und zitterte, denn sie hatte begriffen, was ihr geschehen war. Sie kam und fiel vor ihm nieder. Danach erzählte sie ihm, was ihr in Wahrheit geschehen war.

Von einem „Geständnis" der Frau lese ich hier nichts; sie erzählt alles, was geschehen war (und was uns als Leserinnen und Leser bereits mitgeteilt wurde). Sie erzählt, was ihr in den vielen Jahren ihres Leidens widerfuhr und was sie jetzt getan hat. Darauf folgt die Antwort Jesu:

Und er antwortete: „Tochter, es ist dein Vertrauen, das dich gerettet hat ... "

Wie soll man den Satz betonen? „es ist dein *Vertrauen*, das dich gerettet hat" *oder:* „es ist *dein* Vertrauen, das dich gerettet hat"? Mit dieser Frage sind wir abermals beim Problem eines zu kleinen „ich" oder eines zu großen „ICH" angekommen. Wäre es „dein *Vertrauen*", so könnte wieder das bloß Rezeptive, das bloße Geschehen-Lassen die Wahrnehmung bestimmen. Wäre es „*dein* Vertrauen", so könnte eben das Vertrauen, der Glaube (das griechische Wort „*pistis*" lässt beide Übersetzungsmöglichkeiten zu) zur Leistung werden. Wenn es denn ginge, müsste die Betonung beiden Alternativen entgehen. Die Worte „dein Vertrauen" gehören so zusammen, dass in ihnen das Tun und das Geschehen-Lassen zusammen kommen. Vertrauen ist etwas, das nicht ohne eigene Beteiligung möglich ist und das sich doch ebenso deutlich jedem „Machen" entzieht. Ich kann Vertrauen weder beschließen noch bewerkstelligen und beim Glauben verhält es sich ebenso. Vielleicht aber kann man Vertrauen, Glauben lernen. Und doch bleibt da ein „ich weiß nicht, wie". Es geht um ein Tun und ein Lassen – ein Geschehen-Lassen. Beides zusammen ist, „was ihr in Wahrheit geschehen war".

Und er antwortete: „Tochter, es ist dein Vertrauen, das dich gerettet hat. Brich auf zu einem Leben in Frieden und sei geheilt von deinem Leiden."

Am Ende die Aufforderung zu einem Leben in Frieden und Heil, einem eigenen Leben in Frieden und Heil, einem Leben in weitem Raum. Doch für die Hörerinnen und Leser der Geschichte gibt es kein beruhigtes Aufatmen, denn es geht rasant weiter:

Während er noch redet, kommen Leute aus dem Haus des Synagogenvorstehers und sagen. „Deine Tochter ist tot! Warum behelligst du den Lehrer noch?" Jesus, der ihre Worte mitgehört hatte, sagt zu dem Synagogenvorsteher: „Fürchte dich nicht, bleib du nur bei deinem Vertrauen!" Und er ließ niemanden mitkommen, nur Petrus, Jakobus und dessen Bruder Johannes. Als sie das Haus des Synagogenvorstehers erreichen, sieht er große Aufregung und Menschen, die verzweifelt weinen und klagen. Da geht er hinein und sagt zu ihnen: „Warum regt ihr euch auf und warum weint ihr? Das Kind ist nicht tot, es schläft." Die Leute lachten ihn aus. Da wirft er alle hinaus und nimmt den Vater und die Mutter des Kindes und seine Begleiter mit und geht dorthin, wo das Kind lag. Er ergreift die Hand des Kindes und sagt zu ihr: „Talita kumi!" Das heißt übersetzt: „Mädchen, ich sage dir, steh auf!" Sofort stand das Mädchen auf und lief herum. Sie war zwölf Jahre alt.

Hat Jesus erkannt, dass das Mädchen nicht tot war? Hat er eine Tote wieder zum Leben erweckt? Ist für ihn Schlaf, was für Menschen Tod ist? Ich kann das nicht beantworten. Der Text selbst, so scheint mir, lässt das offen. Nicht weil die Erzählung so ungeschickt wäre, dass sie nicht sagen könnte, wie es sich verhielt, sondern weil die Sache selbst in der Schwebe bleiben soll – womöglich muss. Immerhin ist das Wort „*aneste*" (sie stand auf) dasselbe, das gebraucht werden kann, wenn es um Jesu Auferstehung geht. Ist Jesus auf*er*standen, jenes Mädchen aber nur auf*ge*standen? Aber ist nicht jenes Mädchen irgendwann (womöglich nach einem langen Leben – wir wissen es nicht) doch gestorben? Das Aufstehen und

Wieder-aufstehen-Können ist nicht schon die Auferstehung. Im Aufstehen dieses Mädchens aber scheint etwas davon auf, dass der Tod nicht das letzte Wort behalten wird. Das höre ich, mehr kann ich nicht sagen.

8. Mehrere Schlüsse

Die Geschichte hat noch einen Schluss, genauer: Sie hat gleich mehrere Schluss-Sätze:

Und die Menschen gerieten ganz und gar außer sich. Da trug er ihnen eindringlich auf, niemand solle davon erfahren. Und dann sagte er, sie sollten ihr zu essen geben.

Warum stehen diese drei Sätze am Ende? Zuerst zum allerletzten: Man soll dem Mädchen zu essen geben – das hält fest, dass es um den realen Leib, das reale Leben geht. Da geht nicht irgendwie eine Sache weiter – symbolisch, in der Erinnerung –, nein: Das reale, leibliche Leben dieser jungen Frau geht weiter. Aber warum soll niemand etwas davon erfahren? Gerade bei Markus gibt es immer wieder ein solches Schweigegebot. Das (so nennt man das Motiv) „Messiasgeheimnis" hat viele Deutungen erfahren. Soll nicht vorzeitig (das heißt vor dem Kreuzestod) von Jesus als dem Messias geredet werden, damit sich keine falsche, auf den Wundertäter oder den politischen Befreier verengte Messiaserwartung mit ihm verbände? In diese Richtung geht eine ansprechende Deutung. Aber es ist nicht die einzig mögliche. Immerhin lebt das Evangelium selbst davon, dass das Schweigegebot *nicht* eingehalten wird. Gleich das nächste Kapitel berichtet, in Nazareth habe man von den machtvollen Taten Jesu gehört. Dient das Schweigegebot womöglich gerade dem Gegenteil, wie wenn man die Verbreitung eines Gerüchts besonders wirksam dadurch sicherstellt, dass man es unter dem Siegel der Verschwiegenheit weiter sagt? Auch diese Deutung gibt es und sie ist auf ihre Weise bestechend. (Natürlich verrate ich sie Ihnen nur unter dem Siegel der Verschwiegenheit ...)

Und es gibt noch weitere Verstehensmöglichkeiten. Eine findet besonders an „unserer" Geschichte Anhalt. Die so genannte „blutflüssige Frau" wird geheilt, indem sie von Jesus Kraft abzieht, und Jesus spürt dieses Abfließen. Immer wieder zieht Jesus sich zurück von der Menge, die ihn bestürmt und seine Taten sehen will. Könnte so in Szene gesetzt sein, dass Jesus sich bis zur äußersten Erschöpfung verausgabt? Einen erschöpften Jesus fänden wir dann nicht erst im Garten Gethsemane. Ist auch das ein Grund, warum sich die Kunde des Wundertäters nicht verbreiten soll? Und ist auch das ein Grund, warum Jesus manche Kranke heilt, aber nicht alle, einige wenige vom Tode auferweckt, aber nicht viele? Hier ist wiederum mehr als *ein* Verstehen möglich und keines dürfte *das* richtige sein. Ganz ähnlich verhält es sich mit dem ersten der drei Schluss-Sätze „unseres" Textes.

Und die Menschen gerieten ganz und gar außer sich.

Warum (hier und in vielen anderen Wundergeschichten) Entsetzen statt Jubel, Verstörung statt Freude – darüber, dass da ein Mensch wieder leben, stehen und gehen kann? Das Entsetzen ist die Reaktion auf eine Machterfahrung, aber es hat womöglich noch einen anderen Grund, auf den man kommt, wenn man an eine alte Bedeutung denkt, die das Wort „Entsetzen" haben kann. Wenn eine Stadt belagert war, suchte man sie zu *entsetzen*, das heißt den Einschließungsring aufzubrechen und die Belagerer zu vertreiben. *Ent*-Setzen ist in diesem Sinn Gegenwort zu *Be*setzung, *Be*satzung. (Im ersten Teil des Kapitels Mk 5 war ja eben von solchem Besatzt-Sein, Besetzt-Sein, Besessen-Sein die Rede.) Und so ist auch das Entsetzt-Sein derer, die ein Wunder Jesu erleben, das Aufbrechen eines Besetzt-Seins, des Besetzt-Seins (der Besessenheit) von der Vorstellung, was nun einmal so sei, könne sich nicht ändern.

Das ist nun nicht einfach ein anderes Verständnis von „Entsetzen", sondern deckt einen Grund auf für das Entsetzen als Reaktion des äußersten Erschreckens. Denn die Befreiung von der Zwangsvorstellung, das, was so sei, sei nun einmal so, ist nicht nur angenehm. Wenn ich unter einem Zustand leide, kann es zu meiner Beruhigung beitragen, dass er nun einmal nicht änderbar ist. Das Sich-Abfinden mit dem Gegebenen kann eine große Weisheit sein; aber ich kenne auch die Verführung, *das* für unveränderbar auszugeben, unter dem ich zwar leide, das ich aber letztlich nicht ändern *will*. Und wenn sich plötzlich etwas als veränderbar erweist, in dessen Unveränderbarkeit ich mich eingewöhnt habe, dann kann das eine „Entsetzen" die Folge des anderen werden. Denn nun wird es womöglich noch schwerer zu ertragen, dass – versetzen wir uns in die Situation der Wunder Jesu – manche Lahme gehen (*aber nicht alle*), manche Blinde sehen (*aber keineswegs alle*) und selbst der Tod nicht das letzte Wort hat (und doch ein so zwingendes).

Es ist viel *mehr* möglich, als ich für möglich hielt – das kann eine schöne Erfahrung sein; es kann aber das noch härter machen, was ist – und was weiterhin so ist, obwohl oder gerade weil es nicht mehr „nun einmal" so ist. Wo wunderbare Änderung möglich, wo der Raum weit wird, ist das Ertragen des noch Unveränderten um so schwerer. Ich habe deshalb einmal vorgeschlagen das Wort „Wunder" *auch* als Steigerungsform von „wund" zu lesen ...

Damit sind wir wieder bei einer Leitfrage (man kann auch sagen Leid-Frage) dieser Bibelarbeit angekommen. Wunder- und Heilungsgeschichten sind nicht nur schön; sie können zur Last werden angesichts des unveränderten Elends und Leidens. Wo etwas sichtbar wird vom kommenden Reich Gottes, ist das noch Ausstehen des Gottesreichs desto schwerer zu ertragen. Zwischen dem „schon jetzt" und dem „noch nicht" wird der Raum weit und eng zugleich. Wenn die Füße auf weiten Raum gestellt sind, können weite Wege möglich, aber auch nötig werden. Ein Wegweiser, auf den wir bei solchen Wegen treffen mögen, zeigt ein Ziel, aber er zeigt zugleich, dass wir noch nicht da sind. Biblische Wunder- und Heilungsgeschichten als Zeichen hin auf das Reich Gottes sind Wegweiser, die eine Richtung angeben, aber keine Entfernungsangaben enthalten – weder in Kilometern noch in Jahren. Aber sie weisen in eine Richtung. In dieser Richtung wird ein Ziel erkennbar. Ich zitiere noch einmal aus dem vorletzten Kapitel der Bibel:

Und Gott wird abwischen alle Tränen von ihren Augen
und der Tod wird nicht mehr sein
noch Leid noch Geschrei noch Schmerz wird mehr sein;
denn das Erste ist vergangen.

Die Bilder vom Gottesreich verheißen ein Leben ohne Leid, ohne Geschrei, ohne Schmerz. Aber dieses Leben ist kein selbstgenügsames, kein autarkes Leben. Ohne die Hilfe anderer leben zu können, nicht auf andere angewiesen zu sein, sich nichts schenken lassen zu müssen – das ist schier das Gegenteil dieses Lebens in Fülle. Ich will das zum Ende dieser Bibelarbeit mit einer Geschichte bebildern, die auf ihre Weise davon erzählt.

Einem Rabbi war es einmal vergönnt, einen Blick in die kommende Welt zu werfen. Da kam er an einen Raum, an dessen Tür stand: D<small>IE AUF EWIG</small> V<small>ERDAMMTEN</small>. Er trat ein und sah einen langen, langen Tisch. Auf dem Tisch standen die erlesensten Speisen und die köstlichsten Getränke. An dem langen Tisch stand eine lange Reihe von prächtigen Sesseln. Und auf den Sesseln saßen Menschen, denen war die linke Hand fest an die Lehne gebunden und in der rechten hielten sie einen Löffel, der war so lang, dass sie damit an all die erlesenen Speisen und all die köstlichen Getränke heranreichen konnten – aber viel zu lang, als dass sie ihn hätten an den Mund führen können. Der Rabbi sah das Bild des Hungers, des Durstes, der Verzweiflung und betrübt ging er davon.

Da kam der Rabbi an eine andere Tür, auf der geschrieben stand: D<small>IE</small> <small>AUF EWIG</small> S<small>ELIGEN</small>. Er trat ein und sah einen langen, langen Tisch. Auf dem Tisch standen die erlesensten Speisen und die köstlichsten Getränke. An dem langen Tisch stand eine lange Reihe von prächtigen Sesseln. Und auf den Sesseln saßen Menschen, denen war die linke Hand fest an die Lehne gebunden und in der rechten hielten sie einen Löffel, der war so lang, dass sie damit an all die erlesenen Speisen und all die köstlichen Getränke heranreichen konnten – aber viel zu lang, als dass sie ihn hätten an den Mund führen können.

Und eine jede und ein jeder fütterte seine Nachbarin oder ihren Nachbarn.

„Selig sind die Friedensstifter"?*

„Selig sind die Friedensstifter" – so steht es in der Bergpredigt Jesu, wie sie Matthäus überliefert. Es gibt auch andere Übersetzungen: „Selig sind die Friedfertigen" heißt es in der Lutherbibel, „Selig, die Frieden stiften" in der Einheitsübersetzung und die lateinische Bibel heißt mit ihrem „*Beati pacifici*" – buchstäblich – die *Pazifisten* selig. Mit den verschiedenen Übersetzungen sind wir mitten in der Sache. Wer sind die, die Frieden stiften? Sind es die, die auf jede militärische Gewalt verzichten? Sind es die, die unter Androhung und Ausübung militärischer Gewalt Frieden sichern oder Frieden schaffen? Wer sind die „Friedfertigen"? Die eine friedfertige Gesinnung haben und sich aus Konflikten lieber heraushalten oder die den Frieden fertigen und sich dazu kräftig in Konflikte einmischen? Und auch das Wort „Pazifisten" ist nicht eindeutig. Ist Pazifismus eine Gesinnung, die unter allen Umständen militärische Gewalt aus *moralischen* Gründen ablehnt, oder ist Pazifismus eine Haltung, die aus *politischen* Gründen andere als militärische Konfliktlösungen vertritt? Moral und Politik – eine sperrige Verbindung. Es ist ratsam, Moral und Politik und vollends Politik und Religion nicht in eins zu setzen. Nicht erst in den letzten Monaten erleben wir Gewalttaten von Menschen, die sich dazu bestimmt sehen den Willen Gottes zu vollstrecken, das aus ihrer Sicht Böse auszurotten, und die dabei das Leben vieler Menschen und auch ihr eigenes auslöschen. Größte Verbrechen in der Weltgeschichte wurden nicht aus niederen Motiven verübt, sondern zur Durchsetzung anerkannter Werte wie Wahrheit oder Glaube oder Gerechtigkeit. Das alles ist nicht neu, wie es denn überhaupt eine Fehleinschätzung ist, dass nach dem „11. September" des letzten Jahres nichts mehr so sei wie zuvor. Es gibt gute Gründe Politik und Moral, Glaube und Weltgestaltung zu unterscheiden und diese Mahnung gilt

---

* *Rundfunksendung, Deutschlandfunk „Am Sonntagmorgen" (27.1.2002)*

nicht nur *einer* Seite. Aber soll das bedeuten die Moral aus der Politik und den Glauben aus der Weltgestaltung ganz heraus zu halten?

In all diese Fragen spricht das Wort aus der Bergpredigt hinein, ebenso aktuell wie verquer: „Selig sind die Friedensstifter." Hat uns die Frage nach den „Friedfertigen" mitten in die aktuellen Probleme von Friedens-, Sicherheits- und Militärpolitik gebracht, so führt uns das erste Wort aus der Gegenwartssprache heraus. „Selig" – was für ein Wort? Bisweilen wird in Firmennamen der „selige" Gründer noch mit genannt. „Selig" heißt dann schlicht „verstorben". Wir sagen, jemand sei vertrauensselig, reden von einem seligen Lächeln und manche singen in weinseliger Laune: „O selig, o selig, ein Kind noch zu sein". „Selig" soll dann heißen: naiv, nicht zu kritischem Urteil fähig, nicht auf der Höhe der Zeit. *So* klingt die Rede von den „seligen Friedfertigen" in der Bergpredigt wie eine milde, fast mitleidsvolle Beschreibung derer, die sich in der Härte der Realität nicht zurechtfinden. Gewiss, mag man sagen, wäre es sehr christlich auf Gewalt nicht mit Gewalt zu antworten, die „andere Backe hinzuhalten", aber: Die Verhältnisse, sie sind nicht so – diese Haltung ist weltfremd. Die Realpolitik gebietet, der Gewalt mit Gewalt zu widerstehen, die Werte des menschlichen Lebens und allemal auch die eigenen Lebensinteressen mit Macht, auch mit militärischer Macht zu sichern. Alles andere mag noch so edel klingen, es scheint schlicht naiv. Und deshalb heißt es über diesen und andere Sätze der Bergpredigt – nicht erst seit jenem 11. September, sondern immer da, wo Bergpredigt und Politik aufeinander treffen – in resignierendem und öfter noch auftrumpfendem Ton: Mit der Bergpredigt kann man keine Politik machen!

Kann man mit der Bergpredigt Politik machen? Nun, nicht um eine Charakterisierung weltfremder oder irgendwie jenseitiger Seligkeit geht es in der Bergpredigt, sondern um einen handfesten Glückwunsch. „Glücklich die ..." – das heißt soviel wie: Ein Glückwunsch denen, die den Frieden fertigen. Mit einem Glückwunsch drücken wir etwas Doppeltes aus. Wir beglückwünschen Menschen für etwas, das sie getan haben – also: „Zu dieser Leistung kann ich dich nur beglückwünschen" –, und wir wünschen Menschen Glück für das, was auf sie zukommt – ein neuer Lebensabschnitt etwa beim „Herzlichen Glückwunsch zum Geburtstag!". *So* verstehe ich auch den Glückwunsch für die, die Frieden stiften: als einen Glückwunsch für das, was sie getan haben und tun, und als den Wunsch für das Glücken solchen Tuns. Auch wo der Erfolg nicht gesichert ist, liegt auf solchem Tun Segen.

* * *

Kann man mit der Bergpredigt Politik machen? Die Frage beschäftigt die Auslegung seit jeher. Manche sagen, die Bergpredigt gelte nicht für alle Menschen, sondern nur für die, die in vollkommener Weise Gottes Willen tun wollen. Andere urteilen, die Bergpredigt gelte zwar für alle Menschen, aber nicht für alle Fälle. Im persönlichen Bereich sei es gut, auf eigene Rechtsansprüche zu verzichten, Gewalt nicht mit Gewalt zu beantworten. In der Politik aber, wo es um das Recht anderer Menschen gehe, komme die Bergpredigt an ihre Grenze. Tatsächlich ging es in der Situation der Gemeinden, für die Matthäus schrieb, kaum um die Gestaltung langfristiger Weltpolitik. In der Erwartung der baldigen Wiederkunft des Herrn und des Endes dieser Welt schien es geboten auf die Durchsetzung eigener Rechte zu verzichten. Doch als Regelwerk für die Gestaltung der Politik über Jahrhunderte war die Bergpredigt nicht gedacht. Als aber Christen im Römischen Reich die Möglichkeit zur politischen Mitgestaltung bekamen und dann noch einmal ganz neu und anders in demokratischen Gemeinwesen der Gegenwart, da wurde und wird die Chance zur politischen Gestaltung auch zur Last. Denn politisch zu handeln bedeutet auch, in Schuld verstrickt zu werden, vor allem dann, wenn Gesinnung und Verantwortung in Widerspruch geraten. Ist es nicht viel schwerer, sich in politische Konflikte zu begeben, zu fragen, wie Gewalt, wenn schon nicht beseitigt, so doch wenigstens eingedämmt werden kann? Wenn es nicht anders geht, als sich die Hände schmutzig zu machen, wie kann man dann wenigstens das Richtigere tun?

Und doch – da bleibt der Satz der Bergpredigt, aktuell und fremd zugleich: Ein Glückwunsch gilt, Glück zu wünschen ist denen, die friedfertig sind, die Frieden fertigen, Gewalt nicht mit Gewalt beantworten. Im Lukasevangelium sagt Jesus das so:

Euch aber, die ihr zuhört, sage ich: Liebt eure Feinde; tut denen Gutes, die euch hassen; segnet die, die euch verfluchen; betet für die, die euch beschimpfen. Und dem, der dich auf die eine Wange schlägt, dem biete auch die andere dar; und dem, der dir den Mantel nimmt, dem verweigere auch den Rock nicht. Jedem, der dich bittet, gib; und dem, der dir das Deine nimmt, von dem fordere es nicht zurück. Und wie ihr wollt, dass euch die Leute tun sollen, so tut ihnen auch!

„Liebe deinen Nächsten wie dich selbst", so steht es im Alten Testament – man kann auch übersetzen: „Liebe deinen Nächsten, denn er ist wie du!" Die andere – das könnte auch ich sein, der andere, das bin auch ich. Der Philosoph Emanuel Lévinas spitzt das noch einmal zu und versteht das Gebot so: Liebe deinen Nächsten – das, nämlich diese Nächstenliebe, das bist du selbst!

Eine Gegenstimme meldet sich: Wenn Gewaltverzicht, wenn Pazifismus zur Regel der politisch Verantwortlichen würde, hieße das nicht, die Macht denen zu überlassen, die sich daran nicht halten? Gerade am heutigen Gedenktag erinnert mich diese Stimme an Befreiung, die militärischer Gewalt bedurfte. Am 27. Januar 1945 befreite die Rote Armee das Vernichtungslager Auschwitz. Die Befreiung der Welt vom Naziterror erfolgte durch die Armeen der Alliierten. Ich bin ihnen dankbar dafür und für die Bedingungen, unter denen ich, im Jahre 1945 geboren, leben konnte und leben kann. Wie sollte ich da meinen Pazifismus für die höhere Moral ausgeben?! Und heute? Sollten die in den demokratischen Staaten Verantwortlichen auf Terroranschläge mit der Predigt der Nächstenliebe und des Gewaltverzichts antworten? Das kann wohl kaum einer ernsthaft erwarten.

Und dennoch: Diese Fragen setzen den prinzipiellen Pazifismus nicht ins Unrecht. Er bleibt ein notwendiges Zeichen, ein Zeichen dafür, die Hoffnung nicht aufzugeben, dass die Gewalt nicht das letzte Wort behalten wird, dass die Alternative der Gewaltlosigkeit nicht preisgegeben werden darf an die Sachzwänge. Ich erlebe jedoch in den letzten Monaten in der deutschen Politik eine Strategie der Austreibung dieser Alternative bereits aus dem politisch Denkbaren. Der Krieg soll wieder ein „normales" Mittel der Politik werden. Wenn es die konsequenten Pazifisten nicht mehr gibt, dann geht die Erinnerung daran verloren, dass sich die Kette der Gewalt nicht unendlich fortsetzen darf.

* * *

Muss das die Alternative bleiben: Realpolitik oder Pazifismus, politische Vernunft oder eine „Seligkeit", die die Realität nicht wahr haben will? Gibt es nichts dazwischen? Die Kirchen haben in früheren Jahrhunderten eine „Lehre vom gerechten Krieg" entwickelt. Schon die Rede vom „gerechten Krieg" lässt viele schaudern, und eine Diskussion darüber ist deshalb meist beendet, bevor sie recht beginnt. Gerechte Kriege gebe es gar nicht, sagen manche (nicht ohne Grund) und andere erinnern (ebenso wenig ohne Grund) an die vielen Kriege, für die die Kirchen Waffen segneten und die je eigenen Feinde zu Gottes Feinden erklärten. Und doch empfiehlt es sich, jener Lehre vom gerechten Krieg einen Moment Gehör zu schenken. Denn sie hat Gesichtspunkte formuliert, die – nähme man sie nur ernst – den meisten Kriegen, auch und gerade den heute geführten, die Legitimation entzöge. Nur zwei dieser Kriterien will ich in Erinnerung rufen. Da ist die Rede von der *ultima ratio*, das heißt, dass ein Krieg nur dann gerechtfertigt ist, wenn es absolut keine Möglichkeit gibt, einen Konflikt anders als militärisch zu lösen. Und da ist das Prinzip der Verhältnismäßigkeit. Ein Krieg, der mehr zerstört, als er an Zerstörung verhindert, darf nicht geführt werden. Martin Luther, gewiss kein Pazifist, sagte über das Recht eines Fürsten, Krieg zu führen:

Wo er Unrecht nicht ohne größeres Unrecht strafen kann, da lasse er sein Recht fahren, es sei wie billig es wolle. Denn seinen Schaden soll er nicht achten, sondern der anderen Unrecht, das sie über seinem Strafen leiden müssen. Denn was haben soviele Weiber und Kinder verdient, daß sie Witwen und Waisen werden, damit du dich an einem unnützen Maul oder an einer bösen Hand rächst, die dir Leid angetan hat?

Was da in altertümlicher Sprache erklingt, hat an Aktualität nichts eingebüßt. Und noch etwas: Es ist ein schändliches Zeichen der so genannten zivilisierten Welt, dass das Geld, das angeblich nicht zur Verfügung steht, die ungerechten Verhältnisse in der Welt wenigstens zu mindern, stets dann in größter Menge vorhanden ist, wenn es gilt, Kriege zu führen. Was ist das für eine Wahrnehmung der Lebensverhältnisse in vielen Ländern, die so tut, als sei *vor* jenem 11. September die Welt in Ordnung gewesen? Heute verhungern mehr Menschen in der Welt als je zuvor in der Menschheitsgeschichte. Ist das nun einmal so? Ist das der Preis der so genannten Zivilisation, der Preis, den andere zu zahlen haben? Die Erinnerung an die schreiend ungerechte Verteilung von Lebenschancen in der Welt ist keine Rechtfertigung für Terroranschläge, wo und von wem auch immer. Aber der Kampf gegen den Terrorismus darf auch nicht zu einem Instrument werden, von diesen Fragen abzulenken.

Kann man mit der Bergpredigt Politik machen? Ich weiß es nicht. Was ich weiß, ist, wie die Politik aussieht, die *ohne* die Bergpredigt gemacht wird. Und diese Politik ist so, dass sie nach einer grundsätzlichen Alternative schreit. „Daß es 'so weiter' geht, ist die Katastrophe", formulierte Walter Benjamin, und er fügte hinzu. „Die Rettung hält sich an den kleinen Sprung in der kontinuierlichen Katastrophe." Der rettende Sprung, das wäre die Unterbrechung des Kreislaufs der Gewalt. Der rettende Sprung, das wäre: Auf Gewalt nicht mit Gewalt zu antworten und so das Gesetz der Gewalt nicht anzuerkennen. Denn Frieden ist nicht, wenn der Feind, sondern wenn die Feindschaft besiegt ist. Kann man mit der Bergpredigt Politik machen? Und wenn wir es – endlich – versuchten? Selig die, ein Glückwunsch gilt, Glück zu wünschen ist denen, die Frieden stiften.

Warum an der theologischen Frage nach dem Bösen festgehalten werden muss.*

Beim Blick auf das Programm unserer Tagung haben Sie, meine Damen und Herren, vermutlich den Titel meines Referats so gelesen: „Warum an der theologischen Frage nach dem Bösen festgehalten werden muss". So gelesen würde die Überschrift allerdings nicht das bezeichnen, über das ich heute Morgen vor allem sprechen und mit Ihnen diskutieren möchte. Damit Überschrift und Thema des Vortrags so zusammen gehören, wie man es erwarten darf, müssen wir die übliche Betonung verändern, indem wir für diesmal das Wort „theologisch" auf der ersten Silbe betonen (*theo*logisch) und dazu womöglich mit einem Bindestrich versehen (*theo*-logisch). Nicht um die Frage nach dem Bösen in theologischer Sicht also soll es heute Morgen vor allem gehen, sondern um das Böse als *theo*logisches Problem, das heißt, als Frage nach Gott oder auch als Frage an die „göttliche Logik". Wir bekommen es also zu tun mit dem Fragenbündel, das man als „Theodizeefrage" bezeichnet. Ich möchte diese Frage freilich nicht in der Form der klassischen Theodizee zum Thema machen - nämlich als die philosophiegeschichtlich präzise verortete „Theodizee" als Frage nach der *Rechtfertigung Gottes vor dem Gerichtshof der Vernunft angesichts der Übel in der Welt*. Es soll vielmehr um die Theodizee in ihrer allgemeinsten Form gehen (wie sie sich in der Frage „Wie kann, wie konnte Gott das zulassen?" äußert) und es soll dabei einen biblischen Schwerpunkt geben. Dabei soll zunächst eine bestimmte *Antwort* auf den Prüfstand gestellt werden. Wenn wir von den Formen jüdischen Lernens etwas lernen wollen, so wäre es ja gerade darum zu tun nicht allein und zuweilen nicht einmal in erster Linie Fragen zu beantworten, sondern mindestens ebenso sehr darum, Antworten zu befragen.

---

* *Vortrag auf der Tagung „Das Böse" des Studienkreises „Kirche und Israel" Rheinland und Westfalen und der Evangelischen Akademie Iserlohn (7.-9.2.2003)*

Vermutlich kennen einige von Ihnen den auf einer Erzählung von J.B. Singer fußenden 1983 gedrehten Film „Yentl", in dem Barbra Streisand Regie führte und die Hauptrolle spielte. Der Film handelt von einer osteuropäischen Rabbinertochter, die vor ungefähr 100 Jahren ein Rabbinerstudium absolvieren will und sich, weil Studium und Beruf für Frauen verboten waren, als junger Mann verkleiden und ausgeben muss. Mir geht es jetzt nur um eine einzige Szene, eigentlich nur um wenige Sätze eines Dialogs. Yentl kommt mit anderen Studenten ins Gespräch; alle schwärmen von den großen und bedeutenden Lehrern, bei denen sie studiert haben. „Mein Lehrer", sagt einer, „weiß auf jede Frage zehn Antworten." Und Yentl antwortet: „Mein Vater weiß auf jede Antwort zehn Fragen."

Auf die Befragung einer ersten Antwort hin wollen wir Ihnen dann eine kleine Textcollage zu Ohren bringen – biblische Texte neben-, mit- und oft auch gegeneinander, zunächst nur mit kleinen überleitenden Bemerkungen verknüpft und (noch) nicht interpretiert. Im Anschluss daran wird es darum gehen einigen dieser Texte und einigen der mit diesen Texten verbundenen Fragen nachzugehen – in Referat und Diskussion.

Eine Antwort und eine Rückfrage

Wann immer Schreckliches geschieht – sei es ein unbegreifliches Unheil im eigenen Lebenszusammenhang, sei es ein schwer fassbares Unglück, sei es ein politisches Verbrechen größten Ausmaßes – taucht die Frage auf: „Wie konnte Gott das zulassen?" So war es auch nach jenem „11. September". Kurz nach dem Mordanschlag in New York stand die Hannoversche Landesbischöfin Margot Käßmann in einer im Fernsehen in Ausschnitten übertragenen Veranstaltung Rede und Antwort – auch zu dieser Frage. Welche Antwort gab die Bischöfin auf die Frage, wie Gott jenes schreckliche Geschehen habe zulassen können?

Bevor ich weiter erzähle, ist mir eine Zwischenbemerkung wichtig: Ich kenne Margot Käßmann recht gut und schätze sie sehr. Nichts von dem, was ich jetzt berichte und kritisiere, soll als eine Abwertung dieser Bischöfin verstanden werden, sondern als eine Kirche und Theologie insgesamt betreffende Problemanzeige. Was also antwortete die Bischöfin auf die Frage, wie Gott das habe zulassen können? Sie antwortete: „Das hat doch nicht Gott getan, das haben Menschen getan."

Warum kommt mir die Antwort so schal vor? Stimmt sie denn nicht? Wäre denn nicht die Erklärung, *Gott* sei für die Vernichtung der Twin-Towers und die vielen Hunderte von Toten verantwortlich zu machen, geradezu obszön gewesen? Was wäre das für eine Erklärung, die die schuldigen Menschen so *ent*schuldigte?! Deshalb noch einmal: Warum kommt mir die Antwort so schal vor?

Ich stelle mir einen Menschen vor, der zur Pfarrerin kommt und etwa sagt: „Mir ist im Leben viel Gutes widerfahren, ich habe immer wieder Menschen getroffen, die mich akzeptiert und mir geholfen haben. Ich habe das Bedürfnis Gott dafür zu danken." Nur die eine Frage: Würde der Pfarrer, würde die Bischöfin nun auch sagen: „Das hat doch nicht Gott getan, das haben Menschen getan"?

Was ist das für eine Theologie, die Gott wie selbstverständlich für alles zuständig sein lässt, solange es sich um das Gute und Schöne handelt, aber Gott tunlichst heraushalten will aus allem, was böse ist? Da kann etwas nicht stimmen, wenn und solange Gott als Herr der ganzen Wirklichkeit begriffen, geglaubt und bekannt wird. Nun wird die Sache noch einmal komplizierter, wenn man nicht nur die Antwort, sondern auch die Frage genauer betrachtet. Ich will die Frage dabei übrigens ebenso wenig abwerten wie die zitierte Antwort. Schaut man genauer hin, ergibt sich eine verblüffende Spiegelung. Wäre meine Rückfrage an die antwortende Bischöfin: „Warum soll denn jetzt *nicht* von Gott die Rede sein, wenn sonst von Gott immer die Rede ist?", so lautete die entsprechende Rückfrage an den Fragesteller spiegelbildlich: „Warum soll denn jetzt von Gott die Rede sein, wenn sonst *nie* von Gott die Rede ist?" Vielleicht erinnern Sie sich an die Schlagzeilen der BILD-Zeitung in jenen Tagen: Am Tag danach wurde in riesigen Lettern der GROSSE GOTT angerufen, wenige Tage später ähnlich groß gedruckt einem der in Hamburg verorteten Attentäter gewünscht, er solle „EWIG IN DER HÖLLE BRATEN". Angesichts solcher Anrufung Gottes und solcher Akklamierung der ewigen Höllenstrafen möchte ich die Bischöfin nun wieder verteidigen (ich weiß allerdings nicht, ob mit ihrer Zustimmung). Denn wenn BILD den GROSSEN GOTT und die HÖLLE für sich und die Volksseele in Anspruch nimmt, wäre es wohl ein richtiges Zeichen, wenn eine Bischöfin in dieser Situation nicht von Gott reden wollte.

Halten wir als einigermaßen verwirrendes Zwischenfazit fest: In Situationen der Konfrontation mit unbegriffenem Leid fragen Menschen heute (wie damals) nach Gott. „Wie kann Gott das zulassen!" Sie stoßen dabei heute aber zunehmend auf eine Kirchentheologie, welche eben diese Frage aus ihrem *Denken* nahezu ausgeschlossen hat. Umso gekonnter fungieren die Kirchen als Ort der Inszenierung von Betroffenheit. Abermals möchte ich nicht so verstanden werden, als wollte ich das nur abwerten. Auch wenn ich zuweilen den Eindruck habe, als habe sich da ein ganz bestimmtes Betroffenheitsritual eingespielt (von Lady Di und Eschede über den 11. September bis Erfurt), bleibt es wichtig, dass in solchen Situationen die Kirchen und dabei zuerst die Kirchen*räume* Orte der Möglichkeit werden, der Trauer und Ratlosigkeit Ausdruck zu geben. Und selbst das Wort „Inszenierung" benutze ich dabei nicht pejorativ. Doch gerade da, wo mir solche Inszenierungen, wenn man das so sagen darf, „geglückt" erscheinen, bleibt das eigentümliche Fazit, dass zwar Kirche und Frömmigkeit ihre Orte finden, die *Theologie* aber von der Bühne abgetreten ist, wie wenn es nur noch etwas zu fühlen und nichts mehr zu denken gäbe.

Vielleicht war ja die Antwort, die Margot Käßmann in jenem Moment gegeben hat, die für diesen Moment richtige Antwort. *Die* biblische Antwort ist es gewiss nicht. Die Bibel entlässt Gott nicht aus der Frage nach dem Bösen, für das er selbst verantwortlich ist. Aber gibt es überhaupt *die* biblische Antwort?

Eine biblische Textcollage

SprecherIn A: Erlöse uns von dem Bösen!

SprecherIn B: Das Böse – der Böse? Woher kommt das Böse? („Unde malum?")

SprecherIn C: ... der ich das Licht mache und schaffe die Finsternis, der ich „schalom" gebe und Böses schaffe. Ich bin Adonaj, der dies alles tut.

B: So steht es in Jes 45,7. Auch das Böse kommt von Gott?! So sieht das wohl auch Hiob:

A: „Haben wir Gutes empfangen von Gott und sollten das Böse nicht auch annehmen?" In diesem allen versündigte sich Hiob nicht mit seinen Lippen.

B: Das Böse von Gott annehmen? Das Wort „annehmen" ist doppeldeutig. Sollten wir annehmen, akzeptieren, auf uns nehmen, was Gott an Bösem über uns verhängt? Oder sollten wir annehmen, vermuten, für wahr halten, dass es Gott ist, der (die) Böses über uns verhängt?

C: In der Bergpredigt heißt es:

A: ... damit ihr Kinder seid eures Vaters im Himmel. Denn er lässt seine Sonne aufgehen über Böse und Gute und lässt regnen über Gerechte und Ungerechte. (Mt 5,45)

B: Die Frage nach „gut" und „böse" ist also nicht die nach den Guten und den Bösen. Dennoch und deshalb:

C: Weh denen, die Böses gut und Gutes böse nennen, die aus Finsternis Licht und aus Licht Finsternis machen, die aus sauer süß und aus süß sauer machen! (Jes 5,20)

B: Und wenn Gott Böses tut? Darf man ihn dann als Urheber des Bösen anklagen?

A: Mose aber kam wieder zu Adonaj und sprach: „Herr, warum handelst du so böse an diesem Volk? Warum hast du mich hergesandt? Denn seitdem ich hingegangen bin zu Pharao, um mit ihm zu reden in deinem Namen, hat er das Volk noch härter geplagt und du hast dein Volk nicht errettet." (Ex 5,22f.)

B: Aber man will doch unterscheiden zwischen dem „lieben Gott" und dem „bösen Teufel"!

C: Der Geist Adonajs aber wich von Saul, und es verstörte ihn ein böser Geist – der auch von Adonaj kam. (1. Sam 16,14)

B: Das ist zweideutig und eindeutig zugleich. Immerhin ist eins wieder klar: Gott ist es, der Gutes und Böses schickt.

A: Und das Wutschnauben Adonajs entbrannte abermals gegen Israel und er reizte David bei ihnen mit den Worten: „Geh, zähle Israel und Juda!" (2. Sam 24,1)

B: David führt die Volkszählung durch, zu der Gott ihn gereizt hatte, und Gott schickt dafür eine schreckliche Strafe: Eine Pest kommt über das ganze Volk. Aber wie kann Gott Menschen für etwas bestrafen, was er doch selbst bewirkt hat? Hat wirklich Gott David zur Volkszählung gereizt? Ist das die Auffassung der Bibel? Dieselbe Geschichte wird an anderer Stelle noch einmal erzählt:

C: Und es stand Satan auf gegen Israel und er reizte den David Israel zu zählen. (1. Chr 21,1)

B: Wer denn nun: Gott oder Satan? Kann man denn da nicht unterscheiden? Konnte wenigstens Paulus unterscheiden? Immerhin – er wusste, wer seine Reisepläne hinderte:

A: Darum wollten wir zu euch kommen, ich, Paulus, einmal und noch einmal, doch der Satan hat uns gehindert. (1. Thess 2,18)

B: Der Teufel also hat's verhindert – aber, was in „drei Teufels Namen" geschieht, lässt sich „in Gottes Namen" auch anders verstehen. Ein anderes Mal realisieren sich die Reisepläne des Apostels nicht:

C: Sie zogen aber durch Phrygien und das Land Galatien, da ihnen vom heiligen Geist verwehrt wurde, das Wort zu predigen in der Provinz Asien. Als sie aber bis nach Mysien gekommen waren, versuchten sie, nach Bithynien zu reisen; doch der Geist Jesu ließ es ihnen nicht zu. (Apg 16,6f.)

B: Gott und der Satan – Gott oder der Satan? Nicht die einzige eindeutige Zweideutigkeit (oder vieldeutige Eindeutigkeit) bei Gott:

A: Adonaj (ist) ein Kriegsmann – Adonaj (ist) sein Name! (Ex 15,3)

C: Kein Mann ist Gott, dass er lüge und kein Menschensohn, dass er sich's gereuen ließe. Hat er gesprochen und tut's nicht und redet er und bringt es nicht zustande? (Num 23,19)

A: Der Ruhm Israels lügt auch nicht und es gereut ihn nicht; er ist ja kein Mensch, sich etwas gereuen zu lassen. (1. Sam 15,29)

B: Gott ist kein Mensch und allemale kein Mann. Aber warum? Weil er nicht lügt? Weil er stets wahr macht, was er ankündigt?

C: Umgestülpt ist mein Herz auf mir, ganz und gar entbrannt sind meine Reueaufwallungen. Ich will nicht vollziehen die Glut meines Wutschnaubens, will nicht wieder vernichten Efraim. Ja, Gott bin ich und kein Mann, in deiner Mitte ein Heiliger, und ich will nicht kommen in Zornesglut. (Hos 11,9)

B: Gott gegen Gott? – Allein Gott gegen Gott? Nemo contra Deum nisi Deus ipse. Macht Gott zuverlässig wahr, was er zu tun angekündigt hat?

A: Da sah Adonaj: Ja, groß war die Bosheit des Menschen auf der Erde, und jedes Gebilde der Gedanken seines Herzens war nur böse den ganzen Tag! Da gereute es Adonaj (da seufzte er tief auf): Er hatte ja gemacht den Menschen auf der Erde – und es schmerzte ihn, ging ihm zu Herzen. Und es sprach Adonaj: Ich will wegwischen den Menschen, den ich geschaffen habe, weg vom Antlitz des Ackerbodens – vom Menschen bis zum Vieh, bis zum Gewürm und zum Fluggetier des Himmels. Ja, es gereut mich: Ich habe sie ja gemacht! Noah aber fand Wohlwollen in den Augen Adonajs. (Gen 6,5-8)

B: Gottes Reue ... ein ungeheurer Gedanke der „Schrift". Beim ersten Mal, wo von Gottes Reue in der Bibel die Rede ist, ist es (wir hörten gerade die Stelle) die Reue über die Schöpfung. Aber es gibt eine Reue über diese Reue. Der überlebende Noah bringt ein Opfer dar und nun heißt es:

C: Und es roch Adonaj den besänftigenden Duft, und es sprach Adonaj zu seinem Herzen: Nicht mehr will ich den Erdboden geringschätzig behandeln um des Menschen willen – die Hervorbringungen des menschlichen Herzens sind ja böse von seiner Jugend an –, und nicht mehr will ich schlagen alles, was lebt, so wie ich es getan habe. Fortan alle Tage der Erde: Saat und Ernte, Kälte und Hitze, Sommerzeit und Frost, Tag und Nacht sollen nicht aufhören. (Gen 8,21f.)

B: Noch einmal also die Frage: Macht Gott zuverlässig wahr, was er zu tun angekündigt hat?
Das Beispiel Ninive. Im Jonabuch reagieren die Niniviten auf Jonas unweigerliche Untergangsansage hin so:

A: ...und ein jeder kehre um von seinem bösen Wege und von der Gewalt, die an ihren Händen ist. Wer weiß – vielleicht kehrt die Gottheit um und lässt es sich gereuen, und sie wendet sich ab von ihrem grimmigen Wutschnauben, und wir gehen nicht zugrunde!?" Und es sah die Gottheit ihr Tun: Sie waren ja umgekehrt von ihren bösen Wegen, und die Gottheit ließ es sich gereuen wegen des Bösen, dass sie angesagt hatte, ihnen anzutun, und sie tat es nicht. (Jona 3,8-10)

B: Der „liebe Gott", der lieb ist, weil er nichts tut?

C: Zur selben Zeit will ich Jerusalem mit der Lampe durchsuchen und aufschrecken die Leute, die sich durch nichts aus der Ruhe bringen lassen und sprechen in ihrem Herzen: Adonaj wird weder Gutes noch Böses tun. (Zef 1,12)

B: Und die Verantwortung der Menschen?

A: *hakkol zafuj weharreschut netuna* – Alles ist vorhergesehen und die freie Wahl ist gegeben. (Mischna Avot III,16)

Ein einigermaßen verwirrendes Bild. Könnte es sein, dass eben diese Vielfalt, die keineswegs eine Beliebigkeit ist, die einzig wahre Antwort auf die Frage nach Gott und dem Bösen andeutet? Das wäre dann freilich ein Wahrheitsbegriff, der die Mehrdeutigkeit in sich einschlösse. Machen wir die Probe auf die, wenn man es so technisch sagen darf: Leistungsfähigkeit der Verweigerung einer einlinigen Antwort. Ich setze noch einmal ein bei der in der Bibel (2. Sam 24; 1. Chr 21) doppelt erzählten Geschichte von der Volkszählung Davids und deren Folgen.

Gott *oder* Satan *oder*: Warum und wie man sich das eine *oder* das andere Problem einhandeln wird und darum beides in der Schwebe halten muss ...

Ein knapper Hinweis zum Kontext der Volkszählungsgeschichte: In 2. Sam 24 und dann noch einmal in einer literarisch deutlich späteren Fassung in 1. Chr 21 wird erzählt, wie David jene Volkszählung durchführte. In diesem Tun manifestiert sich ein sträfliches Vertrauen auf die eigene (ökonomische und militärische) Stärke, die ein mangelndes Vertrauen auf Gott zeigt. In der Bibel ist Gott eben nicht „mit den stärkeren Bataillonen" (beziehungsweise – wie's beim „alten Fritz" im Original heißt: „mit den stärkeren Eskadronen"). Deshalb wird David für diese Aktion hart bestraft. Eine Pest trifft das ganze Volk, sie kommt erst am Ort des späteren Tempels zum Stehen. In unserem Zusammenhang soll es jetzt nur um die jeweiligen Einleitungssätze der Erzählung in ihren beiden Fassungen gehen. In 2. Sam 24,1 heißt es:

Und das Wutschnauben Adonajs entbrannte abermals gegen Israel und er reizte David bei ihnen mit den Worten: „Geh, zähle Israel und Juda!"

Diese Sätze enthalten im Lichte der Fortsetzung der Geschichte ein gewaltiges Problem. Wie kann Gott David und das ganze Volk bestrafen für etwas, das er selbst bewirkt hat? (Oder lautet auch hier die Antwort:

„Das hat nicht Gott getan, das haben Menschen getan"?) Nun macht sich die biblische Erzählung gewiss keiner schlampigen Darstellung schuldig; sie erzählt, was sie und wie sie es erzählen will. Abstrakt gesprochen: Gottes Providenz (Gottes Vorsehung) suspendiert nicht die menschliche Ethik. Mit dem bereits zitierten Satz des Rabbi Akiva (nach Mischna Avot III,16) ist festzuhalten: *hakkol zafuj wehareschut netuna* – Alles ist vorhergesehen und die freie Wahl ist gegeben (oder soll man übersetzen: Alles wird gesehen, das heißt, nichts geschieht, das Gott nicht beobachtet, und die freie Wahl ist gegeben?). Dennoch bleibt das Ärgernis: Gottes Zorn ist die Letztursache für das Tun eines Menschen, welches Gott ihm dann als böse anrechnet und für das Gott den Menschen zur Rechenschaft zieht. Auch dann, wenn das „Reizen" Gottes als eine Art Probe zu verstehen ist, eine Verführung, der David gerade nicht hätte erliegen sollen, bleibt das Problem. Gott selbst ist die Letztursache des Bösen. Es ist, wie sich sogleich zeigen wird, nicht erst *unser* Problem mit der Darstellung in 2. Sam 24. Ich lese noch einmal den Einleitungssatz derselben Geschichte in der Fassung von 1. Chr 21,1:

Und es stand Satan auf gegen Israel und er reizte den David Israel zu zählen.

Wieder ist es eine außermenschliche Figur, welche David reizt (*wajjasät* – dasselbe Wort wie in 2. Sam 24), nämlich dazu verleitet etwas zu tun, wofür er dann von Gott bestraft wird. Aber die „Reiz-Figur" ist nicht dieselbe. Gott oder Satan? Kann es einen größeren Gegensatz geben? Aber was ist denn nun wahr? In der Bibel steht (auf dasselbe Ereignis bezogen) das eine *und* das andere. Es lohnt sich noch eine Weile bei dieser Stelle, diesen Stellen zu bleiben.

Was bewegt die Chronisten die Geschichte in diesem Punkt ganz anders zu erzählen? Die Ersetzung Gottes durch Satan resultiert aus dem Versuch Gott zu entlasten. Für das Böse oder die Verführung zum Bösen soll Gott nicht verantwortlich gemacht werden, sondern eine andere Figur, eine Art Gegenspieler Gottes. Wir stoßen hier, wenn man so will, auf die Geburtsstunde der Karriere des Teufels. Der Teufel soll Gott entlasten, er muss ihn umso mehr entlasten, je größer der Entlastungsdruck wird. Diese „Ehrenrettung" Gottes hat einen hohen Preis. Denn je mehr uns an Grauen begegnet, desto mehr müssen wir der Macht des Bösen zuschreiben. Je „lieber" Gott sein soll, desto mächtiger muss der Teufel werden. Und am sichersten bleibt Gott „der liebe Gott", wenn er gar nichts tut. Wenn Kinder ermahnt werden: „Wirst du wohl lieb sein!", heißt das in den allermeisten Fällen, sie sollten etwas unterlassen. Erlauben Sie mir die (von einigen an dieser Stelle wohl schon erwartete) Einfügung einer kleinen Geschichte, die ich nicht zum ersten Mal erzähle:

Fälschung bis zur Kenntlichkeit
Zuweilen kommt mir auf dem Weg ein mordlustig aussehender Hund entgegen. Während ich angstvoll dem Unheil ins Auge sehe, ruft die Stimme eines (dem Hund nicht selten ähnlich sehenden) „Herrchen": *„Der ist lieb."* Und zuverlässig folgt als weiterer Satz: *„Der tut nichts."* Die vertraute Wortwahl erlaubt realsatirisch verblüffende Rückschlüsse auf die Rede vom „lieben Gott". „Der ist lieb. – Der tut nichts." Lieb sein heißt: Nichts tun. In dieser Logik zeigt nicht nur eine bestimmte Pädagogik ihr Gesicht, sondern auch eine bestimmte Frömmigkeit. Würden, mit Verlaub, Hund, Kind oder Gott „etwas tun", so wäre es aus mit dem Lieb-Sein. Der „liebe Gott" ist „lieb" – nicht nur solange er nichts, sondern weil er nichts tut. Vor dem „lieben Gott" muss man keine Angst haben – er tut nichts.

Bleiben wir noch einen Moment bei der Differenz zwischen 2. Sam 24 und 1. Chr 21. Auch in der Chronikfassung geht es übrigens nicht darum, dass Gott nichts tun, der „liebe Gott" bleiben soll. Dass Gott David hart straft und dazu kollektiv das ganze Volk, steht auch in 1. Chr 21. Nur dass Gott selbst zu diesem bösen Tun verführt habe, steht dort im Gegensatz zur Fassung der Samuelbücher nicht mehr. Die Chronisten fanden die Fassung der Samuelbücher vor und konnten sie aus Gründen ihres (so sagt man ja:) „Gottesbildes" so nicht übernehmen. So nahmen sie eine Ersetzung vor, gaben (in gezieltem Anachronismus in „Computersprache" formuliert) für den Textcorpus „Volkszählung.doc" den Befehl: Ersetze! (nämlich Gott durch Satan). Aber warum gingen die Redaktoren der „Schrift" so halbherzig vor? Warum haben sie in 2. Sam 24 stehen lassen, was sie doch ausweislich der neueren Fassung in der Chronik für buchstäblich unsäglich hielten? Warum haben sie (ich bleibe bei der Computersprache, die übrigens den Textwelten von Bibel und Talmud überraschend angemessen ist) statt des Befehls „Ersetze!" nicht den Befehl „Alle ersetzen!" eingegeben? Ich weiß nicht, *warum* sie so nicht verfuhren; ich kann wahr-nehmen, *dass* sie so nicht verfuhren. Und so stehen beide Fassungen in der „Schrift", mehr noch. Eben darum ist es gerade die Ersetzung in der Chronikfassung, die auf die andere Samuelfassung erst nachdrücklich aufmerksam macht (eine wichtige Beobachtung, die Angelika Angerer in einem Seminar anstellte). Indem in der Bibel nun beides steht – und *so* beides wahr ist, beides kanonisch (das heißt – das bedeutet ja „Kanon": vielstimmig und [*in der* Vielstimmigkeit] verbindlich) ist, ist das Problem der Verantwortung Gottes für das Böse in aller Schärfe gestellt und in derselben Schärfe offen gelassen.

Nun könnte solches Offen-Lassen ja der Ausdruck einer gleichsam achselzuckend belassenen Unbestimmtheit sein. Es könnte aber auch der Ausdruck der größeren Genauigkeit sein. Eine „unspezifische Genauigkeit" (die Formulierung stammt von der Lyrikerin *Hilde Domin* [aus: *H. D.*, Wozu Lyrik heute. Dichtung und Leser in der gesteuerten Gesellschaft, München 1975, 138ff.]) ist nicht selten Ausdruck einer gegenüber vordergründiger Eindeutigkeit präziseren Wahrnehmung. Um das zu prüfen sollten wir fragen, was es bedeutete, wenn nur die eine oder nur die andere Fassung überliefert wäre. In unverstellt ökonomischer Rationalität gesagt: Welcher Preis wäre für die eine und für die andere Eindeutigkeit zu zahlen?

Der Preis der ersten Variante ist bereits deutlich geworden. Sie mutet zu, Gott als Urheber des Bösen zu verstehen. Aber wie verträgt sich diese Zumutung mit dem Glauben an den gütigen, den „lieben" Gott? In jener alten Geschichte von der Volkszählung nebst ihren Folgen mag das ja noch im archaischen Ton verborgen und in heutiger Wahrnehmung nicht in aller Schärfe offenbar sein. Aber was hieße es solche Rede von Gott zu Ende zu denken? – – – Und Gott reizte Hitler, die Juden zu vernichten ... – – – Dieses schrecklichste aller theologischen Denkspiele muss genannt werden und es muss sogleich abgebrochen werden. Gott als letztlicher Verursacher von „Auschwitz" – ein unerträglicher, ein unsäglicher Gedanke! Die unermessliche Höhe dieses Preises, der für den Glauben an Gottes Allmacht zu entrichten wäre, ist nur zu deutlich. Aber das Erschrecken vor einer solchen Konsequenz darf nicht den Blick trüben für die kaum geringere Problematik der Alternative. Denn wenn Gott mit dem, was in Auschwitz und Birkenau, Belsec und Sobibor, Maidanek und Buchenwald geschah (darf ich trotz aller möglichen Missverständnisse – ohne aufzurechnen oder zu relativieren – hinzufügen: in My Lai und Soweto, in Armenien und Ruanda, in New York und Afghanistan, in Eschede und Erfurt ... im Irak) – wenn Gott mit all dem nichts zu tun hat, wenn all das ohne, ja gegen Gottes Wollen und Tun geschah – wer und was sind dann die Mächte, die größer und stärker sind als die Macht Gottes? Der Teufel, der Mensch, die Verhältnisse? Ist der Preis der Entlastung Gottes wirklich geringer als der seiner Belastung? Ist die Anmaßung von Menschen, Gott zu *ent*schuldigen, nicht mindestens ebenso groß wie die, Gott zu *be*schuldigen? Macht sich nicht in beiden Fällen der Mensch zum Richter über Gottes Tun oder Nicht-Tun? Und wäre es nicht womöglich noch hochmütiger Gott auf unser Plädoyer zu seinen Gunsten angewiesen sein zu lassen?

Meine These lautet: Indem die Bibel beide Möglichkeiten nennt, aber eben nicht dekretiert, welche *die* richtige ist, bewahrt sie die größere Genauigkeit und – das ist mir das Wichtigste – hält an der Frage fest statt sie in die eine oder andere Antwort aufzulösen.

Nun könnte man ja die Rückfrage stellen, warum sich Gott, wenn man das so sagen darf, dieses Problem überhaupt eingehandelt hat. Warum hat er nicht eine Welt erschaffen, in der es Böses nicht gibt? Warum hat er nicht den Menschen allein gut erschaffen? Die Antwort, die Leibnitz gab (der Philosoph, auf den das Wort „Theodizee" zurückgeht), geht in die folgende Richtung: Hätte Gott eine Welt ohne Übel erschaffen, so hätte er sich selbst verdoppeln müssen. Da das nicht in Frage kam, musste er die Welt so erschaffen, wie sie ist und (so Leibnitz weiter): Diese Welt ist die beste aller möglichen Welten. Gäbe es eine bessere, die Gott nicht verdoppelt, so hätte er ohne Zweifel diese erschaffen. Die Antwort des Midrasch rabba zur Genesis ist weniger spekulativ und geht dennoch in ähnliche Richtung. Das Böse nämlich und insbesondere die Tatsache, dass Mensch-Sein die Existenz guter und böser Taten einschließt, ist hier geradezu eine Voraussetzung, die Gott nicht ersonnen hat, sondern die ihm gleichsam im Projekt „Mensch" vorgegeben war.

In der Auslegung von Gen 1,26 („Lasst uns Menschen machen!") ist (neben manchen anderen Deutungen jenes im Wortsinn „merk-würdigen" Plurals) vom Konflikt in Gott selbst die Rede. Ich zitiere einen Ausschnitt aus Bereschit rabba 8,4:

Es sagte R. Berechja: Als Der Heilige, gesegnet Er, kam den ersten Menschen zu erschaffen, sah er: Gerechte und Frevler werden von ihm erstehen. Er sagte: Wenn ich ihn erschaffe, werden Frevler von ihm erstehen, erschaffe ich ihn nicht – wie sollen dann Gerechte von ihm erstehen? Was tat Der Heilige, gesegnet Er? Er spaltete den Weg der Frevler ab vor seinem Angesicht, verband mit sich die Eigenschaft der Barmherzigkeit und schuf ihn, wie es (in Ps 1,6) heißt: ES KENNT JA ADONAJ DEN WEG DER GERECHTEN UND DER WEG DER FREVLER VERLIERT SICH. *Was bedeutet.* VERLIERT SICH? *Er ließ ihn verloren gehen vor seinem Angesicht, verband mit sich die Eigenschaft der Barmherzigkeit und schuf ihn.*

Gott verbindet sich mit seiner Eigenschaft der Barmherzigkeit (in der rabbinischen Schriftlektüre drückt sich diese Verbindung im J-h-w-h geschriebenen Gottesnamen aus, der deshalb von Gen 2,4 an der Gottesbezeichnung Elohim vorangestellt ist). Gott und die Barmherzigkeit (diese beiden also, *eine* Deutung des Plurals „Lasst uns Menschen machen!") schaffen den Menschen. Aber damit das möglich wird, muss Gott (in *dieser* Lesart, der – noch einmal gesagt – im Midrasch zu dieser Stelle viele weitere vorausgehen und folgen) seine andere Eigenschaft (*midda*) für einen Moment geradezu verdrängen (*hiflig*), denn vor der Eigenschaft des Gerichts (*middat-haddin*) könnte der so beschaffene (zu Gutem, aber auch zu Bösem fähige) Mensch nicht bestehen. Gott lässt sich ein auf das Projekt „Mensch", obwohl oder auch weil der so imperfekt ist. (Vielleicht darf man auch das doppelt verstehen, nämlich als imperfekt im Sinne von „nicht perfekt", aber auch im Sinne der Zeitform des Imperfekts, welche im Hebräischen die Zeitform der offenen Zukunft ist.) Dieses Projekt „Mensch" muss Gott (wie der Midrasch wiederum in mehr als einer Variante erzählt) vor den strengen und ihrerseits perfekten Engeln verteidigen, zum Beispiel so, dass er ihnen die böse Seite des Menschen verschweigt. Noch ein kleiner Ausschnitt aus dem Midrasch zu Gen 1,26:

R. Chanina sagte nicht so, sondern: Als er kam den ersten Menschen zu erschaffen, beriet er sich mit den Engeln seines persönlichen Dienstes. Er sagte ihnen: LASST UNS EINEN MENSCHEN MACHEN! Sie sagten ihm: Was ist seine Qualität? Er sagte ihnen: Gerechte werden von ihm erstehen, es heißt ja (in Ps 1,6): ES KENNT JA ADONAJ DEN WEG DER GERECHTEN. Adonaj machte den Engeln seines persönlichen Dienstes den Weg der Gerechten bekannt; (die Fortsetzung:) UND DER WEG DER FREVLER VERLIERT SICH ließ er verloren gehen vor ihnen. Er offenbarte ihnen, dass die Gerechten von ihm erstehen, aber er offenbarte ihnen nicht, dass die Frevler von ihm erstehen. Hätte er ihnen offenbart, dass die Frevler von ihm erstehen, hätte die Eigenschaft des Gerichts es nicht zugelassen, dass er erschaffen werde.

„*Solche Worte*

– so heißt es in Thomas Manns Josephsroman (in der Tb.-Ausgabe Frankfurt a.M. 1967 I, 33) in implizitem, aber deutlichem Bezug auf die betreffende Midraschstelle –

gewähren einen bedeutenden Einblick in die Verhältnisse. Sie lehren vor allem, daß 'Strenge' nicht sowohl Gottes eigene Sache, als vielmehr die seiner Umgebung ist – von der er in einem gewissen, wenn auch natürlich nicht ausschlaggebenden Grade abhängig zu sein scheint, da er es aus Besorgnis, es möchten ihm von dieser Seite Schwierigkeiten gemacht werden, lieber unterließ, ihr über das, was im Werke war, reinen Wein einzuschenken, und nur einiges anzeigte, anderes aber verschwieg."

In einem anderen Zugang des Midrasch zu Gen 1,26f. unterläuft Gott den Diskurs der Engel über die Menschenschöpfung, der in der Nennung der positiven und negativen Seiten zu einem endlosen werden müsste, indem er den Menschen schuf, bevor die Engel ihre Disputation beendeten. Diese – man möchte fast sagen: Komplizenschaft mit jenem durch und durch imperfekten Menschen zeichnet seine Erschaffung in rabbinischer Lektüre geradezu kategorisch aus. Auch an weiteren Stellen weiß die Aggada vom Streit Gottes mit den Engeln zu berichten, in dem es immer wieder um die Frage geht, warum Gott ausgerechnet an dieses Wesen sein Herz hängt. Noch einmal Thomas Mann (ebd. III, 956), der hier von Gott in eigentümlich unpersönlicher Form als „man" spricht (meist Indiz dafür, dass der Autor sich irgendwie selbst meint):

„ ... *schuf sich das offenkundig Prekäre und in Verlegenheit Setzende – an welches man dann, eben weil es eine unleugbare Fehlschöpfung war, in ehrwürdigem Eigensinn noch ganz besonders sein Herz hängte und ihm eine alle Himmel verletzende Angelegentlichkeit zuwandte.*"

Die *theo*-logisch spannendsten Stellen in diesen Lektüren sind jedoch die, in denen ein Konflikt in Gott selbst ins Bild gesetzt ist. Wie gehen Gottes Güte und Gottes Macht, wie gehen Gottes Liebe und Gottes Gerechtigkeit zusammen? Gott kann nicht unbarmherzig sein – Gott kann nicht ungerecht sein. Beides steht für die Rabbinen fest, aber wie kann man beides zusammenhalten, zusammen denken, zusammen glauben?

Gottes Güte und Gottes Macht – es geht um die Problematik des „und", jenes kleinen und womöglich theologisch schwierigsten aller Worte. Jede Auflösung des Widerspruchs, welcher in diesem „und" steckt, wäre eine „Lösung", die ein ebenso großes neues Problem erzeugt. Auf der Ebene der Logik ist das Problem unlösbar. Der griechische Philosoph Epikur hat bereits im 4./3. Jh. v. Chr. das Dilemma beziehungsweise „Tetralemma" auf den Begriff gebracht. Ich gebe Epikurs Argumentation im Kern wieder:

Warum beseitigt Gott die Übel nicht? Es gibt vier Möglichkeiten: Er *will* es, *kann* es aber nicht. Oder er *kann* es, *will* es aber nicht. Oder er *kann* es nicht und *will* es nicht. Oder er *kann* es und er *will* es. Wenn er *will* und nicht *kann*, ist er schwach, was man von Gott nicht sagen darf. Wenn er *kann* und nicht *will*, ist er missgünstig, was man von Gott auch nicht sagen darf. Wenn er nicht *kann* und nicht *will*, ist er schwach und missgünstig, was man erst recht nicht annehmen darf. Wenn er aber *kann* und *will* – warum tut er's nicht?

Auf der Ebene der Logik ist Epikurs Beweisführung kaum zu „knacken". Welchen Weg haben die Theologie und die Frömmigkeit beschritten, um an diesem „Tetralemma" dennoch nicht zu zerbrechen? Es waren vor allem zwei Strategien. Die eine führt gleichsam Epikurs Argumentation noch einen Schritt weiter. Etwa so: Da Gott die Übel beseitigen kann und will, sie aber offenbar nicht beseitigt, folgt zwangsläufig, dass die Übel keine Übel sind. Was *uns* als schreckliches Leid, als unverdientes und unbegreifliches Übel erscheint, ist im Plan *Gottes* kein Übel, sondern Teil des Guten. Wir Menschen können diesen Plan Gottes nicht erkennen, deshalb müssen wir das, was uns als Übel und Leid erscheint, demütig hinnehmen, weil Gott es besser weiß und wir darauf vertrauen dürfen, dass er es gut mit uns meint. Aufs Äußerste verkürzt lautet die Quintessenz dieser Frömmigkeit: „Wer weiß, wozu es gut ist?!" Nun kann ich mir eine Vielzahl von Leid verursachenden anscheinenden beziehungsweise in dieser Deutung eben nur scheinbaren Übeln vorstellen, für die diese Erklärung oder Bewältigung angemessen sein kann. Da stellt sich der Beinbruch am Ende als Segen dar, ließ er doch das Unfallopfer das Flugzeug versäumen, das dann abstürzte. Da begreift jemand erst in einer Krankheit, was in seinem Leben bisher grundfalsch war. Da erweist sich das Scheitern in der Prüfung letztlich als segensreich, weil es gerade noch rechtzeitig verdeutlichte, dass der angestrebte Beruf der falsche gewesen wäre. Da macht – aber von nun an zögere ich schon – das große Unglück klar, dass man die Technik eben nicht im Griff hat und führt endlich zum Umdenken in der Technologie. Da erweist sich Auschwitz zuletzt als Segen – und hier zögere ich nicht mehr, hier hört's für mich schlicht auf. Spätestens (spätestens!) an Auschwitz muss diese Frömmigkeit zerbrochen sein. Es kann keinen Plan Gottes geben, der das als ein nur scheinbares „Übel" erkennen ließe. *Spätestens* hier zeigt sich, dass diese vermeintlich fromme Demut ihrerseits in der Gefahr steht, ins Gegenteil umzuschlagen, nämlich in den Hochmut, Gottes Plan zu kennen. Denn Gottes höherer Ratschluss ist ja nichts anderes in dieser Lehre als das, was ist. „Whatever is, is right" – so heißt es am Ende von Alexanders Pope's „Essay on man". Gott wird identifiziert mit dem, was nun einmal so ist und

– angeblich – so sein muss. Ich jedenfalls kann diese Frömmigkeit nicht teilen.

Bleibt die zweite Spielart: Wenn es die Übel gibt und Gott gut ist, dann müssen die Übel auf eine andere Wirkkraft zurückgehen. Hier beginnt, wie wir bereits sahen, die Karriere des Teufels. Nun hat diese Erklärungsstrategie ebenfalls, vorsichtig ausgedrückt, den bereits genannten Haken. Denn je entschiedener Gott „gut" sein soll, desto mächtiger wird der Teufel. Zuende gedacht kommt jene Spielart der Theodizee heraus, von der Philosoph Odo Marquard (Stendhals Satz zitierend: „Die einzige Entschuldigung für Gott ist, dass es ihn nicht gibt") sagt, es sei ein „Atheismus ad maiorem Dei gloriam". Am Ende bleibt (von Marquard auf den Punkt gebracht) das Fazit: „Theodizee gelungen, Gott tot".

Was bleibt? Jeder Versuch, auf die Theodizeefrage eine *Antwort* zu geben, endete in Blindheit oder in Zynismus. Aber nichts berechtigt uns, deshalb die *Frage* aufzugeben. Denn wenn die Theologie diese Frage nicht weiter stellt – als Frage an *Gott* –, dann würden andere Antwortinstanzen das Feld erobern: der Mensch, die Verhältnisse, die Geschichte, die Gene ... An die Stelle der Theodizee tritt dann die *Anthropo*dizee, die *Historio*dizee, die *Bio*dizee oder was es noch an solchen -dizeen geben mag. Die Aufgabe der Theologie ist es, die Frage als Frage wach zu halten, allein von Gott Antwort zu erwarten, statt an Stelle Gottes Antworten zu produzieren und nicht zuletzt: Anderen Instanzen das Recht zu bestreiten, sich an Gottes Stelle zu setzen. Die größte Verführung für die Theologie wäre dabei die, sich selbst für die Antwortinstanz zu erklären, statt an der Frage festzuhalten.

Ein an der Bibel sich orientierender theologischer Umgang mit der Theodizeefrage hielte also den Widerspruch fest gegen jede Weise seiner als Lösung ausgegebenen Auflösung. Nicht in der Lösung der Frage läge ihre Kraft, sondern eben im Beharren auf dem Widerspruch gegen alle Lösungen vor dem Jüngsten Tage, wenn die Antwort in welcher Form auch immer von Gott selbst gegeben wird. Es gibt kein Geschehen, welches nicht auf Gott zurückgeht. Das ist der eine Satz, an dem in seiner Gänze festzuhalten ist. Der Glaube an Gott als Herrn allen Geschehens darf dabei die dunklen Seiten des Lebens nicht ausblenden müssen – und mithin ebenso wenig die „Die dunklen Seiten Gottes" (so der Titel des zweibändigen Werks von Walter Dietrich und Christian Link). Wir dürfen auf Gottes Güte und Barmherzigkeit vertrauen. Das ist der andere Satz, an dem festzuhalten ist. Dabei darf im Glauben an Gottes Güte nicht die Wahrnehmung der Wirklichkeit zuschanden gehen. Wie kann man (und Frau) glauben *und* die Augen aufmachen? Wie kann man sehen, was ist, ohne die Wirklichkeit einer zur Ideologie werdenden Theorie zu opfern oder das, was ist, mit dem zu verwechseln, was nun einmal so sein müsse?

Es mag ein wenig deutlicher geworden sein, warum an der *theo*-logischen Frage nach dem Bösen festzuhalten ist, als Frage gegen alle Antworten. Ich möchte Ihnen nun noch von einigen Formen erzählen, in der diese Frage in der Bibel zum Thema wird. Wenn ich sage, ich wolle davon erzählen, dann möchte ich die darin aufblitzende „narrative Dogmatik" stark machen.

„Wovon man nicht reden kann, darüber muß man schweigen." Wenn ich mich richtig erinnere, war es Adolf Muschg, der (in seinen Frankfurter Poetikvorlesungen?) auf eine Variante dieses Schluss-Satzes von Wittgensteins „Traktat" aufmerksam gemacht hat, nämlich (abermals muss ich mich auf meine Erinnerung verlassen) auf einen Spruch der Tuareg. Er lautet: „Wovon man nicht reden kann, darüber muß man erzählen".

Beispiele biblischer „narrativer Dogmatik" also, wobei sich solches „Erzählen" nicht allein auf Erzähltexte im engeren Sinne bezieht. Gewiss wäre deshalb bei diesem Thema viel von Hiob zu erzählen. In jenen nicht zuletzt durch die Aufnahme in Goethes „Faust" berühmt gewordenen „Himmelsszenen" ist es der Satan, der Hiob seiner Kinder und seiner Habe beraubt, ihn mit bösem Geschwür schlägt, um in einem „Menschenversuch" zu erproben, ob Hiob auch dann noch an Gott festhält oder seine Frömmigkeit sich als ein Tauschgeschäft mit Gott entpuppt. Hiob tauscht, so der Argwohn des Satans, Frömmigkeit für Wohlergehen ein und Gott – nicht minder ökonomisch-rational – garantiert Hiobs Wohlergehen und erhält dafür dessen fromme Verehrung. Für den bösen Versuch an und mit Hiob scheint der Satan zuständig zu sein. Auf den ersten Blick sieht das so aus wie eine Spielart der Aufteilung der Welt in den guten Bereich Gottes und den bösen des Satans. Aber dann heißt es in Hiob 2,3 in aller Deutlichkeit, der Satan habe Gott gereizt, Hiob dieses Böse anzutun. Gott selbst also ist und bleibt Herr des Geschehens, *er* handelt so böse an Hiob und nur als sein Instrument der Satan. Eine Lektüre des Hiobbuches, nach der der Satan Hiob habe verderben wollen, Gott ihn jedoch am Ende wiederhergestellt habe, ginge fehl. Und so kann es in Hiob 9 in einer an Schärfe kaum zu übertreffenden Klage vor und Anklage an Gott heißen, er müsse es dann ja wohl sein, der die Erde den Verbrechern anheim gegeben habe, wenn nicht selbst ein Verbrecher zu sein und (Hi 9,24) „Wenn nicht er, wer dann?"

Geht es am Beginn des Hiobbuches um die Rollenverteilung zwischen Gott und Satan, so geht es im Exodusbuch um die Rollenverteilung zwischen Gott und Mensch. (Noch einmal erinnere ich an Margot Käßmanns Satz: „Das hat nicht Gott getan, das haben Menschen getan.") Sie erinnern sich vermutlich an die Situation, die dem Exodus vorausgeht. Gott hatte den Mose berufen, damit der das Volk Israel aus dem ägyptischen Sklavenhaus heraus führe. Es kommt zu gewaltigen Kämpfen zwischen Mose und Pharao (man kann auch verstehen: zwischen Israels Gott und dem Gott Ägyptens). Zunächst geht alles schief. Pharao reagiert auf die Bitte des Mose das Volk ziehen zu lassen, mit der Verschärfung der Lebens- und Arbeitsbedingungen. Die Normen werden hoch gesetzt; die Zwangsarbeiter müssen nun den für das Ziegelbrennen nötigen Häcksel selbst besorgen, ohne dass die geforderten Stückzahlen vermindert werden. Die Wut des Volkes richtet sich nicht vor allem auf Pharao, sondern auf Mose, der alles nur noch schlimmer gemacht habe. Und Mose richtet sich an Gott mit dem Satz (Ex 5,22): „Warum handelst du böse an deinem Volk?!" Platt gefragt: Wer ist schuld? Mose, Pharao, Gott?

Der Täter ist Pharao. Aber kann denn Pharao für sein Tun verantwortlich gemacht werden, wo doch an mehreren Stellen ausdrücklich gesagt wird, Gott selbst habe das Herz Pharaos verfestigt, hart gemacht, verstockt. Wieder die Frage, die wir schon kennen: Was ist das für ein Gott, der einen Menschen für das bestraft, was er selbst in ihm, an ihm, mit ihm bewirkt hat?

Von Pharaos hartem, verhärtetem, verfestigtem, schwerfälligem, verstocktem Herzen ist in der Exodusgeschichte mit Hilfe einer ganzen Reihe von Formulierungen die Rede. Für alle zeigt sich, dass sich neben der Aussage, *Gott* habe Pharaos Herz verstockt, hart, verfestigt gemacht, die

Aussage findet, *Pharao selbst* habe sein Herz verstockt, hart, verfestigt, schwerfällig, verstockt gemacht (Ex 7,13.22; 8,15; 9,35). In den gesamten Aussagen über Pharaos *Herz* finden sich drei Varianten (*Gott* hat Pharaos Herz verstockt / Pharao hat sein Herz *selbst* verstockt / Pharaos Herz *ist* verstockt). An manchen Stellen stoßen zwei oder drei Aussagen hart aneinander.

Zeigt sich in diesem Nebeneinander eine Ungereimtheit, ein logischer Widerspruch? Sind es zwei oder gar drei Lösungsangebote desselben Problems? Sind die gegenläufigen Antworten auf unterschiedliche literarische Schichten oder Quellen zu verteilen? Letzteres ist, wie eine genauere Analyse zeigen kann, nicht der Fall. Es handelt sich also nicht um ein literar(krit)isch (auf)zulösendes Problem, sondern um ein inhaltliches. Die Überlieferung *will* beide Betrachtungsweisen präsentieren. Aber sind es unterschiedliche Betrachtungsweisen, so dass man sich letztlich für eine entscheiden müsste? Oder handelt es sich um unterschiedliche Aspekte ein und desselben Geschehens oder Zustands?

Für die neuzeitliche Lektüre können zwischen den unterschiedlichen Aussagen Welten liegen. Denn an der Frage, ob Pharao ein Objekt des Handelns Gottes sei oder ob er als eigenverantwortliches, autonomes Subjekt handelt, hängt die Frage seiner Verantwortlichkeit und damit die nach der Billigkeit seiner Bestrafung. *Nemo obligatur ultra posse*, lautet schon der alte römische Rechtssatz, und so wäre Pharao, stellte sich seine eingeschränkte oder gar gänzlich ausgeschaltete Handlungsfähigkeit heraus, sowohl in juristischem als dann auch in moralischem Sinne frei zu sprechen. Jedenfalls bliebe es schwer einzusehen, warum Gott einerseits Pharao (und mit ihm in den ägyptischen Plagen sein ganzes Volk) bestraft, andererseits für sich selbst beansprucht, um Pharaos verstocktes Herz nicht nur schon vorher zu wissen, sondern diese Verstockung selbst bewirkt zu haben. Man wird dann weiter fragen: Wenn schon Pharao die Willensfreiheit bestritten wird, wie kann sie dann für die vielen weit weniger autonomen und autokratischen Menschen beansprucht werden, für die vielen, die sich bekanntlich als „kleine Rädchen" bezeichneten und bezeichnen? Aber hat die Sistierung der Verantwortlichkeit von Menschen für ihr eigenes Tun und deren Folgen nicht einen ungeheuren Preis?

Ich möchte mich diesem Problembündel nähern, indem ich die Frage formuliere, ob die biblische Erfahrungs- und Deutungsebene vor gegenwärtigen Erfahrungen und Deutungen standhält, aber ebenso die umgekehrte Frage, nämlich die, ob die gegenwärtige Erfahrungs- und Deutungsebene – vor allem das Postulat der Willensfreiheit – vor den Erfahrungen und Deutungen der biblischen Erzählung standhält. Dabei ist die Rede von den *gegenwärtigen* Erfahrungs- und Deutungsmustern viel zu undifferenziert. Denn gegenüber früheren religiösen Deutungssystemen (in denen etwa das Handeln von Menschen von guten oder bösen Mächten bestimmt schien, die von ihnen Besitz ergriffen hatten) ist einerseits die Bedeutung des menschlichen Subjekts und seiner Verantwortlichkeit gestiegen, andererseits und geradezu gegenläufig erscheint das Handeln von Menschen durch sehr viel mehr Umstände konditioniert als es die alten Deutungen vorsahen. Ganze Wissenschaftszweige widmen sich vor allem den historischen, ökonomischen, psychischen, kulturellen, genetischen Bedingungen des Handelns von Menschen und Gruppen. So ist es in gewisser Weise viel schwerer geworden, „ich" zu sagen (oder zu sagen, was jenes „ich" sei).

Mit guten Gründen wird man trotz oder gerade wegen dieser vielfältigen Konditionierungen (und, wo möglich, gegen sie) an der Freiheit und der Verantwortlichkeit von Menschen *als Postulat* festhalten müssen. Im Dilemma zwischen dem Postulat der Verantwortlichkeit eines Menschen und der Analyse der Verhältnisse, die ihn zu dem gemacht haben, was er oder sie ist oder tut, bietet sich – darum geht es mir bei diesem Blick auf die Aussagen über Pharaos Herz – die altmodisch klingende „Verstockung" als überraschend geeignete analytische Kategorie an.

Denn die Aussage über Pharaos Verstockung sperrt sich gerade der Alternative „selbstverschuldet" *oder* „konditioniert", „aktiv" *oder* „passiv". Darin liegt kein begrifflicher Mangel, sondern eine analytisch notwendige Unschärfe. Pharaos Verstockung bedeutet ja nicht einfach: Pharao *will* die Israelitinnen und Israeliten nicht freilassen, sondern auch: Pharao *kann* die Freilassung der Sklavinnen und Sklaven nicht wollen. Pharao ist Person und Rollenträger. Seine Rolle verstellt seine Wahrnehmungsfähigkeit, sie macht den vermeintlichen Herrn zum Knecht seiner Funktion und den vermeintlichen Akteur zum Gefangenen seiner Ideologie. Die Härte seines Herzens ist Ausdruck seiner konsequenten Eingebundenheit in die ihm vorgegebene Rolle.

Wie kann man Pharaos Tun beurteilen? Rasch zeigt sich, dass ein moralisches Urteil leicht fehl ginge (als ob die Sklavenhalter, Machthaber und Nutznießer von Gewaltverhältnissen einfach böse Menschen wären ...). Spätestens bei der Frage nach den Nutznießerinnen und Nutznießern der gegenwärtigen mit Macht und auch mit Gewalt aufrecht erhaltenen ungerechten Weltwirtschaftslage werden wir für uns selbst vermutlich ein individualistisch-moralistisches Urteil ablehnen. Aber ebenso zu kurz griffe der umgekehrte bloße Verweis auf die Verhältnisse, auf die Eigengesetzlichkeiten von Strukturen und Sachzwängen (als ob es keine Chancen gäbe, solche Strukturen zu ändern ...). Jenseits der Alternative zwischen Moralismus und Systemtheorie sind in der Kategorie der Verstockung das Verhalten und seine Bedingungen, der Wille und seine Konditionierungen, die Freiheit und ihre Grenzen einbegriffen.

Das Tun des Lebensfeindlichen und heute ebenso das Unterlassen des Notwendigen, das mich als Menschen der „ersten Welt" kennzeichnet, ist Tun und Unterlassen wider besseres Wissen. Ich weiß, dass mein Verhalten gegenüber den armen Ländern der Erde und gegenüber der Erde selbst und ihren Ressourcen nicht so weiter gehen darf, ja, auf Dauer nicht einmal so weiter gehen kann – und doch geht es so weiter. Dieses „So-weiter-Gehen" ist Ausdruck vielfältiger Verstockung. Verstockung ist Tun wider besseres Wissen, falsches Wissen wider besseres Wissen-Können.

Nun liegt aber alles daran, die analytische Kategorie der Verstockung nicht mit deren Akzeptanz zu verwechseln und zu erklären, dass es nun einmal so sei. Aus der Beschreibung darf keine normative Faktizität werden. Auch deshalb muss Pharao für sein verstocktes Herz verantwortlich gemacht werden. Von „Verstockung" zu reden und dieses altmodisch-biblische Wort als analytische Kategorie stark zu machen, beantwortet das Problem nicht. Aber es hilft, es recht wahr zu nehmen. Pharao selbst handelt und es wird an ihm gehandelt. Er ist Subjekt und Objekt seines Tuns. Die anscheinend ungenaue biblische Beschreibung in ihrem scheinbar ungeordneten Durcheinander der unterschiedlichen Verursacher des verstockten Herzens Pharaos erweist sich gerade in ihrer Unschärfe als überraschend präzise. Wer hat Pharaos Herz verstockt? Gott oder Pharao selbst? Nur das „oder" ist falsch. Und so wäre die (noch einmal in den Blick zu nehmende) Antwort von Margot Käßmann in einem entscheidenden Punkt zu korrigieren. Nicht „Das hat nicht Gott getan, das haben Menschen getan" wäre (von dieser biblischen Geschichte her) zu sagen, sondern: „Das hat Gott getan. Das haben Menschen getan." Darum ein weiteres Mal das Diktum des Rabbi Akiva: „Alles ist vorhergesehen und die freie Wahl ist gegeben." Die Vorsehung Gottes suspendiert nicht die ethische Verantwortung von Menschen.

Gott und Satan, Gott und Menschen – in beiden Fällen hält die Bibel daran fest, dass es mehr als *eine* Antwort geben kann, dass aber *eine* Antwort nicht zugelassen wird, nämlich die, zwischen je beiden Subjekten so zu unterscheiden, dass nur je das eine in der Verantwortung bleibt. Neben dieser präzisen Unschärfe bleibt – christlicher Frömmigkeit oft verborgen, beim Lesen der Bibel dafür für viele umso erschreckender – die gar nicht seltene ganz offene Bekundung, Gott tue Böses. Diese Form von Gott zu reden hat jedoch in der Bibel eine komplementäre Redeweise, die ebenso christlicher Frömmigkeit oft verborgen bleibt, beim Lesen der Bibel dafür für viele umso verstörender wirkt. Ich meine die Rede von Gottes Reue. Es ist aufschlussreich, dass die biblische Rede von der Reue Gottes so gut wie keine Aufnahme in die Dogmatik gefunden hat. Zu sehr scheint sie dem Bekenntnis zu Gottes Allmacht zu widersprechen. Und auch zu der von manchen Theologinnen und Theologen im Nachdenken über die angesichts des Stichwortes „Auschwitz" unsäglich gewordene Rede von Gottes Allmacht umgekehrt formulierten Rede von Gottes Ohnmacht (ich nenne die gewichtigen Namen Dietrich Bonhoeffer, Hans Jonas, Dorothee Sölle) verhält sich die Rede von Gottes Reue merkwürdig disparat, um nicht zu sagen störend. Ich will das ein wenig erläutern.

„Und es sah Adonaj (Gott), ja es war die Schlechtigkeit des Menschen gekommen auf die Erde, und alles Vorhaben und Planen seines Herzens war nur schlecht alle Tage", lesen wir in Gen 6,5 – und dann in V.6: „Da gereute es Adonaj, den Menschen auf der Erde gemacht zu haben, und Gott betrübte sich im Herzen." Und so vernichtet Gott die ganze verdorbene Menschheit samt den Tieren bis auf Noah und die Seinen und Tierpaare je einer Gattung. Aber dann – noch ehe die „neue Menschheit" irgendetwas tat – sagt die Gottheit, wie wenn sie die Reue reute, zu, die Erde zu erhalten, obwohl der Mensch ist, wie er ist, nämlich (in *fast* wortgleicher Wiederholung von 6,5 in 8,21) in seinem Planen und Tun „böse von Jugend an".

Was meint das Wort „Reue", was bedeutet Gottes Reue? Das hebräische Wort bezeichnet in der Grundform so etwas wie ein tief emotionales Atmen. In einer reflexiven Aktionsart (Nif'al) bedeutet es so etwas wie „aufseufzen" und so „sich etwas gereuen lassen". In einer anderen Aktionsart (Pi'el) bedeutet dasselbe Verb übrigens „trösten", hier ist die körperliche Bedeutung: jemanden zum Aufatmen bringen. Aber die Reue ist im biblischen Sprachgebrauch nicht nur ein Gefühl, verharrt nicht in der Zerknirschung, sondern schließt die aktive Veränderung des Tuns ein. Reue ist also auch die Abkehr von einem als falsch erkannten Tun und die Zuwendung zu einem nun anderen Tun. Wenn in der Bibel von Gottes Reue die Rede sein kann, dann schließt das ein, dass Gott ein eigenes Tun als falsch ansehen, dass Gott die Änderung des eigenen Tuns für notwendig halten kann.

Was aber der Änderung bedarf, kann nicht perfekt sein, wer solcher Reue bedürftig ist, kann nicht „allmächtig" sein. Es sei denn, mit der Rede von der „Allmacht" wäre eben gemeint, souverän auch gegenüber den eigenen Ankündigungen zu sein, ja souverän noch im Zugestehen der Fehlerhaftigkeit und der Widersprüchlichkeit des eigenen Tuns. Allmacht ist dann keine Omnipotenz eines Supermannes, sondern die Macht noch über die Macht, die Stärke, die Fähigkeit der Reue einschließt.

Die biblische Rede von der Reue Gottes verhält sich kritisch nicht nur gegenüber der landläufig verstandenen Allmachtskategorie, sondern ebenso gegenüber dem üblichen Verständnis von Ohnmacht. Auch dafür ein biblisches Beispiel:

Gott hatte seinen Propheten Jona den Untergang der bösen Stadt Ninive ansagen lassen – ohne jedes „wenn und aber". Die Untergangsansage, die keinen Raum zur Abwendung zuließ, öffnete dennoch (oder deshalb?) die konkrete Umkehr der Niniviten, die von ihrem bösen Tun abließen und Buße taten. Auf die Umkehr der Niniviten hin kehrt auch Gott um, soll sagen: Die Gottheit kehrt sich ab von ihrer Untergangsdrohung. Wieder macht Gott sich nicht zum Sklaven seiner eigenen Drohung. Ich zitiere aus Jona 3,8-10 – da heißt es am Ende des Befehls des ninivitischen Königs:

... und ein jeder kehre um von seinem bösen Wege und von der Gewalt, die an ihren Händen ist. Vielleicht (wer weiß) kehrt die Gottheit um und lässt es sich gereuen, und sie wendet sich ab von ihrem grimmigen Wutschnauben, und wir gehen nicht zugrunde!?" Und es sah die Gottheit ihr Tun: Sie waren ja umgekehrt von ihren bösen Wegen, und die Gottheit ließ es sich gereuen wegen des Bösen, dass sie angesagt hatte, ihnen anzutun, und sie tat es nicht.

Gott kehrt um, nachdem und weil Ninive umkehrt. Gott macht sich im eigenen Tun abhängig vom Tun der Niniviten. Beides ist nicht das Tun eines allmächtigen, eines omnipotenten Herrschers. Gottes Reue und Gottes Macht realisieren sich als Verzicht darauf, die Drohung in die Tat umzusetzen, beim einmal gefassten Beschluss zu verharren und so Macht zu zeigen, zeigen zu müssen. Diese Reue ist Ausweis der Liebe und des Verzeihens, der ungeheuren Fähigkeit, Schuld zu tragen und hinweg zu tragen. Aber eines ist diese Reue, diese Liebe, diese Langmütigkeit und die Nachsicht ganz gewiss nicht: Ausweis von *Ohnmacht*.

Die Rede von der Allmacht Gottes kann nur dann einen Sinn haben, wenn wir damit keine logische Kategorie meinen (die rasch der Kritik aller All-Quantoren verfiele) und keine physikalische Kraft (die als Allkraft ohne Gegenkraft keine unermesslich große, sondern eine leere Kraft wäre), sondern allein, wenn wir damit meinen, dass Gottes Macht mit keiner sonst erfahrbaren Macht vergleichbar ist. Aber wo war diese Macht Gottes in Auschwitz?

Es gibt Antwort*versuche*. Mehr kann es nicht geben. Und deshalb muss es wohl auch *mehrere* Antworten geben. Manche Stimmen können angesichts dieses Geschehens die Allmacht Gottes nicht denken und betonen stattdessen (ich habe das schon erwähnt) die Ohnmacht Gottes: Gott hat sich identifiziert mit den Opfern, den Leidenden, den Ermordeten. Aber muss man dann nicht so weit gehen zu denken, dass Gott selbst an diesen Orten ermordet wurde? Gott ist – spätestens seit „Auschwitz", vielleicht schon viel länger – tot, sagen manche, und – wenn es jüdische Stimmen sind – bleiben ihnen trotzdem und deshalb die Gebote, die Gott den Menschen in ihre Obhut gegeben hat. Eine weitere Form eines „Atheismus ad maiorem Dei gloriam"? Ein möglicher, ein notwendiger und doch auch ein beklemmender Gedanke. Denn wenn etwas in Auschwitz endgültig zerbrochen ist, dann ist es der Glaube an die Vernunft, die Freiheit, die Autonomie, ja die Menschlichkeit des *Menschen*.

Das *Böse* gibt es, das ist ja auch eine der grundsätzlichen Denkmöglichkeiten, weil Gott den Menschen die Freiheit gegeben hat und so auch die Freiheit Böses zu tun. Aber wenn in Auschwitz der Gottesgedanke gestorben ist, dann das „Projekt: Mensch" allemale. Nein, ich mag dieser Konsequenz bei größtem Respekt vor denen, die sich zu keiner anderen Antwort mehr verstehen können, nicht zustimmen. Wenn es Menschen (deutschen Menschen) gelungen wäre, in Auschwitz Gott zu töten, dann hätten sich diese Menschen an Gottes Stelle gesetzt, und das will, das darf, das kann ich nicht denken.

Vor allem deshalb – weil ich die Vergottung des Menschen nicht will – kann ich Gott nicht entlassen aus der Frage: Wie konntest, wie kannst du das zulassen?! Ich stelle diese Frage – mit Hiob – an Gott selbst. Wenn er der Herr der Wirklichkeit ist, dann ist er der Herr der ganzen Wirklichkeit und darum wäre jede *Entlastung* Gottes letztlich gleichbedeutend mit seiner *Entlassung*. Die Frage ist zugleich eine Klage, eine Klage vor Gott, ja – auch dafür steht Hiob – eine Anklage Gottes.

Antwort kann es nur von Gott selbst geben. Darauf zu bestehen ist dann das Entscheidende der Theodizeefrage überhaupt. Sie als *Theo*dizeefrage, das heißt, als Frage an Gott zu stellen und allein von Gott Antwort zu erwarten, bestreitet jeder anderen möglichen Instanz das Recht, diese Frage zu beantworten oder sie zu beseitigen. Die Aufgabe der Theologie besteht darin, diese Frage wach zu halten und sie als Frage an Gott wach zu halten. Gefährlich wäre es, wenn die Theologie selbst sich zur Antwortinstanz aufspielte, wenn sie sich erdreistete, an Gottes Stelle zu antworten. Es geht darum, an der Frage fest zu halten – gegen die vielen Antworten.

Aus der Bibel lerne ich das Recht und die Würde der Klage, der Klage vor Gott, ja, der Anklage Gottes. Jede noch so dreiste Frage *an* Gott – wie die Hiobs – kommt am Ende besser zu stehen als jedes noch so korrekte Reden *über* Gott – wie das der Freunde Hiobs. Und noch etwas lerne ich aus der Bibel: Da gibt es die Rede von der *Reue Gottes*. Die Rede von der Reue Gottes scheint mir zu den Begriffen „Allmacht" und Ohnmacht" quer zu stehen. Reue ist in der Bibel nicht nur ein Gefühl, sondern der Grund, das eigene Tun fortan konkret zu ändern. Wer das tun *muss*, kann nicht allmächtig sein; wer das tun *kann*, kann nicht ohnmächtig sein.

Gott hat noch nicht das letzte Wort gesprochen. Die Welt bedarf der Erlösung, auf die die Menschen mit aller Kreatur harren. Wir dürfen hoffen, dass am Ende alles gut wird, aber das schließt weder aus, dass da tiefe Narben bleiben, noch, dass es womöglich auch dann ein Wort über die Reue Gottes gibt. In diesen Dingen gibt es auch in der Bibel keine Lehrsätze, sondern nur Bilder und Gleichnisse.

Was hier und jetzt bleibt, ist die Klage. Sie fragt zuletzt nicht nach dem „warum", sondern danach, wie lange noch es so sein soll, dass die schöne und wunderbare Welt Gottes zugleich die schreckenserfüllte und furchtbare Welt ist. Wie lange noch das Grauen, das Morden, die Gewalt? Nicht darauf geht meine Hoffnung, dass da einer erklärt, *warum* das alles so sei, oder gar, dass das alles so sein *müsse*, sondern darauf, dass es endlich aufhört.

Mit weitem Raum hat Gott geantwortet.*
Bibelarbeit über Psalm 118

Psalm 118 in der „Kirchentagsübersetzung"

1   Dankt Adonaj: So ist es gut
                        Gottes Freundschaft ist von Dauer.
2   Israel soll sagen:
                        Gottes Freundschaft ist von Dauer.
3   Das Haus Aaron soll sagen:
                        Gottes Freundschaft ist von Dauer.
4   Die Adonaj Ergebenen sollen sagen:
                        Gottes Freundschaft ist von Dauer.
5   Aus der Enge rief ich Gott,
mit weitem Raum hat Jah geantwortet.
6   Adonaj ist für mich. Ich fürchte mich nicht.
Was kann ein Mensch mir tun?!
7   Adonaj ist für mich, bei denen, die mir helfen.
So kann ich ansehen, die mich hassen.
8   Besser sich bergen bei Adonaj
als sich bei Menschen zu sichern.
9   Besser sich bergen bei Adonaj
als sich bei Großen zu sichern.
10 Alle Völker umringten mich.
Mit dem Namen Adonaj – so kann ich ihnen widerstehen;
11 sie umkreisten, ja umringten mich.
Mit dem Namen Adonaj – so kann ich ihnen widerstehen;
12 sie umkreisten mich wie Bienen, verschwelen wie Feuer.
Mit dem Namen Adonaj – so kann ich ihnen widerstehen.

---

*Bibelarbeit auf dem Deutschen Evangelischen Kirchentag 2001 in Frankfurt am Main

13 Heftig hast du mich gestoßen. Aber Adonaj half mir.
14 Meine Kraft und mein Gesang ist Jah.
    Jah wurde mir zur Befreiung.
15 Der Lärm von Jubel und Befreiung ist in den Zelten der Gerechten:
    Die starke Hand Adonajs – sie handelt mächtig.
16 Die starke Hand Adonajs – sie ist erhoben.
    Die starke Hand Adonajs – sie handelt mächtig.
17 Ich sterbe nicht, sondern lebe und erzähle die Taten Jahs.
18 Hart hat Jah mich angefasst,
    dem Tode hat Jah mich nicht übergeben.
19 Öffnet mir die Tore der Gerechtigkeit.
    Ich will hineingehen und Jah danken.
20 Dies ist das Tor zu Adonaj. Gerechte gehen hinein.
21 Ich danke dir: Du hast mir geantwortet
    und wurdest mir zur Befreiung.
22 Ein Stein, den die Bauleute für untauglich hielten,
    wurde zu einem tragenden Eckstein.
23 Von Adonaj her geschah dies.
    Es ist wunderbar in unseren Augen.
24 Dies ist der Tag, da Adonaj es getan.
    Wir wollen jubeln und uns daran freuen.
25 Bitte, Adonaj, befreie doch. Bitte, Adonaj, lass es gelingen.
26 Gesegnet, wer eintritt, mit dem Namen Adonaj.
    Wir segnen euch vom Tempel Adonajs her.
27 Adonaj ist Gott und gibt uns Licht.
    Am Fest der Laubhütten lasst die Zweige reichen bis an die Hörner des Altars.
28 Mein Gott bist Du. So danke ich dir.
    Mein Gott, ich erhebe Dich.
29 Dankt Adonaj: So ist es gut.
    Gottes Freundschaft ist von Dauer.

1. David konnte die Psalmen verfassen und was kann ich? Ich kann die Psalmen sagen.

Diesen ebenso bescheidenen wie selbstbewussten Satz sagte vor ungefähr 200 Jahren der chassidische Rabbi Uri aus Strzeliska in Galizien, der den Beinamen „der Seraf" trug, der brennende Engel. Rabbi Uri konnte diesen Satz verfassen und was kann *ich*? Ich kann ihn sagen. Nun ist der 118. Psalm in der Bibel nicht (wie viele andere) in der Überschrift auf David zurückgeführt. Ein Davidpsalm aber ist der 31., dem die Kirchentagslosung entnommen ist, die auch im Psalm für unsere heutige Bibelarbeit anklingt. Die Frage, ob und wie weit sich diese Verfasserschaft historisch halten lässt, steht auf einem anderen Blatt; in der Tradition sind die Psalmen insgesamt mit David verbunden worden.

David konnte die Psalmen verfassen und was kann ich? Ich kann die Psalmen sagen. Aber kann *ich* das so sagen, wie es der Rabbi Uri sagen konnte, wenn er sich die Worte Davids lieh und sie so auch zu *seinen* Worten machte?

Sie kennen, liebe Zuhörende, die Bibelausgaben, die allein das Neue Testament und die Psalmen enthalten, wie wenn diese zum Neuen Testament gehörten. Psalmen spielen eine große Rolle in unseren christlichen Gottesdiensten. Wir singen und sagen sie, wie wenn sie wie selbstverständlich christliche Worte wären. Für diesen Kirchentag haben wir zum ersten Mal einen besonderen Kirchentagspsalm ausgewählt, Psalm 126, der auf seine Weise die Kirchentagslosung zur Sprache bringt und der in vielfacher Weise zur liturgischen Gestaltung des Kirchentags gehören wird. Psalmen haben auch bei früheren Kirchentagen eine Rolle gespielt. Mehrfach waren sie Bibelarbeitstexte, zuletzt der große Schöpfungspsalm 104 in Hamburg und davor der 90. Psalm in Berlin. Nicht nur die Losung für diesen Frankfurter Kirchentag hat ihren biblischen Ort in Psalm 31, die Losung des Berliner Kirchentags („Unsere Zeit in Gottes Händen") nahm auf ihre Weise einen anderen Vers desselben Psalms auf. Psalmen haben einen festen Ort in der christlichen Frömmigkeitspraxis. Ist das so selbstverständlich? Eine kleine Hinzufügung macht das Problem deutlicher: *Israels* Psalmen haben einen festen Ort in der christlichen Frömmigkeitspraxis. Und nun frage ich noch einmal: Ist das so selbstverständlich?

Menschen Israels konnten die Psalmen verfassen und was kann ich? Ich kann die Psalmen sagen. Aber sind es dann die Psalmen Israels, die ich sage? Wenn der Rabbi Uri, wenn Jüdinnen und Juden in Gebeten und Gottesdiensten Psalmen sagen – wir werden noch sehen, welche besondere Bedeutung gerade der 118. Psalm dabei hat –, dann nehmen sie David und den anderen Psalmendichterinnen und -dichtern nichts weg. Im Gegenteil: Sie stellen sich in die lange Kette der jüdischen Beterinnen und Beter der Psalmen. Die Worte der Psalmen sind angereichert vom Loben und Danken der Kette der Generationen Israels. Sie sind abgewaschen von ihren Tränen und ausgeleuchtet von ihren Gedanken und Hoffnungen. Und so ist jede jüdische Beterin, jeder jüdische Beter und vor allem ihre Gemeinschaft die „gerettete Zunge" Davids und der anderen, die diese Psalmen zuerst beteten.

Beten heißt Macht abgeben. Deshalb ist es gerade beim Gebet etwas ganz Richtiges, wenn wir uns Worte leihen, Worte, mit denen die, die vor uns waren und ohne die wir nicht wären, ihr Lob und ihren Dank, ihre Bitten und ihre Klagen vor Gott brachten. Wie selbstverständlich habe ich gerade eben „wir" gesagt. Aber eben dieses „wir" ist so selbstverständlich nicht. Wollen denn „wir" durch die Tore des Tempels gehen, wie es die Beterinnen und Beter in Psalm 118 tun wollen? Hat denn „uns" Gottes starker Arm aus Ägypten befreit? Die Erinnerung an den machtvollen Exodus aus dem Sklavenhaus klingt in der Mitte des Psalms an, ja der 118. Psalm ist geradezu lesbar als Vergegenwärtigung und Verwirklichung dieses Befreiungsgeschehens in Recht und Gerechtigkeit und im Fest. Feiern denn „wir" das Sukkotfest, das Laubhüttenfest, das am Ende des Psalms ins Bild kommt? Gehören denn „wir" zu Israel oder gar zum „Haus Aarons"? Das sind die beiden ersten Gruppen, die am Beginn des Psalms zu Lob, Dank und Bekenntnis aufgerufen werden. Sind denn „wir" es, die mit einem Vers des Psalms sagen können: „Alle Völker umringten mich"? Gehören wir denn nicht eher zu den Völkern, die die Beterinnen und Beter des Psalms umringten und umringen, deutlicher noch: zu denen, *gegen* die Israels Gott im jüdischen Gebet angerufen wurde und wird?

Die Frage, ob ich die Psalmen Israels sagen kann, wird zur konkreten Anfrage bei diesem Psalm, wenn ich nur wenige seiner Verse aus dem

Allgemein-Vertrauten kirchlicher Gebetssprache in die konkreten Erfahrungen zurückzuführen versuche, die sich in seinen einzelnen Versen und Worten aussprechen. Gewiss stellt sich die Frage ganz grundsätzlich, ob und wie „wir" Worte und Texte des Alten Testaments sagen können, wenn wir sie als Worte und Texte der hebräischen Bibel *wahr* nehmen. Aber ich will diese Frage heute im Gegenüber zu unserem konkreten Bibelarbeitstext, zum 118. Psalm stellen – sie Ihnen stellen und mir stellen.

Wäre die Antwort eindeutig, so wäre diese Ankündigung nichts als ein wohlfeil-rhetorischer „Einstieg" in die Interpretation. Denn dann würde ich diesen Psalm entweder sagen (lesen, übersetzen, interpretieren, auf meine, unsere Gegenwart, auf diesen Kirchentag, seine Losung und seine Themen beziehen) – oder ich würde es lassen, weil ich es für einen Raub an Israel hielte. Aber die Antwort ist für mich alles andere als eindeutig. Sie darf jedoch auch nicht zweideutig werden. Denn gewiss *keine* Lösung wäre es, wenn wir als Christenmenschen die Psalmen Israels sagten, aber das mit einem inneren Vorbehalt täten, sozusagen mit einer beiseite genuschelten Entschuldigung, einem: „Eigentlich dürfte ich ja gar nicht, aber ..." wie wenn man beim kräftigen Zulangen am „Kalten Buffet" rasch noch etwas vom schlechten Gewissen und dem Hunger in der Welt murmelt oder so gerne einen schlechten, zum Beispiel frauenfeindlichen Witz erzählen will, ohne aber die eigene Reputation aufs Spiel setzen zu wollen. Ich möchte Psalmen sagen (ich möchte sie lesen, übersetzen, interpretieren, auf meine, unsere Gegenwart, auf diesen Kirchentag, seine Losung und seine Themen beziehen), ich möchte das nicht mit einem halbherzigen „zwar, aber" tun, sondern mit einem von ganzem Herzen kommenden „Ja, und zwar so".

Aber das kann ja nicht einfach so beschlossen werden. Da bedarf es mehr als *einer* Reflexion. Und damit habe ich das Hauptthema dieser Bibelarbeit über den 118. Psalm benannt – ich bitte Sie um viel Geduld, denn im Zusammenhang dieser Reflexionen soll ja schließlich auch der Psalm selbst in seinen Worten und Themen zur Sprache kommen.

2. „... die wahren Christen, deretwegen dieser Psalm auch in erster Linie gemacht ist."

„Das sind die wahren Christen, deretwegen dieser Psalm auch in erster Linie gemacht ist." Dieser Satz findet sich in einer Auslegung des 118. Psalms, die Martin Luther im Jahre 1530 in Coburg verfasst hat, während in Augsburg der Reichstag begann, an dem Luther wegen der Reichsacht nicht teilnehmen durfte. Luther legt unter der (das erste Wort der lateinischen Fassung des Psalms aufnehmenden) Überschrift „Das schöne Confitemini" mit Ps 118 seinen ausdrücklichen Lieblingspsalm aus. Worte des 17. Verses (in Luthers Übersetzung: „Ich werde nicht sterben, sondern leben und des HERRN Worte verkündigen") hatte er sich an die Wand seines Zimmers in Coburg geschrieben. Mit den Worten dieses Psalms den Fürsten der Welt widerstehen zu können, ganz konkret „hier und jetzt" im Sommer 1530 – darum geht es in der Auslegung und darin ist sie mutig, gewaltig, furchtlos und geradezu selbst Furcht einflößend.

Mit dem Satz: „Das sind die wahren Christen, deretwegen dieser Psalm auch in erster Linie gemacht ist" erklärt Luther die im vierten Vers des Psalms genannte Gruppe derer, die (in seiner Übersetzung) „den HERRN fürchten". Für Luther ist es eine klare Tatsache, dass Christen nicht nur Davids Psalmen *sagen* können, sondern dass die Psalmen für Christen *geschrieben* wurden. Die Psalmen lassen sich nicht nur auf Christus hin auslegen; sie sind allein als von Christus handelnd recht verstehbar. Ein konkretes Beispiel aus Ps 118: „Tut mir auf die Tore der Gerechtigkeit, daß ich durch sie einziehe und dem HERRN danke." So übersetzt Luther V.19 und fragt, warum denn der Beter das sage, habe er doch schon zuvor so viel gedankt. Die Antwort ist für den Reformator klar: „Er will also sagen. 'Ach, Herr Gott, ich möchte auch unter dem Haufen der Christen sein, wo man so ein Lied singen wird von den Werken und Wohltaten Christi; da müßte ich helfen dürfen beim Danken, Loben und Predigen! O, wie fröhlich wollte ich sein! Ach, wer tut mir die Tore auf und hilft mir da hinein, wo überhaupt erst das richtige, freie, fröhliche Danken und Loben anfängt?'"

Von diesem Verständnis her dreht sich die Ausgangsfrage um. Nicht, ob und wie wir als Christinnen und Christen Israels Psalmen sagen können, wird so nämlich zur Frage, sondern umgekehrt, wie denn schon David und (so Luther an dieser Stelle) die „lieben Väter des Alten Testaments" Psalmen sagen konnten. Sie konnten es (in Luthers Sicht) in prophetischer Vorschau auf den eigentlichen (christologischen und christlichen) Sinn der Psalmen, freilich: bei noch verschlossenen Toren, noch nicht richtig, frei und fröhlich.

Der Abgrund, der sich hier auftut, ist kaum zu überspringen oder zuzuschütten und mit kleinen Korrekturen (wie der schamhaften Entfernung einiger allzu polemischer antijüdischer Ausfälle der Reformatoren) ist es schon gar nicht getan. Vielmehr stellt sich in aller Härte eine strikte Alternative. Folgen wir Luther, so hätten wir den Psalm nur verstanden, wenn wir *exklusiv* behaupteten, dass in ihm von Christus die Rede ist und jedes andere Verstehen allenfalls Vorstufen des Richtigen enthalten könne. Und dann müssten wir folgerichtig sagen: Jüdinnen und Juden, die diesen Psalm beten, ihm an den großen Festtagen einen besonderen Ort geben, beten da etwas, das sie nicht oder allenfalls nur ansatzweise verstehen. Und wenn wir eben das *nicht* behaupten wollen, dann können wir Luthers Auslegung des Psalms (letztlich des ganzen Alten Testaments) in ihrem Kern nicht folgen.

Es geht da nicht um einige den dramatischen Ereignissen des Jahres 1530 geschuldete Zuspitzungen; es geht um den Kern reformatorischen Glaubens. Luther hat sein grundlegendes Verstehen der Rechtfertigung, das Kernstück reformatorischer Theologie, an den Psalmen entdeckt. Die hebräische Grammatik der Psalmen, auch dieses Psalms, hat ihm, wie er selbst betont, den Schlüssel zum Verstehen der Gerechtigkeit Gottes gegeben. Kann ich – so dramatisch stellt sich mir die Frage – Israels Psalmen sagen, ohne Israel ein Verstehen der eigenen Psalmen abzusprechen, und kann ich dann gleichzeitig evangelischer Theologe sein?

Sie finden im Programmheft des Kirchentags auf den Seiten 20 und 21 den 118. Psalm in zwei Übersetzungen. Diese beiden Übersetzungen (die der Luther-Bibel und eine, die eine Gruppe von Exegetinnen und Exegeten für diesen Kirchentag erarbeitet hat) sind nicht nur Zeugnisse der Schwierigkeit jeden Übersetzens. Es geht um mehr als die irritierende oder auch reizvolle Wahrnehmung, dass es stets mehr als eine Verstehensmöglichkeit gibt und dass es daher nützlich ist, auch mehr als eine Verdeutschung ins Spiel zu bringen, wenn es um das Verstehen eines biblischen Textes geht. Darum geht es gewiss auch, aber die beiden Übersetzungen sind zugleich Zeugnisse eines grundsätzlich unterschiedlichen Wahrnehmens des Psalms. Zur Debatte steht letztlich die angedeutete Alternative selbst.

Die *eine Leseweise* wäre die: Der Psalm kann nur in seiner Deutung auf Christus hin richtig verstanden werden. Er lässt sich nicht nur als Christuszeugnis deuten, sondern er wurde bereits in seiner Entstehungszeit als Christuszeugnis verfasst. So liest Luther den Psalm, eben das ist nicht nur das Ergebnis, sondern bereits die Voraussetzung seiner Lektüre und Interpretation.

Die *andere Leseweise* ließe sich so kennzeichnen: Der Psalm ist ein Gebet Israels, verstehbar im Zusammenhang der Erfahrungen Israels. Dieses Verstehen ist weder falsch, noch ist es eine bloße Vorstufe eines richtigen Verstehens. Wenn wir Israels Gebet in Lob und Dank, Bitte und Klage als Christenmenschen nachsprechen, bringen wir dabei auch unseren besonderen Zugang zum Gott Israels durch Christus ein. Eine solche christliche Lektüre des Psalms weist uns in die Bibel Israels hinein, statt uns aus ihr heraus zu führen. Wir lesen uns in das Alte Testament hinein. Damit wollen wir Israel weder enteignen noch sein Verstehen für ein minderes erklären. Und daher bedürfen gerade *die* Worte des Psalms großer Aufmerksamkeit, in denen sich gerade nicht „unsere" Erfahrung, unsere Frömmigkeit, unsere Sprach- und Denkgewohnheiten ausdrücken. Der Verzicht auf eine Israel beraubende Aneignung muss sich auch in der Sprache ausdrücken. Eine solche Lektüre steht hinter dem Versuch der Kirchentagsübersetzung. Es dürfte deutlich geworden sein, dass es beim Übersetzen um mehr geht als darum, Wörter einer Sprache in Wörter einer anderen Sprache zu transformieren.

Ich habe vorhin einige Sätze aus Psalm 118 genannt, um damit deutlich zu machen, dass dieser Psalm nicht so selbstverständlich „uns" zu Adressatinnen und Adressaten hat. Ich will einiges noch einmal wiederholen: Wollen denn „wir" durch die Tore des Tempels gehen? Hat denn „uns" Gottes starker Arm aus Ägypten befreit? Feiern denn „wir" das Sukkotfest, das Fest der Laubhütten? Gehören denn „wir" zu Israel oder gar zum „Haus Aarons"? Sind denn „wir" es, die mit einem Vers des Psalms sagen können: „Alle Völker umringten mich"? Aber nun stelle ich mir vor, ich könnte diese Fragen an Luther selbst richten, und ich stelle mir vor (die vielleicht noch größere Imagination), Luther würde sich auf die Fragen einlassen und mich nicht sogleich in seine gerade in der Auslegung dieses Psalms besonders kräftigen Schimpfkanonaden über Papisten, Juden, Türken und Rottengeister einbeziehen. Würde er dann nicht gegen meine Zitate andere aus eben diesem Psalm stellen können, solche, die den Bezug auf Christus doch offenkundig machen? Steht nicht in V.22: „Der Stein, den die Bauleute verworfen haben, ist zum Eckstein geworden"? Wird das Wort vom Eckstein nicht in Markus 12,10 (vgl. Matth 21,42) auf das Christusgeschehen bezogen, und steht nicht im Epheserbrief (2,20) ganz eindeutig, Christus sei dieser Eckstein aus Ps 118? Sind es nicht Worte aus V.25 des Psalms, eben das „Hosianna" und „Gelobt sei, der da kommt im Namen des HERRN", mit denen Jesus bei seinem Einzug in Jerusalem begrüßt wurde (Mk 11,9)? Dass ich *Luther* widerspräche, würde er womöglich (wenngleich kaum gleichmütig) hinnehmen. Aber widerspräche ich nicht dem Neuen Testament, ja den Worten Jesu selbst und dazu den jüdischen Menschen, die Jesus beim Einzug in Jerusalem als den erkannt haben, von dem der Psalm spricht? Kann ich denn einen Christen mich nennen, wenn ich die Messianität Jesu Christi nicht als Kern meines Christseins anerkenne?

3. Wider die Alternative selbst

Soll das die schreckliche Folgerung sein, dass ich nur dann Christ sein kann, wenn ich jüdischen Menschen unterstelle, die Worte ihrer eignen Schrift nicht oder allenfalls rudimentär zu verstehen? Muss ich Jüdinnen und Juden ins Unrecht setzen, ja diffamieren, um Christ sein zu können? Wenn das die Alternative wäre, wäre sie (schon zu Luthers Zeiten und erst recht nach all dem, was danach geschah) ausweglos. Also kommt alles darauf an, diese Alternative selbst zu überwinden. Das ist nicht leicht, denn auf beiden Seiten steht so viel auf dem Spiel. Aber wenn das nicht geht, geht nichts mehr. Denn dann gäbe es eine unüberbrückbare Kluft zwischen christlichem Glauben und menschlichem Anstand. Und deshalb kann es nicht zum Argument gegen solches Versuchen werden, dass es bisher noch viel mehr Fragen als klare Antworten gezeitigt hat. Es sind nicht mehr nur ganz wenige Theologinnen und Theologinnen, die so fragen, und erste wichtige Schritte sind gegangen. Aber erwarten Sie nicht von mir, mit fertigen Lösungen aufwarten zu können.

Ich versuche also, den Psalm zu sagen, ihn so zu sagen, dass er Israels Psalm bleibt. Ich will auf *Israel* hören, als *Christ* auf Israel hören. Und deshalb frage ich zuerst, ob und womöglich wie „wir" in diesem Psalm vorkommen. Man muss ja nicht die Hauptperson sein, um in einer Geschichte vorzukommen. Diese Frage führt an den Beginn des Psalms und mitten hinein in die Übersetzungsfragen, die – auch das möchte ich wiederholen – mehr sind als unterschiedliche Versuche, Wörter einer Sprache in Wörter einer anderen Sprache zu transformieren. Beginnen wir unseren Verstehensversuch, beginnen wir mit den ersten vier Versen.

4. Über*setzen* – *Über*setzen – Üb ersetzen!

Danket dem HERRN, denn er ist freundlich, und seine Güte währet ewiglich.
Dankt Adonaj: So ist es gut.   Gottes Freundschaft ist von Dauer.

Läse man ohne weitere Kenntnisse diese beiden Sätze, so käme man kaum auf den Gedanken, es handele sich um zwei Versuche denselben Text zu übersetzen (nämlich den ersten Vers von Ps 118 in der Luther-Bibel und der Kirchentagsübersetzung). Außer dem ersten Wort, bei dem sich immerhin nur ein volltönendes „danket" und ein etwas nüchterneres „dankt" unterscheidet, bleibt als Gemeinsamkeit in allen zwölf beziehungsweise elf Worten nur noch ein blasses „ist", das freilich zu ganz verschiedenen Satzformen gehört. Sonst ist schier nichts gleich. „Danket *dem* HERRN" oder „Dankt *Adonaj*" – nun, da wissen viele von Ihnen, dass es hier um eine unterschiedliche Wiedergabe des Gottesnamens geht. Aber ist *er* (nämlich Gott) *freundlich*, oder ist *es* (nämlich das Danken) *gut*? Ist von *seiner* (Gottes) *Güte* die Rede oder von *Gottes Freundschaft*? Und *ewiglich* und *von Dauer* meint auch nicht unbedingt das gleiche.

Und welche Übersetzung ist denn nun die richtige? Die zutreffende Antwort lautet natürlich: „Es gibt nicht *die richtige* Übersetzung." Und nun stelle ich mir einen weiteren Disput etwa so vor: „Wenn ihr Übersetzerinnen und Übersetzer des Kirchentags nicht einmal begründen könnt, dass ihr richtig übersetzt habt, wenigstens richtiger, und wenn ihr noch dazu einräumt, die Übersetzung der Luther-Bibel sei nicht falsch, warum macht ihr dann euch und übrigens nicht weniger uns überhaupt die Mühe mit einer anderen Übersetzung? Ist euer *Deutsch* etwa besser als Luthers? Dass *Adonaj* besseres *Deutsch* sei als *der HERR*, wollt ihr doch wohl nicht ernsthaft behaupten?!" – „Nein, aber eben auch gerade darum wollen wir *Adonaj* sagen." – „Und was soll das nun heißen?"

Mit diesen Fragen an das Übersetzen sind wir bei der Sache selbst. Eine Übersetzung (im engeren und im weiteren Sinne) soll einen Text aus einer Sprache in eine andere, einer Zeit in eine andere, einer Lebenswelt in eine andere hinübersetzen. Dieses *Über*setzen soll aber die Fremdheit nicht auslöschen, sondern erkennbar und verstehbar machen. Wenn aber die Übersetzung selbst so geläufig ist oder (wie die der Lutherbibel) so geläufig *geworden* ist, dann besteht die Gefahr, dass die Worte gerade durch ihre Bekanntheit um ihren Sinn, ihre Schärfe gebracht sind. „Der HERR ist mein Hirte" (Ps 23) – wer hört denn in den Worten „dein Stecken und Stab trösten mich" noch den bewaffneten Kampf des Hirten gegen Wölfe und Löwen? Und konkret auf den Beginn von Ps 118 bezogen: Luthers Übersetzung ist kaum falsch, sie ist gewiss nicht die einzig vertretbare. Sie klingt uns vertraut, aber eben diese Vertrautheit kann zur Konvention und die Konvention zur Gefahr werden. Wenn wir heute einen israelitischen Psalmendichter sagen lassen: „Danket dem HERRN, denn er ist freundlich, und seine Güte währet ewiglich", dann sagt der Dichter des hebräischen Psalms ein christliches Mittagsgebet auf. Das wäre dann wieder die Verkehrung, von der bereits die Rede war. Statt im eigenen Beten wahr zu nehmen und wach zu halten, dass wir uns Worte Israels leihen, uns hineinhören und -sprechen in Israels Gebete, lassen wir die Psalmen klingen, als wären sie schon immer christlich-bürgerliche Gebete gewesen. Das spricht nicht gegen Luthers Übersetzung. Als Luther die Anfangsworte von Ps 118 und anderer Psalmen so verdeutschte, da klang das ganz frisch und auch noch ganz ungewohnt. Aber das ungewohnte, in der Kirche geradezu fremd und allemale revolutionär klingende *Deutsch Luthers* ist zum konventionellen, sozusagen 10 km gegen den Wind als Kirchensprache erkennbaren *Lutherdeutsch* geworden. Das Revolutionäre wurde zum Konformismus, indem es *beibehalten* wurde.

Um die Worte des Psalms selbst wieder hörbar zu machen, müssen sie dieser Konvention entrissen werden. So lange „David" betet wie ein braver deutscher Bürger oder die christliche Hausmutter bei Tisch, wird kaum wahrnehmbar werden, dass diese Worte weder an deutschen bürgerlichen Mittagstischen entstanden noch für sie geschrieben wurden. Wenn die Worte der Psalmen uns etwas sagen sollen, müssen sie *auch* fremd klingen. Vielleicht kommt einmal eine Zeit (für manche mag sie schon da sein), in der die Sprache der Lutherbibel selbst wieder ganz fremd klingt. Dann wäre neu nach Konformismus und Kritik zu fragen. Der Philosoph und Kulturtheoretiker (und nicht zuletzt große Übersetzer) Walter Benjamin benennt (in der 6. seiner „Thesen über den Begriff der Geschichte", GS I/2, 695) die Aufgabe so: „In jeder Epoche muß versucht werden, die Überlieferung dem Konformismus abzugewinnen, der im Begriff steht, sie zu überwältigen."

5. Gottes Namen – Gottesnamen – in Gottes Namen

Vieles von dem gilt im Blick auf den Gottesnamen ganz besonders. In der hebräischen Bibel wird er mit den Konsonanten j-h-w-h geschrieben, doch schon in biblischer Zeit nicht ausgesprochen. Wie er auszusprechen wäre, weiß niemand. Alle Rekonstruktionsversuche führen lediglich zu begründeten Hypothesen. In der jüdischen Tradition sprach man statt des Eigennamens das Wort *ha-Schem* (der Name) oder das Wort *Adonaj*. Dies hängt mit einem Wort für *Herr* zusammen, aber die Anrede *Adonaj* ist allein Gott vorbehalten. Die Tradition der Lutherbibel hat das so zum Ausdruck gebracht, dass sie das Wort „Herr", wenn es für den Eigennamen Gottes steht, anders schreibt, als wenn es sich auf einen Menschen als Herrn bezieht. Das ist in der Schreibweise HERR (mit den Kapitälchen, den besonderen kleinen Großbuchstaben) buchstäblich zum Aus*druck* gebracht, das heißt, es zeigt sich im *Druck*bild, aber wenn man es beim Vorlesen hört, unterscheidet sich dieser „Herr" nicht von den „Sehr geehrte(n) Herren", die im Geschäftsbrief angeredet sind, den Herren, die über die Sklaven verfügen, denen, die am „Herrenabend" unter sich sein wollen oder (ums noch plakativer zu machen) denen der Gang durch eine Tür mit der Aufschrift „HERREN" vorbehalten ist. Und so wird der Eigenname Gottes sowohl zur Floskel banalisiert (Herr Meier und Herr Müller) als auch zur exklusiven Männlichkeit verkürzt (nicht ebenso Frau Meier und Frau Müller). Dieses Bündel von Gründen und der Respekt vor der jüdischen Tradition hat uns bewogen, gegenüber dem HERRN der Lutherbibel und allemal gegenüber jeder angeblich authentischen Aussprache den Gottesnamen mit der allein Gott vorbehaltenen Anrede *Adonaj* wiederzugeben.

(Dankt Gott,) *denn er ist freundlich* oder: *So ist es gut*? Beides ist möglich, für beides gibt es Belege. Nicht was hier richtig oder auch nur richtiger sei, wird hier zur Frage, sondern, wie man in Übersetzungen zum Ausdruck bringen kann, dass Worte mehr als *einen* Sinn haben. Um wieder etwas anderes geht es bei der Alternative im zweiten Satzteil, der in den folgenden Versen wiederholt wird und auch in anderen Psalmen als Kehrvers steht: *Denn seine Güte währet ewiglich* oder *Gottes Freundschaft ist von Dauer*? Im hebräischen Text steht hier das Wort *chäsäd*, welches eine ganze Bandbreite von Bedeutungen hat und etwa *Huld, Gnade, Güte, Freundlichkeit, Wohltaten, Freundschaft* umfassen kann. Eines aber ist für dieses Wort entscheidend. Es handelt sich um eine wechselseitige, eine reziproke Beziehung als Praxis. *Chäsäd* ist die Praxis einer wechselseitigen solidarischen Freundschaftsbezeugung, zu der ich verpflichtet bin, ohne dazu rechtlich verpflichtet zu sein, das „mehr" an Zuwendung, dass niemand verlangen kann und von dem doch die menschlichen Beziehungen leben. Es geht auch in den Worten des 118. Psalms nicht um eine einseitig von oben nach unten gewährte Gnade; es geht um eine Beziehung zwischen Gott und den Menschen, eine Beziehung in beiden Richtungen. Hört man das mehr im Wort *Güte*, oder wird es im Wort *Freundschaft* deutlicher? Von Gottes *Freundschaft* zu reden, könnte Gott auf eine zu menschliche Ebene bringen, von Gottes *Güte* zu reden, könnte die wechselseitige Beziehung unkenntlich machen. Hier können wir beim Übersetzen nur Ersetzen üben und uns zwischen verschiedenen Ersetzungsversuchen entscheiden. Auch darum ist es gut, mehr als eine Übersetzung zu haben.

Ich müsste nun im Blick auf solche Fragen den ganzen Psalm in den beiden Ihnen vorliegenden Übersetzungen (und dann gewiss noch vielen weiteren) durchgehen. Dazu reicht die Zeit nicht und es würde wohl auch auf die Dauer ermüdend. Aber eine Frage darf bei diesen ersten Versen des Psalms nicht übergangen werden, die nämlich, ob das erste Wort tatsächlich vor allem ein Danken meint. Die Lutherbibel und die Kirchentagsübersetzung stimmen darin überein, aber etwa die lateinische Bibel betont in ihrer Wiedergabe des ersten hebräischen Wortes *hodu* durch das lateinische *confitemini* einen anderen Aspekt, nämlich den des Bekennens. Versteht man das Wort so, dann könnte man geradezu übersetzen: Gebt eure *Konfession* zu erkennen! Zeigt euren Glauben! Wieder trifft auch das einen wichtigen Aspekt. Und wieder sind wir bei der Frage nach der Konfession angekommen, der Frage, ob ich, ob wir als Christenmenschen Israels Psalmen so sagen können, dass sie Israel nicht entrissen werden, dass sie (die Psalmen selbst) nicht gleichsam ihre Konfession wechseln müssen, gar zwangsgetauft werden.

Vielleicht kommen wir weiter, wenn wir weiter lesen. Drei Gruppen werden aufgerufen, Gott zu danken, Gott zu *loben* (auch das eine Möglichkeit, das erste Wort zu verstehen), ihre Konfession zu erkennen zu geben. Die Verse 2-4 sind ganz parallel gestaltet. Ich lese sie in der Kirchentagsübersetzung:

Israel soll sagen: *Gottes Freundschaft ist von Dauer.*
Das Haus Aaron soll sagen: *Gottes Freundschaft ist von Dauer.*
Die Adonaj Ergebenen sollen sagen: Gottes Freundschaft ist von Dauer.

Israel soll sagen ... – Dank, Lob und Bekenntnis sind Israels Worte. Auch da, wo im Folgenden ein einzelnes „Ich" spricht, ist es das „Ich" Israels. Das Haus Aaron soll sagen ... – diese Aufforderung gilt den Priestern. Von ihrem Segen ist am Ende des Psalms noch einmal die Rede und im ganzen Psalm geht es um die beiden Pole von Gottesdienst und Recht, die beide im Exodus, der geschehenen Befreiung Israels aus dem Sklavenhaus, ihren Grund haben. Aber wer ist in der dritten Gruppe gemeint, wer sind „die Adonaj Ergebenen", die (so die Lutherbibel) „den HERRN fürchten"? Es gibt da zwei Verstehensmöglichkeiten: Die eine sieht darin eine Zusammenfassung der beiden zuvor genannten Gruppen der Laien und der Priester. Die andere Verstehensmöglichkeit geht darauf, in den „Adonaj Ergebenen" auch die eingeschlossen zu sehen, die sich an den

Gott Israels halten, ohne zum Volk Israel zu gehören. In späterer Zeit gab es die Gruppe der „Gottesfürchtigen", Menschen aus den Völkern, die Israels Glauben und Israels Ethik annehmen wollten, sich aber zum Beispiel nicht beschneiden ließen. Die Mission des Paulus fand bei diesen Menschen besondere Aufmerksamkeit. Ob in Ps 118 in der in seiner Abfassung gemeinten Situation solche Menschen aus den Völkern mit gemeint sein könnten, das hängt von manchen offenen Fragen der Entstehungszeit und Intention des Psalms ab. Hier ist eine Festlegung des historisch gemeinten Sinns, der Autorenintention schwer zu treffen. Aber Menschen aus den Völkern, Christinnen und Christen, die sich mit hineinnehmen lassen wollen in die Beziehung Gottes zu Israel, ohne Israels Platz zu beanspruchen, können sich in dieser Gruppe angeredet sein lassen. So will ich heute diesen Psalm mitsprechen, nicht als Israel, nicht als Haus Aaron, aber als ein Mensch, der mit Adonaj, mit Israel und Israels Gott im Bunde sein und sich von diesem Bund verpflichten lassen will.

Wenn ich das tun will, muss ich auf das hören, was Israel und was in Israel gesagt ist. So kann ich den Psalm sagen und mir so von ihm etwas sagen lassen. Das „ich" der folgenden Verse bleibt das „Ich" Israels. Ich will mich nicht an seine Stelle setzen, aber ich kann die Worte hören und mir sagen lassen und sie dann so mit sprechen. Wenn es eben zu dieser Gruppe der zu Dank, Lob und Bekenntnis aufgeforderten in Luthers Auslegung heißt: „Das sind die wahren Christen, deretwegen dieser Psalm auch in erster Linie gemacht ist", dann kann ich dagegen nur ein entschiedenes „Nein" sagen, wenn ich den Psalm als einen Psalm Israels hören und mitsprechen will. Dass der Verfasser des Psalms die Christen noch nicht kennen konnte, ist dabei keineswegs mein entscheidendes Argument. Es geht um die Alternative, ob der Psalm für Christen gemacht ist oder ob auch Christen ihn mitsprechen dürfen. Das „Nein" zur ersten Verstehensweise ist ein in der Zuversicht gewisses „Ja" zur zweiten. Dieses „Ja" schließt ein, dass im Neuen Testament an entscheidenden Stellen Worte dieses Psalms mit der Botschaft und Praxis Jesu, mit dem Christusgeschehen in Verbindung gebracht werden können. Ich höre diese Verbindung so, dass ich mich als Mensch aus den Völkern durch die Botschaft und die Praxis Jesu, durch die Mission des Paulus in die Worte Israels einweisen lasse, gerade nicht so, dass sie mich aus Israel hinaus oder über Israel hinweg führten. Ich will hören auf das, was Israel gesagt und was in Israel gesagt wird. Das soll mir zum unverzichtbaren Teil meiner *Konfession* werden. So mit hineingenommen in die Gruppe der Adonaj Ergebenen höre ich auf die folgenden Worte des Psalms. Das erste Wort nach den Aufforderungen zu Lob, Dank und Bekenntnis ist das Wort, das den Psalm mit der Losung dieses Kirchentags verbindet.

6. Enge und Weite – Weite und Enge

„Aus der Enge rief ich Gott, mit weitem Raum hat Jah geantwortet." so steht es in V. 5 des Psalms. Jah – das ist eine Kurzform des Eigennamens des Israelgottes, vertraut ist uns diese Namensform im Aufruf „Halleluja", etwa: Lobt Jah, lobt Gott! Der weite Raum, in den Gott führt, ist der Gegenraum zur Enge und Angst. „Du stellst meine Füße auf weiten Raum", heißt es in Ps 31, den die Kirchentagslosung aufnimmt. Der weite Raum ist Gottes, ist Jahs Antwort auf die Erfahrungen von Angst, Enge, Bedrohung. Aber (das Wortspiel bietet sich geradezu an) die Antwort *Jahs* kann zum entschiedenen „*Nein*" werden, zum Widerspruch und zum Widerstand gegen die Mächte der Angst, Bedrängnis und Unfreiheit. Darum geht es in den folgenden Versen:

Adonaj ist für mich. Ich fürchte mich nicht.
Was kann ein Mensch mir tun?!
Adonaj ist für mich, bei denen, die mir helfen.
So kann ich ansehen, die mich hassen.
Besser sich bergen bei Adonaj, als sich bei Menschen zu sichern.
Besser sich bergen bei Adonaj, als sich bei Großen zu sichern.

Gottes „Ja" ermöglicht ein „Nein". Amen zu sagen heißt nicht immer „Ja und Amen" zu sagen, sondern fordert nicht selten ein „Nein und Amen". Sich unter Gott zu beugen ermöglicht den aufrechten Gang unter Menschen, Gott allein zu dienen widerstreitet jeder Herrschaft von Menschen über Menschen. Die Losung „Du stellst meine Füße auf weiten Raum" ist mehr und anderes als eine biblische Sprachform für die Zusage, mir stehe die ganze Welt offen, oder gar die Ermunterung zur Expansion. Sie enthält ein Widerstandspotential gegen alle Formen der Einengung, der Einschnürung, des Klein-gemacht-Werdens. Wo solche Erfahrungen nicht mitgehört werden, könnte die Losung halbiert erklingen. Auch in Ps 31 gehört ja die erste Satzhälfte dazu. Der ganz Vers lautet: „Du hast mich nicht ausgeliefert in Feindeshand, du stellst meine Füße auf weiten Raum." Erfahrungen von Feindschaft kommen in beiden Psalmen (31 und 118) in den Blick und damit etwas, das bei Kirchentagen nicht oft zum Thema wird. Vielleicht hat die Botschaft von Frieden und Feindesliebe, so unverzichtbar sie ist, die reale Erfahrung von Feinden und Feindschaft fast verdrängt und vielleicht sind wir ja auch deshalb so hilflos angesichts solcher Erfahrungen.

Ich möchte das erläutern und ich tue es wieder in eher tastenden Versuchen. Die dramatisch anwachsenden Formen des Hasses und der Gewalt gegenüber Ausländern, Juden, Behinderten, Nichtsesshaften, Hilflosen zeitigt auf der Seite derer, die sich dagegen empören, merkwürdig widerstreitende Reaktionen. Ich nehme wahr, wie manche meiner Freunde versuchen, dieses Problem vor allem sozialpädagogisch und sozialpsychologisch anzugehen. Sie verweisen darauf, dass die Täter selbst im Leben zu kurz gekommen sind, sie glauben noch immer, dass diese Gewalt eine ihrerseits hilflose Reaktion auf die verweigerten Chancen ist. Aber dann müssen sie sich sagen lassen, dass die Täter und auch Täterinnen keineswegs überwiegend aus sozial schwachen Familien kommen, dass zum Beispiel nur ein geringer Teil von ihnen selbst arbeitslos ist. Und doch wollen viele daran festhalten, dass es sich um ein Problem handelt, dem man mit behutsamer psychologischer und kräftiger sozialer Hilfe beikommen könne.

Daneben gibt es die anderen, die hier in aller Härte *Feinde* sehen und die sich (wenn sie ehrlich sind) dann plötzlich dabei erwischen, dass sie eben das Freund-Feind-Schema, das das Grundmodell jener Gewalttaten ist, selbst übernommen haben. Ist ein jugendlicher rechtsradikaler Gewalttäter ein Opfer der gesellschaftlichen Kälte unserer Gesellschaft oder manifestiert sich in ihm das Böse? Für beide Deutungsmodelle gibt es viel Zustimmung, nicht selten für beide zugleich. Der Ruf nach dem „Aufstand der Anständigen" ist so gut gemeint wie problematisch. Und die Parole „Nazis raus!" ist beides allemale. Was heißt „raus!"? Woraus 'raus?

Aus dem Land, aus der Gesellschaft, aus der Menschheit? Wiederholt sich hier nicht eben die Denkfigur, die in Parolen wie „Ausländer raus", „Juden raus" ihre Fratze zeigte und wieder zeigt? Mit Recht hat der Politologe Hajo Funke statt nach dem „Aufstand der Anständigen" nach dem „Anstand der Zuständigen" gefragt. Ich möchte dann allerdings auch nach dem „Zustand der Aufständischen" fragen. Was ist das für ein „Aufstand", bei dem die Regierung das Volk zum Demonstrieren ruft, ja, sogar selbst vom Aufstand redet? Es mutet seltsam an, wenn die Spitzen des Staates beim „Aufstand" vorneweg gehen – aber alle sind sich einig, dass sie, dass „wir" doch die Anständigen sind.

Bleibt nicht all das (und meine Anfragen daran allemale auch) hilflos? Wie sollen wir umgehen mit der Erfahrung von Feinden und Feindschaft? Keine Freiheit für die Feinde der Freiheit! So haben wir das um 1968 herum gesagt. Und dann traf uns diese Denkfigur beim so genannten Radikalenerlass selbst. Wer denn darf bestimmen, was Freiheit ist und wer ihre Feinde sind? Wenn Freiheit die Freiheit der Märkte ist, dann wird leicht ein Gegner des Wirtschaftsliberalismus zum Feind der Freiheit. Aber wenn ich um dieser Gefahr willen lieber so nicht denken und reden und handeln will, wie kann ich mich und andere davor schützen, dass im Namen ihrer Freiheit (ihrer Demonstrations- und Pressefreiheit zum Beispiel) menschenverachtende Worte, Symbole, Texte und Taten ins Recht gesetzt werden? Ich will diesen kleinen Abschnitt der Bibelarbeit über den 118. Psalm nicht zum Leitartikel anwachsen lassen – zumal ich über meine Ratlosigkeit kaum hinaus komme. Aber mir sind diese Beobachtungen gerade beim Hören auf diesen Psalm wichtig. Denn in seinem Mittelteil ist von Feinderfahrungen die Rede und wir sind gut beraten, sie nicht zu rasch mit dem Gebot der Feindesliebe zuzudecken. Wie können die, denen Gewalt und Hass entgegen schlägt, ihren Verfolgern ins Auge sehen? Wie können sie widerstehen – im Kleinen, im Großen und im ganz Großen? Und wie können sie sich davor hüten, dass sich in diesem Widerstand die Fratze der Feinde im eigenen Gesicht widerspiegelt? Was dies letzte und womöglich allerschwerste angeht, so enthält die jüdische Gebetstradition gerade auch für diesen Psalm etwas Bemerkenswertes. Um das ins Spiel zu bringen, bedarf es einer kleinen Information.

7. Das halbe Hallel

Ps 118 gehört mit anderen (nämlich den Psalmen 113-118 und dazu 136) zu den so genannten Hallel-Psalmen. Sie haben ihren Ort in den jüdischen Gebeten bei den großen Festen wie Päsach, dem Laubhüttenfest und den anderen. Und so haben sie Jesus und die Jünger beim Sederabend vor dem Tode Jesu gebetet (Mk 14,26; Matth 26,30). In der Woche des Päsachfestes, an dem des Exodus, der Befreiung aus dem ägyptischen Sklavenhaus und der Erinnerung an die Rettung am Schilfmeer, gedacht wird, gibt es bei den Lobgebeten der Hallelpsalmen eine Besonderheit. Vom dritten Festtag an wird nämlich nur das halbe Hallel gebetet. Eine Deutung erklärt, das sei wegen des Untergangs der Ägypter. Auch den Opfern der Feinde wird in diesem Schweigen Respekt zuteil. Das halbe Hallel bleibt ein volles Lob, ein voller Dank für Israels Rettung. Aber die im halben Hallel zum Ausdruck gebrachte Leerstelle hält die Trauer darüber fest, dass in dieser Geschichte, dass in aller bisherigen Geschichte die Befreiung und Rettung Leben kostete. Im Dank für die eigene Rettung wird der Untergang der Ägypter nicht verschwiegen. Eben das kommt in diesem Schweigen zum Ausdruck. Indem ich mir das sagen lasse und es mit zu sprechen (und mit zu schweigen) versuche, habe ich etwas Wichtiges gehört auch für den Umgang mit meinen Feinden.

8. Bienenschwärme

Das Thema des Widerstehens wird in Ps 118 weiter geführt und nun aus und in Israels Erfahrung auf die Völker bezogen:

Alle Völker umringten mich. Mit dem Namen Adonaj –
so kann ich ihnen widerstehen;
sie umkreisten, ja umringten mich. Mit dem Namen Adonaj –
so kann ich ihnen widerstehen;
sie umkreisten mich wie Bienen, verschwelen wie Feuer.
Mit dem Namen Adonaj – so kann ich ihnen widerstehen.

Der Name Adonajs, der Name Gottes als Widerstandskraft. Das konnte und kann ganz wörtlich verstanden werden. Mit dem Namen *Adonaj* auf den Lippen starben jüdische Märtyrer. Daran zu erinnern bedeutet für meine Konfession aber auch, dass der Name Gottes zur Widerstandskraft gegen vieles wurde, das angeblich in Gottes Namen geschah. Christen verfolgten und ermordeten Jüdinnen und Juden immer wieder in Gottes Namen, ja zum Lobe Gottes. Und wenn sie dann das Vaterunser sprachen und dabei die Bitte „Geheiligt werde dein Name", dann blieb ihnen das selten im Halse stecken. Auch diese Erinnerung gehört dazu, wenn wir Israels Psalmen mitsprechen wollen. Dieses Mitsprechen muss zu Scham und Kritik werden und mehr noch: zur Absage an die Formen eines christlichen Glaubens, die mit solchem Tun vereinbar waren, vereinbar schienen oder es gar beförderten. Es gibt keinen geraden Weg von Wittenberg zur Wannseekonferenz, keine zwangsläufige Linie von christlicher Judenfeindschaft zum Versuch der Ausmordung des jüdischen Volkes. Aber das eine hat mit dem anderen zu tun. Im Lichte, nein, in der Finsternis des Völkermords müssen heute alle Formen einer christlichen Judenfeindschaft buchstäblich unsäglich werden, auch dann, wenn sie sich mit den Namen großer und größter Theologen verbinden. Und dann noch dies: Auch deshalb bedarf das Umgehen mit dem Gottesnamen, die Heiligung dieses Namens selbst größter Aufmerksamkeit. Gott, Israels Gott, Adonaj darf mit den Herren der Welt nicht verwechselt werden – auch und gerade im Namen nicht.

Ich versuche, den Psalm zu sagen, indem ich ihn höre, ihn mir sagen lasse und dann mitspreche. Dabei will ich die in den Worten des Psalms geronnenen Erfahrungen Israels als Erfahrungen Israels hören, sie nicht in meine Erfahrungen umformulieren noch im Unbestimmten eines Allerwelts-"Wir" verschwinden lassen. Dazu gehört aber dann auch, dass ich Israels Worte heute höre und sie mit dem in Beziehung setze, was ich heute wahrnehme. Zu den gewaltigen Stärken der Auslegung dieses Psalms in Luthers „Schönem Confitemini" gehört, dass ihm der Psalm gegenwärtig wird, dass er seine Zeit und ihre Plagen und Anfechtungen einbringt in die Auslegung. Da kann er kritisch, drastisch, ja obszön reden. Mit Gott als Helfer will er den großen Herren in Reich und Kirche widerstehen, ja manchem „die Feige weisen". Luther bezieht sich hier auf eine obszöne italienische Handbewegung – man müsste heute Luthers Bild übersetzen und könnte es ziemlich zutreffend-plastisch so, dass er ihnen getrost den „Stinkefinger" zeigen wollte. Das ist ein starkes Stück, in mehrfacher Hinsicht. Aber leben wir denn, aufs Ganze gesehen, in so dramatischen Zeiten wie sie im Jahre 1530 waren? Gewiss gibt es gute Gründe diese Frage nicht nur zu verneinen. Wenn ich an die Gewalt erinnert habe, der heute in unserem Land wieder Menschen ausgesetzt sind, nicht nur, aber schrecklicherweise auch wieder jüdische Menschen, dann gibt es keinen Grund zur Verharmlosung. Aber bei der massenhaften Empörung gegen die rechte Gewalt auch und natürlich mit Recht auch bei diesem Kirchentag und seinen symbolischen Widerstandsformen stellt sich doch eine leise Gegenfrage. Ich kann mir schier nicht vorstellen, dass zum Beispiel heute in dieser Messehalle eine größere Zahl von gewaltbereiten Rechtsradikalen sitzt. Und dann wäre lautstarke Kritik an ihnen so kritisch wieder nicht, sind wir uns doch in dieser Kritik ganz überwiegend so einig. Kritischer wäre deshalb vielleicht im Zusammenhang eines Bildes im 12. Vers des Psalms eine weitere Beobachtung. Dort heißt es über die Völker: „... sie umkreisten mich wie Bienen". Kaum jemand hier in der Halle wird Israel stechen, vergiften wollen. – – – Aber Bienen wollen nicht zuerst stechen, sie wollen Honig gewinnen. Heute könnte sich im selben Bild des Bienenschwarms eine andere und in ihrer vermeintlichen Freundlichkeit ebenfalls problematische Haltung widerspiegeln. Wollen nicht viele gutmeinende, „israelbewegte" Christen aus dem Judentum Honig saugen? Jüdische Folklore füllt noch jede Gemeindeveranstaltung oder Akademietagung; jüdisches Leben wird nicht selten als ganz besonders edel, ganz besonders „echt", ganz besonders vorbildlich wahrgenommen. Man kann Menschen nicht nur durch ein feindliches Umringen um ihr eigenes Leben bringen, man kann das auch mit einem überaus freundlich gemeinten, begeisterten Umschwärmen tun. Auch eine Umarmung kann erdrücken, vor allem dann, wenn die Umarmten gar nicht gefragt worden sind, ob sie das wollen. Auf einem Kirchentag sind in diesem Sinne die honigsaugenden Bienen gewiss häufiger als die stechenden. Unproblematisch sind auch sie nicht. Das allerdings macht die Aufgabe noch schwieriger, den Psalm so zu sagen, dass er Israels Psalm bleibt und dass er doch von Christen gesprochen werden kann, die Christen sein und bleiben wollen. Weder soll man im Judentum ein Defizit sehen, dem mit Mission beizukommen wäre, noch auch die eigene Konfession vor dem Votivbild einer umschwärmten jüdischen schlecht machen. Die eine Unwahrheit ist allemale viel böser als die andere, doch unproblematisch ist auch sie nicht, zumal wenn sich dann doch zeigt, dass die Objekte des Schwärmens mit den lebendigen Menschen nicht viel zu tun haben. Jüdinnen und Juden sind keine schlechteren Menschen als andere. Diese Lektion haben sehr viele Deutsche, sehr viele Christen endlich begriffen. Aber sie haben sie nicht wirklich begriffen, wenn sie nun stattdessen für sich und andere dekretieren, Jüdinnen und Juden hätten daher bessere Menschen zu sein als andere. Ich verstehe die Zurückhaltung von Jüdinnen und Juden gegenüber solchem Umschwärmtsein gut. Israels Erfahrung, so höre ich die Worte des Psalms heute, lässt beide Sorten von Bienenschwärmen als Plage erkennen. Übrigens kann man ja bei den „Bienen" nicht sicher sein, ob und wann die Honigsuche zum Stechen führt ...

9. Den ganzen Psalm zu Ende sagen – und wieder am Anfang beginnen

Die Frage, ob überhaupt ich diesen Psalm sagen kann und wie ich ihn so sagen kann, dass er Israels Psalm bleibt und ich ihn doch mitsprechen kann, hat so viel Raum gefordert (und leider noch so wenig „weiten Raum" gezeigt), dass kaum noch Zeit bleibt den ganzen Psalm zu sagen und auszulegen. Und doch meine ich, dass es bisher nicht nur um Vorfragen ging, sondern um Grundfragen. Und dass man sich bei einer Bibelarbeit nur auf einige wenige Aspekte des immer vielschichtigeren und reicheren Bibeltextes beschränken muss, das ist eine Binsenweisheit. Ich will deshalb nun großräumiger vorgehen, vor allem den Psalm selbst zu Wort kommen lassen und nur noch wenige Hinweise geben.

10   Alle Völker umringten mich.
        Mit dem Namen Adonaj – so kann ich ihnen widerstehen;
11   sie umkreisten, ja umringten mich.
        Mit dem Namen Adonaj – so kann ich ihnen widerstehen;
12   sie umkreisten mich wie Bienen, verschwelen wie Feuer.

> *Mit dem Namen Adonaj – so kann ich ihnen widerstehen.*
> 13 *Heftig hast du mich gestoßen. Aber Adonaj half mir.*
> 14 *Meine Kraft und mein Gesang ist Jah.*
> *Jah wurde mir zur Befreiung.*
> 15 *Der Lärm von Jubel und Befreiung ist in den Zelten*
> *der Gerechten:*
> *Die starke Hand Adonajs – sie handelt mächtig.*
> 16 *Die starke Hand Adonajs – sie ist erhoben.*
> *Die starke Hand Adonajs – sie handelt mächtig.*
> 17 *Ich sterbe nicht, sondern lebe und erzähle die Taten Jahs.*
> 18 *Hart hat Jah mich angefasst,*
> *dem Tode hat Jah mich nicht übergeben.*

Erfahrungen von Bedrängnis und Rettung kommen hier zur Sprache, mehr als einmal klingt die Exoduserfahrung an. Worte aus dem Mirjamlied in 2. Mose 15 sind hier aufgenommen, Erfahrungen von Exil und mühsamem Neuaufbau der nachexilischen Gemeinde kommen zu Wort. Viel spricht dafür, dass wir es mit einem im Wechselgesang vorgetragenen Lied beim Einzug in den (nachexilischen, den Zweiten) Tempel zu tun haben. Die geschehene Rettung und Befreiung wird zur Hoffnung auf die endgültige Aufrichtung eines Lebens in Freiheit, in weitem Raum, in Gerechtigkeit und nicht zuletzt in Festfreude. Kult und Recht – es geht um beides und beides soll zusammengehen. Und so ist auch in der Fortsetzung von den Toren des Tempels als den Toren der Gerechtigkeit die Rede:

> 19 *Öffnet mir die Tore der Gerechtigkeit.*
> *Ich will hineingehen und Jah danken.*
> 20 *Dies ist das Tor zu Adonaj. Gerechte gehen hinein.*
> 21 *Ich danke dir: Du hast mir geantwortet*
> *und wurdest mir zur Befreiung.*
> 22 *Ein Stein, den die Bauleute für untauglich hielten,*
> *wurde zu einem tragenden Eckstein.*
> 23 *Von Adonaj her geschah dies. Es ist wunderbar in unseren Augen.*
> 24 *Dies ist der Tag, da Adonaj es getan.*
> *Wir wollen jubeln und uns daran freuen.*

25 Bitte, Adonaj, befreie doch. Bitte, Adonaj, lass es gelingen.
26 Gesegnet, wer eintritt, mit dem Namen Adonaj.
    Wir segnen euch vom Tempel Adonajs her.
27 Adonaj ist Gott und gibt uns Licht.
    Am Fest der Laubhütten lasst die Zweige reichen bis an die Hörner des Altars.
28 Mein Gott bist Du. So danke ich dir. Mein Gott, ich erhebe Dich.
29 Dankt Adonaj: So ist es gut. Gottes Freundschaft ist von Dauer.

Der Dank für die geschehene Befreiung und Rettung wird zur Hoffnung auf die endgültige Befreiung, der Psalm ist – so gelesen – auch ein Zeugnis messianischer Hoffnung. Die Gemeinde Jesu, die ihn als den gekommenen und wiederkommenden Messias ansah, konnte daher Worte dieses Psalms als Hinweis auf Christus wahrnehmen. Manche Jüdinnen und Juden konnten diese Auffassung teilen, die jüdische Mehrheit teilte sie und teilt sie nicht. Auch in dieser Hinsicht konnten die Worte des Psalms unterschiedlich wahrgenommen werden, sie bieten mehr als *eine* Verstehensmöglichkeit. Ich möchte diesen Psalm, die anderen Psalmen, ja die Worte und Texte der hebräischen Bibel so mitsprechen, dass ich mich (die Kirche, das Christentum) nicht an die Stelle Israels setze, sondern hören will auf das, was Israel gesagt und was in Israel gesagt ist. Juden und Christen hören dann dennoch in denselben Worten nicht das gleiche. Ich sehe darin keinen Mangel, sondern einen Reichtum. „In meines Vaters Haus sind viele Wohnungen", heißt es im Johannesevangelium (14,2) – ich will das für heute einmal *so* lesen. Ich muss kein Jude werden um den Psalm sagen zu können und ich muss noch viel weniger den Jüdinnen und Juden ihr Verstehen wegnehmen oder es abwerten, damit ich Christ bleiben kann. Denn wenn ich mein Christsein nur auf Kosten Israels haben könnte, dann wäre es ein halbiertes Christsein und hier wäre die halbe Wahrheit eine ganze Lüge. Ich lasse mich durch das Neue Testament einweisen in das Alte. Jüdinnen und Juden bedürfen solcher Einweisung nicht, sie sind schon da, sie leben mit, sie leben in diesen Worten und Texten.

Ich wiederhole das in dieser Bibelarbeit so oft, weil ich es mir selbst so oft sagen muss. Denn da ist noch längst kein weiter Raum, in dem Schritte in mehr als einer Richtung frei gegangen werden können, da ist zunächst und wohl lange noch ein „vermintes Gelände". Und (wenn ich das martialische Bild weiterführen darf) nicht selten treten wir beim Versuch, einer Mine zu entgehen, auf eine andere, die dann explodiert. Diese Minen sind das böse Erbe christlicher Schlachtfelder. Und wie oft stand ein „Gott mit uns" auf den Fahnen oder den Koppelschlössern der christlichen Soldaten. Manche Minen kann man entschärfen, andere muss man explodieren lassen, damit sie wenigstens fortan unschädlich sind.

Ich glaube, ich habe noch nie so viele Kriegsbilder aneinandergereiht, und mir wird dabei eng. Und auch deshalb ist mir dieser Psalm wichtig geworden. Zu den Worten, die ich mitsprechen möchte, gehört dann vor allem auch der Vers, der uns dazu brachte, eben diesen Psalm zum Text einer Bibelarbeit zu wählen, der Vers, der ihn mit der Kirchentagslosung verbindet:

Aus der Enge rief ich Gott, mit weitem Raum hat Jah geantwortet.

Der Gottesname Jah wird zum Nein gegenüber allen, die den Raum wieder eng machen wollen. Damit bin ich (fast) wieder am Anfang angekommen. Wenigstens das entspricht dem Psalm selbst, der in seinem letzten Vers den ersten wieder aufnimmt. Und da kann ich nun einmal mit aller Zustimmung aus Luthers Auslegung dieses Psalms zitieren: „So pflegt man die guten Lieder, wenn sie ausgesungen sind, gerne noch einmal von vorn anzustimmen, besonders dann, wenn man sie mit Lust und Liebe gesungen hat." Ich sage also den letzten Vers, der wieder der erste ist:

Dankt Adonaj: So ist es gut. Gottes Freundschaft ist von Dauer.

Und damit ich nun auch bei dieser Bibelarbeit wieder ganz am Anfang ankomme, schließe ich mit dem Satz des Rabbi Uri:
„David konnte die Psalmen verfassen und was kann ich? Ich kann die Psalmen sagen."

Warum die Kirche von Israel reden muss, wenn sie von sich selbst redet.*

I.

Diese Synode steht vor einer epochalen Entscheidung. Das scheint etwas zu dick aufgetragen angesichts der Tatsache, dass nach vielen in dieser Frage vorangegangenen Landeskirchen der EKD nun auch die Nordelbische Evangelisch-Lutherische Kirche einen Synodalbeschluss zur Erneuerung des Verhältnisses zu Israel anstrebt. Immerhin würde ein solcher Beschluss in Nordelbien eine neue Phase dokumentieren. Aber nicht deshalb verwende ich den Begriff „epochal", sondern wegen seines ursprünglichen Sinns, in dem eine „*epoché*" ein Innehalten, eine Unterbrechung ist. Eine „Epoche" ist so verstanden nicht sogleich eine neue Ära, sondern zuerst der Moment, in dem man von etwas Altem, lange scheinbar ungefragt Geltendem Abstand gewinnt, um in einer nun fälligen Standortbestimmung Raum für Neues zu eröffnen. Übrigens ist das Wort „epoché" zuerst in der skeptischen Philosophie verortet, der Skepsis vor allzu klaren Fronten und allzu steilen Wahrheitsansprüchen. Epochal wäre der Synodenbeschluss also dann, wenn er nicht durch Formelkompromisse Probleme zudeckte oder gar für endlich erledigt erklärte, sondern das Feld für die vielen dann fälligen Fragen eröffnete, die Füße (und Köpfe) auf weiten Raum stellte, einen Raum für wirkliche Dialoge, für offene Auseinandersetzungen, für die *Suche* nach Antworten statt des vorgeblichen *Besitzes* der Wahrheit. Damit es aber diesen freien Raum geben kann, müssen zunächst geschlossene Räume geöffnet werden. Um Neues lernen zu können, muss man manches Alte *ver*lernen. Im Verhältnis zwischen Juden und Christen, Kirche und Israel, deutschen

---

* *Vortrag auf der Synode der Nordelbischen Evangelisch-Lutherische Kirche am 21.9.2001 in Rendsburg*

und jüdischen Menschen gibt es nicht den Nullpunkt, an dem ein unbelasteter Dialog einsetzen könnte. Es gibt stattdessen die ungeheure Last der christlichen und noch einmal der deutschen Geschichte. Die Tradition aller toten Geschlechter (so hat es *Marx* einmal formuliert) lastet wie ein Alp auf dem Gehirne der Lebenden. Und (ich mache eine zweite literarische Anleihe, diesmal bei *Christa Wolf*) diese Vergangenheit ist nicht tot, sie ist nicht einmal vergangen. Deshalb ist es buchstäblich not-wendig, dass die „Theologische Erklärung" zur Beschlussvorlage mit einem Bekenntnis von Schuld und Irrtum einsetzt. Ich könnte mir vorstellen, dass an den Formulierungen im Einzelnen noch gearbeitet wird, dass zum Beispiel das undifferenzierte „wir" als Subjekt von Schuld und Irrtum (auch im Blick auf konkrete Ereignisse im Bereich der heutigen Nordelbischen Kirche) präzisiert (wenn auch nicht relativiert) werden und einige womöglich zu sehr an kirchlicher Formelsprache ausgerichtete Formulierungen zugunsten genauerer Bezeichnungen und Benennungen zurücktreten könnten. (Genauer muss ich jetzt sagen: An einzelnen Formulierungen der Erklärung ist gearbeitet worden, Grundlage der Beratungen ist eine Fassung, die sich von einer ersten mir vorliegenden unterscheidet – in vielen Punkten meines Erachtens zum Vorteil.)

Doch bleibt unbeschadet aller Anfragen an einzelne Formulierungen unverzichtbar, dass ein solches Schuldbekenntnis gegenüber Israel hier einen Ort hat. Christliche Judenfeindschaft leistete dem Versuch der Ausmordung des europäischen Judentums Vorschub; das ist durch keine Unterscheidung etwa zwischen christlichem Antijudaismus und rassischem Antisemitismus zu verharmlosen. Ich stimme diesem unverzichtbaren Teil der Erklärung also ausdrücklich zu. Und doch möchte ich auf eine Problematik hinweisen, die in einer gewissen Gemengelage zwischen historischen, theologischen und psychologischen Aspekten angesiedelt ist. So richtig es ist, jeden Versuch einer Neubestimmung des Verhältnisses zwischen Christen und Juden im Angesicht der Realität der Schoah wahr zu nehmen, so wichtig ist es doch auch, darin die unüberhörbare Mahnung zu diesem Versuch, doch nicht seinen letzten Grund zu erkennen. Nicht erst die unendliche Schuld von Christen an Juden nötigt zur Frage nach dem Verhältnis des Christentums zu Israel als Grundfrage christlicher Identität, sondern die unaufgebbare Beziehung des Christentums auf das Judentum als Grund seiner Existenz und Identität selbst. Was das sei, Christentum, Kirche, christliche Gemeinde, lässt sich nicht sagen, ohne dass dabei die Frage nach Israel ins Zentrum gerät. Dass die Verdrängung oder Verdrehung dieser Frage zur Schoah führen konnte, spitzt sie dramatisch zu; unabweisbar ist diese Frage jedoch, wo immer es um christliche Identität geht. Diese biblisch-theologischen Aspekte will ich später wieder aufnehmen. Aber ich habe auch psychologische erwähnt. Es gibt Entscheidungen und Veränderungen, die man im Bewusstsein der Schuld treffen muss. In aller Regel keine guten Entscheidungen und Veränderungen sind aber diejenigen, die man *aus* Schuldgefühlen trifft. Kaum jemand wird in Diskussionen über das Thema Kirche und Israel in Gemeinden, Synoden, Universitätsseminaren, Akademietagungen und weiteren Diskussionsforen die Schuld von Christinnen und Christen und noch einmal von Deutschen leugnen. Und doch spüre ich bei vielen Gesprächen eine – ich sage das jetzt absichtlich so vage – Unlust. Dass man nicht immer wieder an diese dunklen Seiten der eigenen Geschichte erinnert werden will, ist das eine. Aber es kommt etwas hinzu. Oft nämlich zeitigt dieses Thema vor allem, was alles wir *nicht* mehr sagen, *nicht* mehr glauben, *nicht* mehr singen, *nicht* mehr beten und *nicht* mehr denken dürfen. Die Agenden enthalten noch immer eine problematische bis ideologische Textauswahl, Schulbücher noch immer judenfeindliche Passagen, vertraute Kirchenlieder werden als hochbelastet erkannt, Begriffe (seien es die Pharisäer oder Spitzbuben, sei es die Judenschule oder auch das „Alte Testament") geraten in die Schusslinie, hochangesehene und hochansehnliche Bilder in vielen Kirchen werden in ihrer judenfeindlichen Tradition entlarvt, Predigten in ihrer das Alte Testament christlich vereinnahmenden Tendenz kritisiert und so fort. Das alles geschieht meist mit Recht und wird noch lange nötig sein. Aber wer lässt sich schon gern immer wieder sagen, was man alles *nicht mehr* dürfe? Das Thema „Juden und Christen" gerät nicht selten zu einem Wald von Verbotsschildern und seine Wortführer zuweilen zu einer Art Oberlehrer, die unnachsichtig aufdecken, wo schon wieder einer etwas Falsches gesagt hat. *Political* (oder *theological*) *correctness* scheint angesagt. Aber dann ist es kein Wunder, wenn das Thema des Verhältnisses von Christen und Juden gerade bei Menschen, die sich ihm nicht von vornherein verschließen, zu dem Eindruck führt, da kriege man mehr verboten als geboten, mehr noch: Bei diesem Thema bekämen Christenmenschen vor allem etwas weggenommen. Ich kritisiere hier nicht eine ungeschickte Verpackung oder wenig begeisternde Verkaufsstrategie; ich kritisiere die in dieser Verkürzung des Themas steckende Verarmung. Wir *müssen* wahr nehmen, was alles wir verlernen müssen (so nicht mehr singen und sagen sollen), aber ebenso und mehr, welche neuen Entdeckungen wir machen können, wenn wir uns von den alten Mustern entfernen, an welchem Reichtum wir Anteil bekommen können, wenn wir es lernen, die Bibel nicht gegen, sondern mit Jüdinnen und Juden zu lesen und zu lernen.

Zur Debatte steht in dieser Synode eine Ortsbestimmung (darauf zielt die beantragte Ergänzung der Präambel) und die Bereitschaft zum Weitergehen (darauf zielt unter anderem die Beantragung einer hauptamtlichen Pfarrstelle für den christlich-jüdischen Dialog). Es geht um die verbindliche Bestimmung eines Standorts, von dem aus neue Schritte nötig und möglich sind. In diesem Sinne setzt der Beschluss, um den die Synode gebeten wird, hinter das Thema keinen Punkt, sondern für das weitere Arbeiten an diesem Thema einen Doppelpunkt.

Es geht um einen Beschluss, der einen verbindlichen Ausgangsort benennt, von dem aus weitere Arbeit an diesem Thema nötig und dann eben auch möglich wird. Keine auch nur denkbare Formulierung kann den Anspruch erheben, alle wichtigen Fragen des Themas gelöst zu haben. Es geht um einen Beschluss, der den Raum öffnet für eine weiter notwendige Debatte, die für mehr als *eine* Auffassung offen sein wird, in der um Antworten gerungen werden muss. Eine solche Debatte aber wird nur dann möglich sein, wenn an entscheidenden Stellen ein Konsens formuliert wird, der für die weitere Arbeit an diesem Thema den in dieser Kirche verbindlichen und verbindenden Rahmen benennt.

II.

Die vorgeschlagene Ergänzung der Präambel der Verfassung der Nordelbischen Evangelisch-Lutherischen Kirche lautet:

„Die Nordelbische Evangelisch-Lutherische Kirche bezeugt die Treue Gottes, der an der Erwählung seines Volkes Israel festhält. Mit Israel hofft sie auf einen neuen Himmel und eine neue Erde. Sie sucht Begegnung und Versöhnung mit dem Volk Israel."

In den voraufgegangenen Debatten in mehreren Landeskirchen (unter anderem meiner westfälischen) und im Vorfeld dieser Synode meldeten sich kritische Stimmen im Blick auf zwei Kernfragen. Die eine bezieht sich auf die Verwendung des Wortes „Israel". Muss man nicht, so wird gefragt, genauer differenzieren zwischen biblischem Israel, rabbinischem Judentum, den vielen Formen des Judentums in seiner Geschichte und schließlich dem modernen Staat Israel mit seinen unterschiedlichsten Bürgern, die nicht alle Jüdinnen und Juden sind und unter deren jüdischen Bürgern keineswegs alle als religiös verstanden werden können oder auch nur wollen? Von welchen konkreten Menschen sei also die Rede? Meine Israel ein Volk, eine Religion, einen Staat oder eher eine Tradition? Zudem gebe es doch auch den christlich-kirchlichen Sprachgebrauch, in dem sich die christliche Gemeinde als „Israel" verstehe. Kurzum, die undifferenzierte Rede von Israel sei nicht geeignet in einem ja nicht zuletzt auch kirchenrechtlich relevanten Text, der nicht mit unklaren Begriffen operieren solle. Bevor ich mich mit diesem Bündel von kritischen An- und Rückfragen auseinandersetze, will ich den zweiten Haupteinwand nennen, so wie er sich mir darstellt. Er bezieht sich darauf, dass es ein ungewöhnlicher und problematischer Vorgang sei, wenn eine christliche Synode einen verbindlichen Text beschließe, der sich in seinem Kern nicht nur auf eine andere, nichtchristliche Religion beziehe, sondern im Blick auf diese (und zwar diese zunächst für sich allein) eine theologische Wertung formuliere. Beide Anfragen sind keineswegs von der Hand zu weisen. Ich will versuchen, ihnen zu begegnen und beginne mit der erstgenannten Frage, wer (oder was) Israel sei. Ich nähere mich ihr methodisch, das heißt wörtlich: auf einem Umweg.

Wer (oder was) ist der Mensch? Es gibt Kontexte, in denen es unverzichtbar ist von *dem* Menschen zu reden, zum Beispiel dann, wenn es um Menschenwürde und Menschenrechte geht. Mensch ist eine jede, die, ein jeder, der Menschenantlitz trägt; es gibt nicht mehr oder weniger Menschsein, die – biblisch gesprochen – Gottesbildlichkeit ist jedem

Menschen, ist *dem* Menschen unzerstörbar zugesprochen. Aber es gibt ebenso Situationen, in denen man jeder undifferenzierten Rede von *dem* Menschen widersprechen muss. Wenn jemand zu wissen meint, was *der* Mensch sei, muss man darauf beharren, dass es *den* Menschen nicht gibt, sondern Menschen in je konkreter Zugehörigkeit zu einem Geschlecht, einem Alter, einer Kultur, Sprache, Sozialisation, Religion und vielen weiteren Konkretionen und dabei (das ist ebenso wichtig) den vielen Formen der Überschreitungen all dieser Zuschreibungen, das heißt, es gibt nur je konkrete Menschen in ihrer unverwechselbaren Einzigkeit. Die Rede vom Menschen ist also ebenso unmöglich wie notwendig. Es bedarf dieser umfassenden Kategorie und es bedarf der je notwendigen Konkretionen. Grundsätzlicher gesagt: Es gibt eine terminologische Differenzierung, die der größeren Genauigkeit dient – sie ist allemale hilfreich. Es gibt aber auch eine terminologische Differenzierung, die dem Zwecke dient, sich je bestimmte Dimensionen der Fragen vom Leibe zu halten. Ihr gilt mein Verdacht. Und bei der strikten Unterscheidung zwischen Israeliten, Juden und Israelis, der klaren Unterscheidung der Verwendung des Wortes „Israel" für einen Staat, ein Volk oder eine Religion oder auch der strikten Unterscheidung von Antijudaismus und Antisemitismus scheint mir die erste in die zweite überzugehen. Ich möchte trotz aller unterschiedlicher Gestaltformen Israels in seiner Geschichte und Gegenwart die *Kontinuität* Israels (von „alttestamentlicher" Zeit bis heute) stärker betonen als die Differenzen – nicht etwa, weil ich zu definieren wüsste, was Israel sei. Das ist so wenig einlinig anzugeben wie beim Christentum auch. Dennoch möchte ich nicht diejenige (mir im Studium vermittelte) kategoriale Trennung zwischen Israeliten, Juden und Israelis wiederholen, der es letztlich nicht um historische *Unter*scheidung geht, sondern um die *Scheidung* zwischen dem, womit wir es im Alten Testament zu tun haben, auf der einen und dem Judentum und dem gegenwärtigen Israel auf der anderen Seite. Es ist noch nicht lange her, dass eine *typische* „Geschichte Israels", verfasst von einem Alttestamentler, bis höchstens zum Jahre 135 n.Chr. reichte – als ob es danach eine Geschichte Israels nicht gegeben hätte und nicht gäbe. Immerhin tragen inzwischen die „Geschichten Israels" meist einen Untertitel (etwa: [Geschichte Israels] „in alttestamentlicher Zeit"). Darin zeigt sich sowohl eine gewachsene *Sensibilität* gegenüber dem späteren und gegenwärtigen Israel (wie gegenüber der Verstrickung des Themas in die eigene christliche und noch einmal deutsche Geschichte) als auch eine gewachsene historische *Genauigkeit*. Aber noch immer zucken viele Alttestamentler zusammen, wenn jemand im Seminar die Worte israelitisch, jüdisch oder israelisch nicht sorgsam auseinander hält, noch immer fragt man, ob jemand Hebräisch *oder* Ivrit gelernt habe (was nichts anderes ist, als fragte man jemanden, ob sie Französisch oder Français lerne, denn Hebräisch heißt auf Hebräisch *Ivrit*).

Keineswegs geht es mir um den Verzicht auf historische Unterscheidungen. Fatal wäre etwa die Annahme, heute lebende jüdische Menschen würden bruchlos die alttestamentlichen Gesetze in ihrem historischen Wortlaut für verbindlich halten und *so* praktizieren. Es wäre eine sträfliche Verkürzung, wollte man zwischen dem Denken, Glauben und Handeln *David*s, des „Hiobautors", *Philo*s *von Alexandrien* und des *Rabbi Akiva* nicht unterscheiden und sähe heute ein einheitliches Judentum bei – ich bilde eine abenteuerlich-bunte, doch womöglich erhellende Reihe: – dem *Lubawitscher Rebben* und *Woody Allen, Jeschajahu Leibowitz* und *Joram Kaniuk, Gershom Scholem* und *Barbra Streisand, Walter Benjamin* und *George Tabori, Ignaz Bubis* und *Paul Spiegel, Edna Brocke* und *Micha Brumlik*. Aber wir differenzieren zwischen *Paulus, Augustin* und *Luther* doch auch (hoffentlich tun wir das!) – und zwischen *Karl Barth* und *Emanuel Hirsch, Dorothee Sölle* und *Karol Woityla, Leonardo Boff* und *Mutter Teresa, Dietrich Bonhoeffer* und *Wilhelm Kiekbusch, Otto Dibelius* und *Martin Niemöller*. Und doch gehören alle zuletzt Genannten zu Christentum und Kirche. Von dem Christentum, von der Kirche zu reden bleibt notwendig, obwohl oder gerade weil es unter anderem Aspekt *das* Christentum, *die* Kirche nicht gibt.

Im Blick auf Israel spitzt sich die Frage noch einmal zu. Wenn es keine engste Verbindung gäbe zwischen denen, die im „Schma'jisra'el" („Höre Israel!") im 5. Mosebuch angeredet sind, und denen, die sich in den Jahrhunderten nach der Formulierung des alttestamentlichen Textes bis heute so anreden ließen und lassen, wenn es keine genuine Verbindung gäbe zwischen denen, denen die biblischen Verheißungen und Zusagen Gottes gelten, und denen, die – vielleicht im tiefsten Grund, *weil* man diese

Verheißungen und Zusagen Gottes nicht ertragen wollte – verfolgt und ermordet wurden, in Kreuzzügen und Pogromen, in Auschwitz, Maidanek, Sobibor und all den Schreckensorten, wenn es da nicht stets auch um das *eine* Israel ginge, dann hinge jeder Versuch einer Erneuerung des Verhältnisses zwischen Christen und Juden, Kirche und Israel in der Luft. Dann nämlich wäre die biblisch-theologische Seite dieser Frage eine historisch-theologische (für die Bibelwissenschaftler und Historiker der frühen Kirche zuständig sind), die gegenwärtigen Fragen blieben solche an Religionswissenschaftler (indem das Judentum als eine der vielen Religionen in der Welt zu verorten wäre), die Judenverfolgungen wären Thema der Historiker und Genozidforscher und die Begegnung zwischen israelischen und deutschen Menschen Thema der Politik und der Pädagogik. Die so gestellten Fragen haben in all diesen Bereichen großes Gewicht, aber dass eine Synode nach dem Verhältnis zu Israel fragt, hat seinen Grund darin, dass all diese Aspekte aufs Engste zusammenhängen und in ihrer Gesamtheit zur Frage nach dem Christentum, nach der Kirche werden müssen. Und eben diese Gesamtheit kommt nur in den Blick, wenn sie sich auf den Namen bezieht, der all das verbindet, und das ist der Name Israel. Ist erst einmal dieser Zusammenhang festgehalten, dann müssen all die nötigen Differenzierungen beachtet, so genau wie möglich diskutiert und, wo es möglich ist, geklärt werden.

Kaum weniger komplex ist die in dem zweiten genannten Einwand gebündelte Anfrage: Kann die Präambel der Verfassung einer Evangelisch-Lutherischen Kirche eine Aussage über Gottes Treue im Blick auf die Erwählung Israels treffen, das heißt, etwas über ein Volk und eine Religionsgemeinschaft außerhalb des eigenen (juristisch gesagt:) Geltungsbereichs bekunden? Damit ist ein Kern des Themas getroffen. Tatsächlich ist ja ein Ergebnis des mühsamen und auch schmerzlichen Lernprozesses, den die „Theologische Erklärung" benennt, dass „wir" (wir Christinnen und Christen, wir, die Gemeinde, die Kirche, wir, die Deutschen) nicht Israel sind. Zu verlernen, um Neues lernen zu können, ist ja gerade die Selbstverständlichkeit, in der sich Christen mit Israel identifizieren. Da wird in aller Regel unbefragt vorausgesetzt, dass die „Tochter Zion" des Adventslieds die christliche Gemeinde ist, dass „wir" gemeint sind, wenn in einem alttestamentlichen Predigt- oder Lesetext vom Volk

Gottes die Rede ist, dass sich der Zuspruch „ich habe dich bei deinem Namen gerufen, du bist mein" aus dem Jesajabuch auf die christliche Taufe bezieht, dass die Zehn Gebote und der aaronitische Segen uns Christinnen und Christen gelten. Nein, wir sind nicht Israel und doch sind all die gerade genannten Worte in unseren Liedern, Gebeten, Gottesdiensten Worte Israels. Ohne diese Worte aber würden unsere Gottesdienste und Gebete dürr, würde der Schatz der Tauf- und Konfirmationssprüche arm. Die christliche Gemeinde ist angewiesen auf Worte, die zuerst Israel gesagt sind. Sie sind ja viel mehr als eine Sammlung schöner Zitate und beherzigenswerter Sätze der Weltliteratur, es sind die Worte, von und in denen die Gemeinde, die Kirche lebt. Aber was tut die Gemeinde und Kirche, wenn sie von sich selbst in solchen Worten spricht? Wenn es die Worte Israels nicht nur waren, sondern noch sind, ist es nicht ein Raub an Israel, wenn Christen ihrer eigenen Frömmigkeit so Ausdruck geben? Wie immer man hier urteilen will, es bedarf einer Legitimation. In der ganz überwiegenden Geschichte von Christentum und Kirche gab es diese Legitimation, nämlich mit Hilfe der Grundthese, dass all das einst an und von Israel gesagt wurde, dann aber von Gott selbst Israel weggenommen und auf die Kirche übergegangen sei. Lange gab es in den Köpfen und Herzen so etwas wie eine zwar nicht wörtlich formulierte, aber gleichsam im Stillen mit zu denkende Präambel der Kirchenverfassungen, die, würde man sie aussprechen, etwa so lautet: *Die Kirche bezeugt, dass Gott seinen Bund mit Israel gekündigt hat und dass seine Erwählung und seine Verheißungen nunmehr den Christen gelten.* In den letzten Jahren hat ein Prozess eingesetzt, als dessen Ergebnis wir festhalten können, dass diese Auffassung in den Kirchen (Gott sei Dank) keine Geltung mehr beanspruchen kann. Die dieser Synode vorgeschlagene Erweiterung und die zu ihrer Erläuterung vorgelegte „Theologische Erklärung" ist Ausdruck dieser weithin schon vollzogenen Erneuerung. Doch nicht erst diese Erneuerung setzt eine Aussage über die Beziehung Gottes zu Israel an den Anfang. Sie setzt sie an die Stelle einer der Sache nach immer schon vorausgesetzten Aussage über Israel. Nicht *dass* eine christliche Kirche von Israel sprechen muss, wenn sie von sich selbst zu sprechen beginnt, ist also das Neue, sondern *wie* sie es tut. Wir müssen prinzipiell (das heißt, am Anfang und im Grundsatz) von Israel sprechen, weil wir unsere christliche Frömmigkeit nicht ausdrücken können, ohne mit Israel zu sprechen, mit Worten, die zuerst und bleibend Israel gesagt sind. Wir müssen prinzipiell (das heißt, am Anfang und im Grundsatz) von Israel sprechen, wenn wir diese Worte nicht mehr gegen, sondern mit Israel sprechen wollen.

Damit ist freilich die Frage nicht erledigt, was wir tun, wenn wir Worte an Israel und Worte Israels in unseren Gottesdiensten und Gebeten, unseren Kirchenliedern und Taufsprüchen so sprechen, dass sie auch uns gelten. Man könnte aus der leidvollen und bösen Geschichte der Enteignung Israels durch Christen und Kirchen ja zunächst einmal auch schließen, wir sollten uns fürderhin all dieser Enteignungen enthalten und nur noch die eigenen christlichen Worte gebrauchen. Welche Worte aber sollte dann eine Kirche gebrauchen, vollends wenn sie sich als Evangelisch-Lutherische Kirche auf die „Schrift" berufen wollte? Gibt es in der ganzen Bibel (Alten *und* Neuen Testaments) auch nur ein einziges Wort, welches nicht von oder zu jüdischen Menschen gesprochen ist? Mit aller Klarheit ist festzuhalten, dass wir, wo immer wir uns auf die Bibel beziehen, wo immer wir Worte der Bibel lesen, sprechen, beten, Worte lesen, sprechen und beten, die von oder zu (und meist von und zu) jüdischen Menschen gesagt sind, dass wir, wo immer wir von Gott und zu Gott sprechen, den einen Gott meinen, der Israels Gott war und ist und sein wird. Wir müssen also von Israel sprechen, wenn wir von uns selbst sprechen wollen.

Aber wie können wir dann von uns selbst sprechen? Was ist die christliche Kirche, die so prinzipiell auf Israel bezogen bleibt und die doch ebenso klar wissen und beherzigen muss, nicht Israel zu sein? Das ist eine weitere Hauptfrage des gesamten Themas. Sie lässt sich auf vielfache Weise stellen, in einer Form lautet sie: Was ist neu am Neuen Testament?

III.

Was ist neu am Neuen Testament? Auch im Blick auf diese Frage war manches zu verlernen um Neues lernen zu können. Zu verlernen waren Clichés von der Art, das Alte Testament bezeuge den Gott der Rache, das Neue den Gott der Liebe, im Alten gehe es um Gesetzlichkeit, im Neuen um

Rechtfertigung. Diese Zerrbilder reden falsches Zeugnis wider Israel, sie sind – auch darüber besteht inzwischen große Einigkeit sowohl in der theologischen Wissenschaft als auch in den Verlautbarungen der Kirchen – schlicht falsch. Dass sie falsch sind, haben christliche Theologinnen und Theologen nicht allein aus ihrem eigenen Studium gelernt, sondern auch und vor allem in der Wahrnehmung jüdischer Studien und im lebendigen Gespräch mit Jüdinnen und Juden. Vor allem die Erforschung des Neuen Testaments hat in den letzten Jahren durch diese Wahrnehmung jüdischer Texte und jüdischer Menschen einen gewaltigen Fortschritt gemacht. Gerade in dem Bereich also, in dem es um die biblische Grundlage christlicher Theologie geht, bedarf es des gemeinsamen Lernens von Juden und Christen. Und es bedarf (auch das gehört dazu) des gemeinsamen Lernens in Kirchen und Hochschulen. Das Umdenken begann ja weithin nicht in den Theologischen Fakultäten, sondern in Gemeinden und Synoden. Dabei ist das Abbauen des nicht mehr Haltbaren der erste notwendige Schritt. Inzwischen sind schon weitere Schritte erfolgt und haben zu einer ungeheuren Bereicherung geführt. Neutestamentliche Worte und Schriften erschließen sich auf ganz neue Weise, wenn sie wahrgenommen werden im Zusammenhang jüdischer Fragestellungen, jüdischer Argumentationsfiguren, jüdischer Lehre und jüdischen Lebens. Uns christlichen Bibelwissenschaftlerinnen und -wissenschaftlern wird hier nichts außer den Engführungen und Verzerrungen weggenommen und wir gewinnen viele neue Einsichten. Die ganze lebendige Welt des Judentums wird als Kontext des Neuen Testaments erkennbar und viele Worte erschließen sich erst in diesem Horizont. In dem Maße, in dem sich diese Einsichten in Studium und Ausbildung verbreiten, werden sie immer fruchtbarer werden in der Praxis der Kirche, in Predigt und Unterricht, in Leben und Lehre. Diese neuen Perspektiven werden zum Beispiel eingebracht von den nun schon 23 Jahrgängen derer, die ein Jahr in Jerusalem studiert haben und neue Perspektiven des Bibellesens und -lernens in die Kirchen, auch die Nordelbische Kirche einbringen. Bald wird eine Zeit kommen, in der die Rede vom „alttestamentarischen Rachegott" so klingen wird wie heute die Vorstellung von Hexen oder die einstige kirchliche Lehre, die Sonne drehe sich um die Erde. Vielleicht bin ich zu optimistisch, aber mir liegt viel daran, dass wir nicht allein auf das fixiert bleiben und vor allem das vermitteln, was alles wir nicht mehr sagen und denken sollen, sondern immer mehr und immer zuversichtlicher das weitergeben, das sich uns an ganz neuen, bereichernden und befreienden Perspektiven eröffnet hat und weiter eröffnet.

Aber, so lässt sich ja fragen, wird uns nicht doch etwas weggenommen von der einzigartigen Bedeutung Jesu Christi im Zeugnis des Neuen Testaments, wenn die Person und Botschaft Jesu und das Neue Testament ganz im Horizont des Judentums wahrgenommen werden? Deshalb noch einmal die Frage: Was ist neu am Neuen Testament? Ich versuche (in der notwendigen Kürze) eine kompakte Antwort: Was die Themen, was die Aussagen über Gott, was das angeht, was Menschen geboten ist, ist in der prinzipiellen Perspektive des Neuen Testaments *nichts* neu. Was aber die Adressatinnen und Adressaten angeht, ist in der prinzipiellen Perspektive des Neuen Testaments *alles* neu. Das Neue Testament ist als Ganzes verstehbar als die Vermittlung der Erfahrungen Israels in die Welt. Das Neue Testament redet von demselben Gott, von dem das Alte redet, und es redet nicht anders von diesem Gott, dem Gott von Liebe und Gerechtigkeit, Barmherzigkeit und Gericht. Weil das so ist (ich nehme einen Hinweis aus *Frank Crüsemanns* Synodenvortrag vor zwei Jahren auf), kann im Evangelischen Gesangbuch an einer zentralen Stelle, nämlich im Zusammenhang der christlichen Beichte ein Lied vom vergebenden Gott stehen, dessen Text von dem jüdischen Theologen und Schriftsteller *Schalom ben Chorin* stammt. Seine drei Strophen lauten (EG 237): *Und suchst du meine Sünde, flieh ich von dir zu dir, Ursprung, in den ich münde, du fern und nah bei mir. Wie ich mich wend und drehe, geh ich von dir zu dir; die Ferne und die Nähe sind aufgehoben hier. Von dir zu dir mein Schreiten, mein Weg und meine Ruh, Gericht und Gnad, die beiden bist du – und immer du.* Das ist die Sprache der Psalmen, das ist ein Kern paulinischer und ein Kern lutherischer Theologie. Gott ist alles in allem, Gericht und Gnade stehen bei dem einen Gott, von dem alles herkommt und auf den alles zuläuft. Gott ist erfahrbar in Nähe und Ferne. Keine neue Lehre, keine neue Theologie, keine neue Ethik wird im Neuen Testament an die Stelle des Alten und seiner jüdischen Interpretation gestellt, sondern ihre Universalisierung. Als ein Mensch, der ich kein Sohn einer jüdischen Mutter bin, habe ich durch die

Geschichte Jesu, durch die Mission des Paulus einen Zugang bekommen zum Gott Israels. Diesen Zugang zu eröffnen, ihn für alle Menschen in der Welt zu eröffnen, eben das hat der Völkerapostel Paulus als sein Ziel formuliert: die Bekehrung von den Götzen, „um dem lebendigen und wahren Gott zu dienen" (1. Thess 1,9). Dieser lebendige und wahre Gott ist der eine Gott, der Gott Israels. Nicht Menschen vom Gott Israels wegzubringen, sondern sie zu ihm hinzuführen, ist das Ziel aller christlichen Mission. Wie kommen die Völker hinein in das Heil Israels? Das war die zentrale Frage, die Paulus bewegte, seine Mission bis an die Enden der Welt zu bringen. (Nicht ganz nebenbei: Es war der schwedische lutherische Bischof *Krister Stendhal*, der eben das als den entscheidenden Beweggrund der paulinischen Theologie herausgearbeitet hat.) Die Universalisierung der Gottesbeziehung Israels, von Gott so zu sprechen, dass Menschen aus den Völkern („Heiden" nennt sie die Lutherbibel) zu diesem Gott finden können, ohne dazu Jüdin oder Jude werden zu müssen – eben das ist das ganz Neue am Neuen Testament. Wir bekennen als Christen, dass Gott Jesus von den Toten auferweckt hat, dass sich in Jesus als dem Christus Gott selbst in authentischer Weise offenbart, und wissen uns in diesem Bekenntnis als Menschen aus den Völkern („Heiden") vollwertig von Gott angenommen. Die Person Jesu Christi und auch eine christologische Lektüre der ganzen Bibel ist für mich als einem Menschen aus den Völkern unverzichtbar. „In Christus" zu sein, wie es im Neuen Testament heißt, ist für Christen, die ja eben darum Christen und Christinnen heißen, der eine Zugang zu dem einen Gott, von dem die ganze Bibel redet. In Joh 10 bezeichnet sich Jesus selbst als diese Tür: „Ich bin die Tür. Wer durch mich hineingeht, wird gerettet werden ..." Christliche Mission (glücklicherweise nicht mehr mit Feuer und Schwert und anderer Gewalt oder auch nur im Gestus des alleinigen Wahrheitsbesitzes) zielt darauf, diesen Zugang zu dem einen Gott, den die Bibel bezeugt, Menschen aus den Völkern weiterzusagen und sie einzuladen, durch diese Tür zu gehen. In einer Predigt am Karfreitag 2001 formulierte der Bonner Pfarrer *Siegfried Virgils* (einen Hinweis von *Gerhard Bauer* aufnehmend) mit dem Bild aus Joh 10: „Je besser ich diesen jüdischen Jesus kennen lerne, je deutlicher die jüdischen Umrisse seiner Person und seiner Verkündigung werden, um so mehr rückt Jesus aus dem Zentrum meines Glaubens – nein nicht an den Rand, sondern an die *Türschwelle*."

Die Türschwelle ist – ich nehme das auf – kein zweitrangiger Ort am Rand, sondern der Zugang zum Haus. Aus den Fenstern kann man aus dem Haus herausschauen, betreten wird man es durch die Tür. Bilder soll man nicht pressen, aber es bietet sich der Hinweis an, dass ein Raum, in dem Tür und Mitte dasselbe wären, *sehr* eng wäre. Aber Jesus ist im Neuen Testament nicht die Mitte, er verweist mit all seinem Reden und Tun auf die Mitte, auf Gott selbst. Christus als die Tür eröffnet den Zugang zu dieser Mitte für die, die zuvor draußen waren. Das Bild führt womöglich noch weiter. Ich habe von den Fenstern eines Hauses gesprochen, durch die man heraus- und auch, wenn man dicht genug herankommt, hineinsehen kann – besonders, wenn das Haus erleuchtet ist. Verheißungen des Alten Testaments, die die Völker betreffen, sind solche Fenster. Sie öffnen den Raum für den Blick hinaus, für Israels Blick auf die Völker. Sie sind einbegriffen in die Hoffnung Israels auf die universale Gottesherrschaft. Ich kann jetzt nur wenige Texte in Erinnerung rufen: Am Anfang der Geschichte Abrahams kommen die Völker in den Blick und zwar in ihrer Verbindung mit Abrahams Nachkommen, die (in Segen und Fluch) zum Maßstab wird für Gottes Verhalten gegenüber den Völkern: „Ich will segnen, die dich segnen; der dich geringschätzig behandelt, den verfluche ich. In dir sollen sich segnen lassen alle Völker der Erde." Im Jesajabuch ist die Rede von Israel als *nes ammim*, als Zeichen für die Völker; der „Gottesknecht" wird das Recht, die Tora, hinausbringen bis zu den Enden der Welt, Jeremia wird Prophet der Völker genannt, noch bevor er zum Propheten für Israel bestimmt ist. Die Völker selbst kommen an den Zion und holen sich etwas von der Weisung Gottes, der Tora: „Sie werden ihre Schwerter zu Pflugscharen und ihre Spieße zu Winzermessern umschmieden und den Krieg nicht mehr lernen", wie es im Jesaja- und im Michabuch heißt. Nicht allen Menschen zu allen Zeiten in Israel ging diese Völkerperspektive in der Heilsbotschaft für Israel leicht ein: Der Prophet Jona muss lernen, dass Gottes Barmherzigkeit noch gegenüber dem bösen Ninive größer ist als die Konsequenz, einmal ausgesprochene Drohungen zu erfüllen. Leben, Leben auch der Gottlosen wird Gott noch wichtiger als die Wahrheit seiner Propheten. Es sind, wie dieser ganz kleine Ausschnitt zeigt, keine Randtexte des Alten Testaments, die diese universale Perspektive entwickeln. Sie geht bis zur Erwartung einer neuen Erde und, noch erstaunlicher, eines neuen Himmels. Es ist diese große Erwartung des Jesajabuches, die im letzten Buch des Neuen Testaments wieder aufgenommen und nun Menschen aus den Völkern zugesagt ist. Mit diesem Bibelwort aus Jes 65 und Offb 21 heißt es über die Kirche im Vorschlag zur Ergänzung der Präambel: Mit Israel hofft sie auf einen neuen Himmel und eine neue Erde". Alles Gewicht liegt auf dem „mit" – „Mit Israel hofft sie auf einen neuen Himmel und eine neue Erde", mit, nicht gegen oder anstelle von.

An vielen Stellen der hebräischen Bibel kommen die Völker in den Blick, an entscheidenden Stellen sind sie einbegriffen in die Verheißungen von Heil und Frieden. Dass Gott diese Verheißungen wahr machen wird, ist der Grund auch unseres Vertrauens. Auch um unserer selbst willen sind wir also gut beraten auf Gottes Treue gegenüber seinen Zusagen zu vertrauen. In seinem Referat vor der Westfälischen Landessynode im November 1999 sagte *Michael Weinrich*: „Auch für die Kirche hängt alles daran, daß Gott seine Treue zu Israel bewahrt, denn worauf wollte sie angesichts der offenkundigen Kette ihrer Verfehlungen setzen, wenn sie behauptet, daß Gott Israel seine Treue wegen des Ungehorsams entzogen habe?"

Das Heil für die Völker kommt im Wort an Israel im Alten Testament an vielen und wichtigen Stellen zu Wort. Die Völker kommen vor im Alten Testament, „wir" kommen vor im Alten Testament und diese Perspektive kann uns zu vielen neuen Entdeckungen führen. Als Mitgesegnete mit Israel können wir Anteil bekommen an Gottes Segen, die Verheißungen des Alten Testaments machen an den Grenzen Israels nicht Halt. Diese Perspektive kommt aber erst dann in den Blick, wenn wir uns nicht sogleich an die Stelle Israels setzen und in den Völkern, den „Heiden" irgendwelche anderen, aber nicht uns selbst erkennen. Das Neue Testament setzt die Völkerperspektive des Alten fort, nicht gegen das Alte, wohl aber so, dass in den innerjüdischen Kontroversen, die die neutestamentlichen Zeugnisse zunächst widerspiegeln, eben diese Linie stark gemacht wird, indem Menschen aus den Völkern eingeladen werden, den Zugang zu Israels Gott zu suchen. Die Person Jesu Christi und das Zeugnis des Neuen Testaments ist für uns diese Tür zum Gott Israels. Durch die Auferweckung Jesu von den Toten hat Gott diese offene Tür für alle Menschen aus den Völkern beglaubigt. Indem wir uns als Menschen, als Gemeinde, als Kirche christlich nennen, benennen wir diesen für uns einzigen Zugang. Darin ist Christus *für uns* exklusiv. Wir dürfen darauf vertrauen, dass das Haus, das Israel bewohnt hat und weiter bewohnt, groß genug ist auch für uns. In diesem Haus gibt es Raum für alle, Räume für alle, durchaus verschieden eingerichtete Räume. „In meines Vaters Haus sind viele Wohnungen" – für diesmal will ich den Satz des Johannesevangeliums so verstehen. Aber das Haus ist das Haus Gottes, des einen und einzigen Gottes, von dem die ganze Bibel Zeugnis ablegt. Und dieses Haus gab es schon, bevor Menschen aus den Völkern es durch die Tür betreten durften, ohne Jüdinnen und Juden zu werden. Dieses Haus hatte schon zuvor Bewohner und ihnen ist weder gekündigt worden noch fristen sie als Untermieter ein Leben in der Mansarde. Auch deshalb muss von diesem Haus, auch deshalb muss von Israel die Rede sein, wenn ein Christ, wenn eine Kirche von sich selbst sprechen will, wie sie es in einer Kirchenverfassung tut.

IV.

Vom Haus, der Tür und den Fenstern habe ich gesprochen. Damit drängt sich ein Stichwort geradezu auf, das in der „Theologischen Erklärung" nicht explizit genannt ist, das aber zu einem Schibbolet der Frage nach dem Verhältnis zwischen Christen und Juden geworden ist und daher zum Thema werden muss: Ich meine das Stichwort „Judenmission". In den Formulierungen der „Theologischen Erklärung" spüre ich Behutsamkeit im Umgang mit diesem Thema. (In der ersten Fassung der Erklärung gab es an dieser Stelle eine erkennbar komplizierte Formulierung, in der jetzt vorliegenden Fassung heißt es [unter Punkt 5]: „Wir widersprechen allen Versuchen, die darauf zielen, Juden von ihrer Religion abzubringen.") Gewiss mit Bedacht hat man in beiden Fassungen darauf verzichtet, den Begriff „Judenmission" zu verwenden. Es spricht einiges dafür so zu verfahren, denn der Begriff selbst ist „verfahren". Wir können auch gegenüber Jüdinnen und Juden nicht unerklärt das Verständnis von „Mission" stehen lassen, das für die Judenheit in vielen Jahrhunderten zum Trauma werden musste. An die Stelle der Zwangstaufen und der verordneten Bekehrungspredigten ist ja längst ein ganz anderes Verständnis von Mission getreten, eines, das mit Bezeugung und Konvivialität verbunden ist. Aber können wir Jüdinnen und Juden den Begriff „Mission" zumuten und von ihnen verlangen, dieses Wort von nun an bitte so zu hören, wie wir es jetzt meinen, und nicht, wie sie es so furchtbar erlebt haben? Ist diese Zumutung nicht zu groß? Umgekehrt scheuen sich viele Christen, auf Mission gegenüber dem Judentum unumwunden zu verzichten, weil sie dann auf die Bezeugung ihres christlichen Glaubens gegenüber Jüdinnen und Juden verzichten zu müssen glauben. Manche fürchten auch, eben das könnte zu einer neuen „Sonderbehandlung" von Juden führen. Können wir, so wird gefragt, Juden das vorenthalten, was uns das Wichtigste und Kostbarste ist? (Was das angeht, so berufe ich mich gern auf *Micha Brumlik*, der Bischof *Knuth* beim Frankfurter Kirchentag in dieser Hinsicht mit der Auskunft zu beruhigen versuchte, er kenne keinen Juden, der den Verzicht auf Judenmission so verstehen würde, dass ihm etwas vorenthalten würde ...) Zur Beschreibung der gegenwärtigen Diskussionslage gehört, dass die allermeisten in Sensibilität für die besondere deutsch-jüdische Geschichte deutschen Kirchen jedenfalls noch für längere Zeit größte Zurückhaltung empfehlen. Eine prinzipielle Absage an Judenmission fällt manchen jedoch schwer. Ich verstehe also die im Gesagten und Nichtgesagten erkennbare Behutsamkeit der „Theologischen Erklärung" gut. Vielleicht wäre es ein Gewinn, wenn zuerst einmal der belastete Begriff aus dem Blick geriete, damit über die Sache um so klarer diskutiert und entschieden werden kann. Allerdings habe ich kein gutes Gefühl, wenn dabei der Eindruck entstehen könnte, man wolle das Wort „Judenmission" weglassen, um sich eine wie auch immer geartete Hintertür zu lassen. Liest man es so (und so *kann* man es lesen), dann würde das gut Gemeinte kontraproduktiv. In der Sache habe ich mich entschieden, nämlich eindeutig gegen jede Vorstellung von einer Judenmission. Meine Geschichte als Deutscher spielt dabei eine Rolle, aber nicht die entscheidende. Meine Wahrnehmung neuer missionstheologischer Konzepte spielt dabei eine Rolle, aber nicht die entscheidende. Die entscheidende Rolle spielt die schlichte und für mich nur negativ zu beantwortende Frage: Zu *was,* zu *wem* will ich einen jüdischen Menschen missionieren? Was sollte eine Jüdin, ein Jude durch eine Konversion zum Christentum gewinnen? Gibt es da etwas, das Israel nicht hat, Christen aber haben? Christen bekommen durch die Person Jesu Christi und das Zeugnis des Neuen Testaments Zugang zu dem einen Gott, ohne Jüdinnen und Juden zu sein. Das ist für Christen entscheidend, für Juden buchstäblich gegenstandslos. Wenn Mission bedeutet Menschen einzuladen, durch die Tür zu gehen, die Jesus Christus ist, dann bedeutete „Judenmission", Jüdinnen und Juden zuerst aus ihrem eigenen Haus zu verweisen, um ihnen dann einen erneuten Zugang in Aussicht zu stellen. Judenmission ist (letztlich unabhängig von allen real historischen Erfahrungen und deshalb letztlich auch unabhängig von der belasteten Rolle deutscher Kirchen) etwas prinzipiell Bodenloses. Noch deutlicher wird das, wenn man Mission als „missio Dei" verstehen, Gott selbst es überlassen will, zu missionieren. Müssen denn Juden zu *Gott* bekehrt werden? Jemandem etwas in Aussicht zu stellen, was er oder sie bereits hat und ist, gibt nur dann Sinn, wenn man ihnen zuvor das Haben und Sein abgesprochen hat. Die der Synode vorgeschlagene Erweiterung der Präambel formuliert das klare Gegenteil. Daraus folgt der Sache nach unzweideutig die Ablehnung jeder Art von Judenmission. Vielleicht sollte man das dann auch unzweideutig sagen. Eine Missachtung der wichtigen neueren Missionskonzepte könnte ich darin nicht erkennen und die Erschwerung des offenen Redens zwischen Juden und Christen über den je eigenen Glauben und das gemeinsame Lernen auf der Basis eines solchen offenen Austauschs auch nicht.

Theologisch ist die Sache für mich klar, aber es gibt da abermals noch eine psychologische Seite. Wie kommt es, dass so viele Christen Probleme haben, auf Judenmission zu verzichten, obwohl sie selbst gar keine Jüdinnen und Juden missionieren wollen? In entsprechenden Debatten beschleicht mich ein merkwürdiges Gefühl. Schon vor längerer Zeit habe ich gelernt, dass es zum Antisemitismus gar keiner realen Juden bedarf. Ich glaube inzwischen, dass es auch zur Judenmission gar keiner realen Juden bedarf. Man will keine Juden missionieren, man will lediglich, aber immerhin bekunden, dass sie der Mission *bedürften.* Was steht dahinter? Könnte es sein, dass es nicht um die Missionierung von Juden geht, sondern um ein im Festhalten an deren Missionsbedürftigkeit bekundetes „mehr" des Christentums? Und wieder frage ich, was dahinter steht. Ist es womöglich jene eigentümliche Logik des Geldes, wonach ich *mehr* haben muss, weil ich sonst *weniger* hätte? Warum aber gibt es nicht ein „anders", das weder mehr noch weniger ist? Wie schwach wäre christliche Identität ausgebildet, wenn sie auf dem „mehr" beharren müsste, weil sie anders gar nichts mehr wert wäre? Wenn an diesen Beobachtungen etwas dran ist, ist es umso mehr um ein christliches Selbstbewusstsein zu tun, welches nicht von der Verächtlichmachung oder subtileren Formen der Abwertung anderer zehren muss. Das bedeutet auf der anderen Seite auch den Verzicht auf jede Verächtlichmachung der eigenen christlichen Identität. Die meisten Menschen in unserem Land und unseren Kirchen haben, Gott sei Dank, inzwischen gelernt, dass Juden keine schlechteren Menschen sind. Manche von uns (ich schließe mich da nicht aus) müssen noch lernen, dass sie deshalb nun auch keine besseren Menschen sein müssen. Es gibt eine Form der Heiligsprechung alles Jüdischen, welche die sanfte, aber ebenso falsche Kehrseite der alten Diffamierungen ist. Solange wir aus dem Schema des „besser oder schlechter" nicht herauskommen, bleiben wir in derselben Falle. Und nur allzu leicht kann Überhöhung wieder in Diffamierung umschlagen, die Geschichte von Christen und Juden hat auch dafür ihre Beispiele.

V.

Etwas verlernen, um Neues lernen zu können – das gilt auch für ein besonders schmerzliches Kapitel protestantischer Theologie. Ich meine Luthers Bild vom Alten Testament und vom Judentum. Die Äußerungen des späten Luther „Von den Juden und ihre Lügen" gehören zu den bösesten Sätzen der Theologiegeschichte, vollends im Lichte der späteren erschreckend wörtlichen Einlösung mehrerer dort geäußerter Vorschläge zur Behandlung von Juden. Die Erinnerung daran gehört zur Geschichte einer lutherischen Kirche. Auf *diese* Worte Luthers wird sich heute keine Bischöfin, kein Bischof, keine Synode einer lutherischen Kirche berufen. (Das war nicht immer so.) Nun gibt es da allerdings nicht selten einen Kurzschluss: Man lobt in klarer Distanz gegenüber dem „späten" Luther umso mehr den früheren und stellt gegen die Spätschrift „Von den Juden und ihren Lügen" (1543) die zwanzig Jahre zuvor verfasste Schrift „Daß Jesus Christus ein geborener Jude sei". Beide Schriften unterscheiden sich erheblich in Ton und Ziel – werbend die frühe, aufs Übelste schmähend die späte. Aber beide Schriften unterscheiden sich in ihrem theologischen Kern nicht. 1523 lädt Luther die Juden ein, sie möchten doch nun, von der Herrschaft des Papsttums befreit, frei annehmen, dass die Schrift, dass ihre eigene Bibel Jesus Christus als den göttlichen Herrn bezeuge. Und bereits hier urteilt Luther, wenn die Juden die Bibel nicht als Christuszeugnis anzunehmen bereit seien, verfehlten sie Gott selbst. Ein nicht allein auf Christus bezogener Glaube ist in Luthers Augen Götzendienst. Juden, die Christus nicht annehmen, verstießen also gegen das Erste Gebot! Die christologische Auslegung des Alten Testaments ist für Luther nicht die Weise, in der Menschen aus den Völkern zu Gott Zugang finden, sie ist für ihn der einzig wahre Sinn der hebräischen Bibel. Die eigentlichen und auch zur Zeit der Abfassung der alttestamentlichen Worte gemeinten Adressaten sind in Luthers Sicht die Christen, für sie ist das Alte Testament geschrieben (besonders deutlich wird das etwa in Luthers Auslegung seines Lieblingspsalms, des Psalms 118), die Juden können daher die Worte ihrer eigenen „Schrift" allenfalls ansatzweise verstehen. Das alles formuliert Luther nicht erst als verbitterter alter Mann, das gehört von Anfang an zu seiner Theologie. Diese Sicht auf die Bibel aber bestreitet jüdischen Menschen, dass sie ihre eigene Bibel verstehen können. Auf dieser Basis ist jeder jüdisch-christliche Dialog unmöglich, denn sie bestreitet den Dialogpartnern nicht nur die Wahrheit, sondern die Wahrheitsfähigkeit. Die „Theologische Erklärung" und der Ergänzungsvorschlag für die Präambel formulieren das strikte Gegenteil zu dieser Auffassung und das ist gut so. Wenn die Synode dem folgt, widerspricht sie in einem wichtigen Punkt Luther. Das muss sie und das darf sie auch. Konzilien können irren, wie Luther selbst mutig bekundete, Synoden können auch irren, Theologieprofessoren allemale – und Reformatoren auch. Diesen Irrtum zu korrigieren bedeutet keine Absage an Luther im Ganzen, auch und gerade nicht an Luthers Lektüre des Alten Testaments. Denn dass man die großen Gedanken der Rechtfertigung gerade im Alten Testament finden kann, hat kaum jemand so klar wie

Luther herausgestellt und seine Rechtfertigungslehre nicht zuerst am Römerbrief, sondern zuerst an den Psalmen erarbeitet. Von Luthers Auslegung der Bibel, auch und gerade des Alten Testaments, lerne ich bis heute unendlich viel. Ich möchte das nicht aufgeben, aber ich will das nicht gegen Jüdinnen und Juden tun, sondern von und mit ihnen lernen. So wenig Luthers Aussagen über die Türken heute zur Grundlage eines gedeihlichen Zusammenlebens mit muslimischen Menschen taugten, so wenig taugen Luthers Aussagen über Juden als theologische und praktische Grundlage der Erneuerung des Verhältnisses zwischen Christen und Juden. Diese Korrektur ist umso glaubwürdiger, je klarer und entschiedener sie in Lutherischen Kirchen selbst formuliert wird. Auch in dieser Hinsicht also ist die Entscheidung dieser Synode besonders wichtig. Dabei bedarf es (das möchte ich gegen mögliche Missverständnisse und Ängste hinzufügen) nicht der Absage an Luthers Bibelauslegung, sondern nur (das aber in aller Deutlichkeit) der Korrektur seiner Auffassung, die christologische Auslegung des Alten Testaments sei nicht nur die für Christen wahre, sondern die (auch für Juden) *einzig* wahre. Es geht nicht um eine Absage an die Exklusivität Christi, sondern um ihre genauere Bestimmung. Ich habe mir angewöhnt, in entsprechenden Sätzen Luthers ein „für uns" mit zu denken. Das macht diese Sätze nicht geringer, sondern nur genauer.

VI.

Die Entscheidung der Synode ist an der Zeit, um die Erneuerung des Verhältnisses zwischen Christen und Juden zu fördern, nicht, um deren künftige Gestalten und Ergebnisse bereits jetzt abschließend zu formulieren. Es geht (ich komme an den Anfang meines Referats zurück) nicht um einen Punkt, sondern um einen Doppelpunkt. Korrektur und Weiterarbeit gehören zusammen. Deshalb verstehe ich die beiden in formaler Hinsicht so ungleichen Anträge auf die Erweiterung der Verfassungspräambel und auf die Einrichtung einer Stelle zur weiteren Arbeit inhaltlich als eine Einheit. In der weiteren Arbeit wird es immer wieder darum gehen, Unhaltbares zu verlernen, um gemeinsam Neues lernen zu können. Das gemeinsame Lernen wird falsche und böse Trennungen überwinden helfen, aber es wird und soll nicht alles Trennende beseitigen. Ziel des Paulus waren Gemeinden aus Jüdinnen und Juden *und* aus Menschen aus den Völkern. Von ihrem Zusammenleben in *einer* Gemeinde träumte der Apostel, von den ganz konkreten Konflikten in einem solchen Zusammenleben handeln wichtige Passagen seiner Briefe. In der weiteren Geschichte hat sich dieser Traum des Paulus nicht erfüllt; die Trennung von Juden und Christen ist im zweiten Jahrhundert faktisch vollzogen. Seitdem gibt es Juden und Christen als zwei Religionsgemeinschaften. Das Nebeneinander hat sich in den meisten Zeiten der Geschichte vor allem als striktes Gegeneinander gezeigt – und als Leidensgeschichte vor allem des jüdischen Volkes. Juden und Christen gehen nun wieder Schritte hin auf ein Miteinander. Aber das Ziel dieses Miteinanders ist kein Durcheinander. Es geht nicht um eine irgendwie geartete Einheitsreligion, auch und gerade wenn sich beide auf die zu einem großen Teil gleiche autoritative „Schrift" berufen. Für eine produktive Vielfalt ist die Bibel selbst das beste Beispiel. Viele besonders wichtige Dinge sind in der Bibel mehrmals dargestellt, ähnlich, aber nicht gleich, und zuweilen auch strikt gegensätzlich. Biblische Worte enthalten mehr als *einen* Sinn, es gibt in den allermeisten Fällen mehr als *eine* Wahrheit, und größtes Misstrauen empfiehlt sich gegen alle, die vorgeben im Besitz der einen Wahrheit zu sein. Gerade die Bibel selbst, die in nahezu allen entscheidenden Stellen und Fragen mehr als *eine* Antwort, *eine* Wahrheit enthält, ist das Dokument der Notwendigkeit des stets neuen Diskurses um das, was gelten soll. Dazu bedarf es mehr als *einer* Position. Es geht um Vielfalt ohne Beliebigkeit. Es ist gut, dass nicht alle christlichen Kirchen die gleiche Form und Lehre haben, es ist gut, dass es in Wort und Praxis mehr als *eine* Auffassung gibt. Und es ist gut, dass es in Verbundenheit und Differenz Christen und Juden gibt. Erst am Ende wird Gott alles in allem sein, erst dann wird die ganze Wahrheit offenbar. Bis dahin warten Juden und Christen auf einen neuen Himmel und eine neue Erde. In dieser Gemeinsamkeit können trennende Grenzen überwunden werden, doch ebenso wichtig ist die Respektierung heilsamer Grenzen. Wir sind nicht Israel. Weder müssen Juden Christen noch müssen Christen Juden werden, um dem einen Gott zu dienen. Nicht um eine jüdisch-christliche Einheitsreligion ist es zu tun und auch nicht um eine mit jüdischer Authentizität aufgefüllte christliche Universalität. Stattdessen geht es um „die Verwirklichung des Allgemeinen in der Versöhnung der Differenzen". Diese Formulierung steht in den „Minima Moralia" *Theodor W. Adorno*s und ebenso die Fortsetzung, die in jeder Ökumene, jedem Versuch des Zusammenlebens in einem großen oder sehr großen Haus zu beherzigen ist. Man müsse, so *Adorno*, „den besseren Zustand ... denken als den, in dem man ohne Angst verschieden sein kann".

Es bedarf der freien Diskussionen, in der verschiedene Auffassungen ohne Angst vertreten werden können. Kein Mensch ist im Besitz der Wahrheit, auch keine Kirche, und Synoden können irren. Aber es gibt (darin stimmen die Prinzipien der Demokratie und die Debatten des Talmud überein) keine bessere Entscheidung als die der freien Diskussion und dann der Abstimmung. Was die *Wahrheit* ist, kann nicht mit Mehrheit entschieden werden. Aber was *gelten* soll – und was nicht mehr gelten soll, das kann, das muss nach freier Diskussion von der Mehrheit entschieden werden. Fromme Menschen bitten bei schwierigen Entscheidungen Gott um Hilfe. Sie könnten Gott wie Salomo um ein verständiges Herz bitten, sie könnten um Gottes Geist bitten, sie könnten Worte eines Psalms sagen. Die *meisten* dieser Bitten werden mit Worten gesagt, die Worte Israels waren und sind. *Alle* diese Bitten sind an den einen Gott gerichtet, der Israels Gott war und ist. Wer zu diesem Gott betet und darauf vertraut, dass Gott seinen Verheißungen treu bleibt, hat die Erweiterung der Präambel schon vorausgesetzt.

Begegnungen eines Alttestamentlers mit dem Judentum.*
Einige biographische Stationen in Skizzen.

„Nulltens".

In dem Gymnasium, das ich besuchte, bevor ich mit meinen Eltern in eine andere Stadt zog, hatten wir (ich glaube in der Quinta [der 6. Klasse]) eine Zeit lang einen Mitschüler, der samstags nicht in die Schule kam. (Damals war der Unterricht am Samstag noch obligatorisch.) Er *kam* samstags einfach nicht und merkwürdigerweise wurde er niemals als fehlend ins Klassenbuch eingetragen und wurde auch am Montag nie gefragt, warum er am Samstag nicht da war. Das fanden wir eigentümlich, aber darüber wurde nie gesprochen. Es war, wie wenn jemand eine etwas peinliche Krankheit hat, die immer samstags ausbricht und über die man besser nicht redet – schon gar nicht mit dem von ihr Befallenen selbst. Das Wort „Jude" habe ich dabei nach meiner sicheren Erinnerung nie gehört. Es wäre wohl in der Mitte der 50er-Jahre als ein „unanständiges Wort" empfunden worden, mit dem man diesen Mitschüler nicht belasten wollte.

Meine erste *Be*gegnung mit einem Juden war also (mit einem Wort von Martin Buber) eine *Ver*gegnung. Darum habe ich diese erste der Stationen, von denen ich Ihnen erzählen möchte, als die „Nullte" beziffert. Aber prüfen Sie selbst, ob nicht auch noch einige weitere eher weitere „Nullte" waren ...

I.

Der Direktor meiner späteren Schule, Professor B., war ein bekannter Altphilologe – Herausgeber einer angesehenen wissenschaftlichen Zeit-

---

* *Vortrag im Einführungskurs für Theologiestudierende der Evangelisch-Theologischen Fakultät der Ruhr-Universität Bochum im Winter-Semester 2003/04 zum Thema „Kirche und Israel"*

schrift, berühmter Ovid-Kommentator, Mitglied mehrerer in- und ausländischer Akademien der Wissenschaft. Seine glänzend begonnene Universitätskarriere wurde 1945 jäh abgebrochen; die solchermaßen erzwungene Schullaufbahn gehörte zur so genannten „Reeducation". Professor B., untragbar geworden, vor fünf oder zehn Hörern römische Geschichte zu lehren, sollte sich als Lehrer in der Schule bewähren. (!?) Dazu dann auch dies: Die meisten der sehr wenigen, deren Universitätskarriere 1945 abbrach, fielen nicht ins Nichts. Das unterschied sie von sehr vielen, deren Universitätskarriere 1933 und in den Jahren danach abbrach und die 1945 keineswegs wieder in ihre Stellen kamen, kommen sollten, kommen durften. Das gehört im weiteren Sinne auch zu unserem Thema.

So hatten wir, die Schülerin und die Schüler unserer Klasse, die Geschichte von Professor B. jedenfalls gehört. Eines Tages, am Beginn der Obersekunda (der 11. Klasse) kam also (so hieß vermutlich fast jeder Direktor eines humanistischen Gymnasiums:) „der Zeus" in unseren Klassenraum und dröhnte (*er dröhnte immer*): „Wer sich durch die Schule nicht ausgelastet fühlt, kann meinetwegen noch Hebräisch lernen." Keine Sekunde zuvor hatte ich auch nur mit dem Gedanken gespielt Hebräisch zu lernen. Ich wollte weder Pfarrer werden noch Theologie studieren, privat hatte ich begonnen, ein wenig Sanskrit zu üben (über das Malen der schönen Buchstaben bin ich da kaum hinaus gekommen); ich hatte mir für fünf DM in einem Antiquariat eine dickleibige Grammatik des Tasmanischen erstanden, auf deren Besitz ich ganz stolz war – aber Hebräisch? Und nun dieser Satz: „Wer sich durch die Schule nicht ausgelastet fühlt, kann meinetwegen noch Hebräisch lernen." Spürte ich (ob mit Recht oder nicht, wüsste ich heute gar nicht zu sagen), dass der, der *so* vom Hebräischen sprach, nicht wollte, dass da einer Hebräisch lernte? Spielten da die Umbrüche von 1933 und 1945 eine Rolle oder trug ich das ein – in womöglich unfairer Meinung, wer einmal ein Nazi gewesen sei (wenn es denn so war), sei auch heute noch einer? (Das musste ja nicht stimmen, wenngleich es bis heute leider so oft stimmt.) Oder störte mich einfach das Dröhnen von oben herab? Wie auch immer, ich stand ohne nachzudenken auf und sagte: „Ich fühle mich durch die Schule noch lange nicht ausgelastet, *natürlich* will ich Hebräisch lernen.

II.

So kam ich in den Hebräisch-Unterricht von Herrn Dr. M. – im ersten Jahr zwei Mal in der Woche morgens ab zehn nach sieben in der Schule, später dann nachmittags bei ihm im häuslichen Arbeitszimmer. Ich glaube heute, das für mich Einprägsamste und Prägendste war dieses Arbeitszimmer. Zum ersten Mal in meinem Leben sah ich ein Zimmer voller Bücher und einen Menschen, der in diesen Büchern lebte. Das Hebräischlernen war für mich ein Schritt in die Welt der Bücher. War „Hebräisch" gegenüber „dem Zeus" vor allem das aufmüpfige Widerwort, so war „Hebräisch" nun die Welt des Geistes. Beides wurde mir wichtig und ist es noch immer. Intellektualität ist ja nichts anderes als die Verbindung von Geist und Widerwort, Intellektuelle sind Menschen, so hat es Ernst Bloch einmal gesagt, die niemals mit den Herrschenden ihren Frieden machen – eben das unterscheidet sie von den „Akademikern" ...

Hebräisch bedeutete mir also viel – nur *eins* bedeutete es mir nicht: Dass Hebräisch die Sprache lebendiger, gegenwärtiger jüdischer Menschen ist, wusste ich natürlich, aber es war mir nicht wirklich bewusst. Dass die Schrift, die wir zuerst lernten, die Schrift der „Schrift" (der Bibel) ist, dass die Texte, die wir bald lasen, Texte der jüdischen Bibel sind, wusste ich natürlich, aber es war mir nicht wirklich bewusst. Mit lebenden jüdischen Menschen hatte das für mich vollends wenig zu tun. Wir lernten Hebräisch mit großer Freude. Es war – schon wegen der anderen Umgebung – so ganz anders als normale Schule und das Schönste war, dass wir (die beiden Schüler) genau wussten, dass wir das, was wir da lernten, für keinerlei praktischen Zweck lernten. Damit würden wir nie etwas anfangen können – das war das Beste daran. Und so lernten wir dann auch noch Aramäisch. Das steht bei mir dann auch auf dem Abiturzeugnis und diese Angabe passt in kein Formular- oder Computererfassungsschema und das ist auch etwas. Es hätte aber auch Sanskrit sein können – oder Tasmanisch.

III.

Jetzt muss ich etwas erzählen, das auf den ersten Blick im Widerspruch zu der geschilderten Zweckfreiheit steht und ebenso zu meiner genannten Ignoranz gegenüber dem lebendigen Judentum. Denn mit etwa 18 Jahren beschloss ich zum Judentum zu konvertieren. Es fällt mir nicht leicht, aus dem Abstand von 40 Jahren die Beweggründe und die Gefühlslage präzise zu beschreiben oder auch nur in die eigene Erinnerung wieder zu holen. Aber im Blick auf den entscheidenden Beweggrund bin ich mir sicher: Ich wollte nicht zu etwas gehören – ich wollte zu etwas *nicht* mehr gehören. Ich weiß nicht, ob Ihnen die Situation der späten Adenauerzeit vor Augen ist. Adenauer selbst war nie ein Nazi, aber in seinem Kabinett gab es deren mehrere. Der amtierende Bundespräsident Lübke (ein Mann mit eher bescheidenem Denk- und noch bescheidenerem Sprachvermögen) hatte, wie man hörte, etwas mit dem Bau von Konzentrationslagern zu tun; sein Vorgänger, der hochangesehene Theodor Heuss hatte 1933 mit seiner Partei für das Ermächtigungsgesetz gestimmt, alte Nazi-Generäle bauten die Bundeswehr wieder auf, einige unserer Lehrer erzählten sich im Schullandheim abends begeistert ihre Kriegserlebnisse – eine gewaltige Miefglocke lag über dem ganzen Land. Der flächendeckend verordnete Antikommunismus war der Deckel, unter dem sich die alten Nazis und die neuen Demokraten scheinbar vereinten. Von dieser deutschen Geschichte und Gegenwart wollte ich mich lossagen, *da* wollte ich nicht zu gehören. Und die stärkste Form des Nicht-Dazugehörens schien mir, Jude zu werden. (Es war die Zeit, in der man in der Schule Max Frischs „Andorra" las.) Wenn ich in der Straßenbahn auf dem Weg zum Hebräischunterricht das Buch mit den „jüdischen" Buchstaben aufschlug oder zuweilen die Allgemeine Jüdische Wochenzeitung las, rückten die Mitfahrenden instinktiv-demonstrativ etwas von mir weg, wie sie es bei (so sagte man damals noch) Negern oder Zigeunerinnen taten. Ich muss gestehen: Das genoss ich. Am allerliebsten wäre ich, glaube ich, der *einzige* Jude geworden. Denn mit meinem Konversionswunsch verband sich nicht etwa der Wunsch jüdische Menschen kennen zu lernen, mit jüdischem Leben in Kontakt zu kommen. Das wäre gar nicht schwer gewesen, die jüdische Gemeinde hatte ihren Ort wenige hundert Meter von meiner Schule entfernt. Aber es ging mir ja nicht darum, zu etwas zu gehören, sondern einzig darum, zu etwas nicht mehr zu gehören.

So ging ich eines Tages zum Rabbiner und bekundete ihm meinen Konversionswunsch. Er reagierte so, wie ein Rabbiner in solchen Fällen reagiert (das wusste ich damals aber noch nicht). Er zeigte sich demonstrativ desinteressiert, ja er wies mich ab. *Wie* er das tat, traf meine Eitelkeit aufs Empfindlichste. Er fragte mich, ob ich denn wohl meinte, sie hätten ausgerechnet auf mich gewartet ... Das war's dann. Ich war beleidigt und wollte nicht mehr Jude werden. Heute bin ich dem Rabbiner sehr dankbar. Denn er hat mir (nicht, dass ich es damals verstanden hätte) gezeigt, dass das Judentum etwas *ist* und nicht vor allem etwas *nicht* ist.

IV.

Ich lernte weiter Hebräisch und Aramäisch und fühlte mich in der Welt des Geistes. Und dann habe ich doch Theologie studiert. Mit Glauben und Kirche hatte das wenig zu tun; es war für mich zunächst das Studium sozusagen gesteigerter Altphilologie. (Ich sollte wohl hinzufügen, dass sich das inzwischen sehr verändert hat.) Kam ich nun im Studium mit dem Judentum in eine inhaltliche Beziehung? Ein klares „Nein" und ein klares „Ja". Das muss ich erläutern. Ich studierte nicht eigentlich Theologie, sondern die alttestamentliche Wissenschaft. Da ich alle Sprachzeugnisse mit dem Abitur nachgewiesen hatte, konnte ich weitere alte Sprachen lernen: Sumerisch, Akkadisch, Hethitisch (wie ich zu diesem Keilschriftstudium kam, ist eine andere Geschichte). Und ich belegte viele alttestamentliche Lehrveranstaltungen. Kam ich da mit dem Judentum in Kontakt?

Hier gilt das klare „Nein". Im Gegenteil: Die alttestamentlichen Texte wurden uns dezidiert als solche nahe gebracht, die eben keine „jüdischen" Texte oder gar Glaubenszeugnisse waren. Nun kam es zuweilen vor, dass einer im Seminar die Begriffe „israelitisch", „jüdisch" und „israelisch" durcheinander brachte, also etwa sagte, die *Juden* seien durch die Wüste gezogen oder gar, Amos habe die soziale Praxis der *Israelis* kritisiert. Das war ein schweres Versehen, geradezu ein Vergehen. Ein Professor des Alten Testaments stellte einmal in einer Vorlesung die Sache unvergesslich klar: Ein Israelit, sagte er, das sei einer, der mit seinem Schaf zum Tempel zieht; ein Jude sei einer, der mit seinem Cadillac zur Synagoge fährt. Nun konnte es keine Verwechslung mehr geben. Das Alte Testament handelt von den Israeliten, die Juden waren die, gegen die Jesus im Neuen Testament das Christentum aufrichtete (davon, dass da schier nichts stimmt, war in diesem Einführungskurs gewiss schon die Rede und wird weiter die Rede sein). Und die Israelis sind wieder ganz andere, mit denen hat die alttestamentliche Wissenschaft und die Theologie gar nichts zu tun. Es gab damals einen anderen Alttestamentler an unserer Fakultät, einen, der sehr früh im christlich-jüdischen Dialog engagiert war und dem das lebendige Judentum viel bedeutete. In seinen wissenschaftlichen Arbeiten zum Alten Testament, unter anderem einem großen Psalmenkommentar, hat das kaum Spuren hinterlassen, das waren offenbar auch für ihn zwei Paar Schuhe. Kurz und schlecht: Das Theologiestudium hat mich vom Judentum eher noch weiter entfernt.

Aber nun das „Ja". Ich tummelte mich in mancherlei Veranstaltungen außerhalb meines Faches: Kunstgeschichte, Altphilologie, Archäologie, Geschichte. Und so kam ich in eine Vorlesung zur Geschichte der deutschen Juden. Der Dozent war Jude, der erste Jude, dem ich als solchem persönlich begegnete und den ich mit Namen kannte. Einmal kam er in die Vorlesung und sagte, heute sei ein hoher jüdischer Feiertag (es war das Wochenfest Schawuot in der Nähe unseres Pfingstfestes) und er hätte eigentlich daher die Vorlesung ausfallen lassen müssen. Andererseits sei das Sommersemester so kurz und der Stoff so umfangreich, dass ihm der Ausfall dieser Stunde doch sehr schwer falle. Und dann teilte er uns seinen Kompromiss mit: Er werde heute lesen, aber er werde heute nichts an die Tafel schreiben. Auf der Stelle hatte ich zwei ganz widersprüchliche Empfindungen: „Was für ein Quatsch!" Das war die eine. „Ich glaube, dass ich ahne, dass ich beginne etwas zu verstehen" Das war die andere.

Diese Vorlesung und später einige Seminare im Institut zur Geschichte der deutschen Juden und eine Einladung ins Haus des Dozenten wurden mir lieb und wichtig. Denn zum ersten Mal nahm ich wirklich wahr, dass die Juden nicht welche sind, die im Neuen Testament vorkommen und die Hitler dann umgebracht hat, sondern dass es davor, dazwischen und danach jüdische Menschen, jüdisches Leben gab und gibt. Das war eine wichtige Lehre, aber mit meinem Theologiestudium und meiner Lektüre des Alten Testaments bekam sie noch immer nicht zu tun.

V.

Das Studium des Alten Testaments (der – aber so nannten wir es damals noch nicht – hebräischen Bibel) hat mir die Brücke zum Judentum gerade nicht gezeigt, die Ausflüge ins Institut für die Geschichte der Deutschen Juden waren mir lieb geworden, aber eher wie ein Hobby nebenbei – so wie das Schachspielen etwa (ich trug mich damals mit dem Gedanken Berufsschachspieler zu werden, das Geistvoll-Zwecklose zog und zieht mich eben an). Aber wie kam es dann dazu, dass sich die Beschäftigung mit dem Judentum und dann (noch viel später) auch die Begegnung mit jüdischen Menschen einmischte in mein Studium des Alten Testaments?

Ich müsste Ihnen nun viel von jenem für uns magischen Jahr „1968" erzählen. Ich will das nicht tun – aus Zeitgründen nicht und auch nicht, weil sich die Heldenerzählungen der 68er für die Jüngeren so ähnlich anhören wie „Vatis" (beziehungsweise längst „Opas"): „Wenn ihr bei Stalingrad dabei gewesen wärt ..." Nur so viel: In dieser Zeit bekam ich mit Juden zu tun, genauer: mit Büchern jüdischer Menschen. Da war Karl Marx, da waren Eugen Leviné, Rosa Meyer-Leviné und Ernst Toller, Erich Mühsam und Gustav Landauer, Ernst Bloch, Max Horkheimer und Theodor W. Adorno, Leo Löwenthal und Siegfried Kracauer, auch Sigmund Freud und für mich zunehmend der Wichtigste: Walter Benjamin. Dazu kamen die Schriftstellerinnen und Schriftsteller, die, wenn ich das so sagen darf, den Geist des Judentums atmeten und mich Lesenden etwas davon atmen ließen: Manès Sperber und Elias Canetti, Paul Celan und Nelly Sachs, später Rose Ausländer und wieder und ganz neu Kurt Tucholsky. Die Schriften Martin Bubers kamen in mein Blickfeld, Karl Kraus, der unbestechliche Sprachlehrer, aber auch Friedrich Torberg und Josef Roth und – wieder mit ihrer je eigenen Stimme – Franz Kafka und Woody Allen. Dazu die Musik: Gustav Mahler, Arnold Schönberg, Kurt Weill und mehr noch Leonard Cohen und Bob Dylan. Alle diese Menschen sind Jüdinnen und Juden, fast alle diese Menschen haben kein ungebrochenes Verhältnis zu ihrem Judentum. Es war vor allem die Lektüre der Bücher, die mich in die Welt des Judentums eintauchen ließ; es waren Leseerfahrungen, die mich dann dazu brachten, meine Studien im Alten Testament zunehmend mit dem Judentum in Verbindung zu sehen. Als ich an meiner Dissertation über die Schlusskapitel des Ezechielbuches schrieb – über eine der großen und frühen Utopien eines gerechten und guten Lebens –, lag buchstäblich auf der einen Seite meines Schreibtisches das hebräische Wörterbuch von Gesenius und auf der anderen lagen die Werke Blochs und Horkheimers. Ich hatte Freunde, mit denen ich über das eine, und Freunde, mit denen ich über das andere reden konnte. Ich versuchte beides zusammen zu bringen. Das versuche ich noch heute. Ich habe gelernt, dass die hebräische Bibel (das Alte Testament) zu uns gehört, aber nicht uns gehört; ich habe gelernt und versuche es zu buchstabieren, in der hebräischen Bibel Worte wahr zu nehmen, die nicht mir gesagt sind und die mir doch etwas zu sagen haben. Ich versuche auf das zu achten, was *Israel* gesagt ist und was *in* Israel gesagt ist.

VI. (und vorläufig letztens)

Ganz spät kam es zu mehr als sporadischen lebendigen Begegnungen mit jüdischen Menschen, vor allem in der Arbeitsgemeinschaft Juden und Christen beim Deutschen Evangelischen Kirchentag, dann auch in anderen Arbeitskreisen, die sich um einen jüdisch-christlichen Dialog bemühen und wissen, dass sie (dass wir) da noch ganz am Anfang stehen, schließlich auch in gemeinsamen Vortrags- und auch Seminarveranstaltungen. Dabei gibt es viele Gratwanderungen. Die Verführung ist groß, die alte Ausgrenzung des Judentums durch eine neue Zugriffigkeit zu ersetzen (das zweite ist [fast] so schlimm wie das erste). Die Gefahr ist groß, jüdischen Menschen zwar nicht mehr nach Leben und Würde zu trachten, ihnen aber nun durch fortwährende Umarmung die Luft zu nehmen. Ein Dialog, der nur aus Konflikten besteht, kann keiner *bleiben*; einer, in dem Konflikte und Dissonanzen zugedeckt werden, kann erst gar keiner *werden*. Es geht um die Balance von Nähe und Distanz, Übereinstimmung und Dissens, um die Wahrnehmung vieler Asymmetrien und nicht trotz, sondern wegen all dem um Gemeinsamkeit.

Ein unbefangenes Verhältnis zu jüdischen Menschen werden Angehörige meiner Generation vermutlich nie haben können. Das Sich-Abarbeiten an alten Vorurteilen kann leicht neue erzeugen. Gewiss sind die alten bösen Vorurteile viel schlimmer als manche neue gut gemeinte – gut sind auch die nicht. Die meisten Menschen in unserem Land haben inzwischen gelernt, dass Juden keine schlechteren Menschen sind. Nun müssen sie noch lernen, dass sie auch keine besseren Menschen sein müssen. Ich musste lernen, dass jüdische Menschen nicht in allem und jedem dadurch definiert sind, dass sie jüdische Menschen sind. Eine wunderbare jüdische Buchhändlerin zitierte einmal: „Jude sein ist auch nicht abendfüllend." Ich habe in den letzten Jahren viele Jüdinnen und Juden kennen gelernt, die ich sehr schätze und allemal respektiere. Die meisten von ihnen mag ich richtig gern. Es gibt aber auch einige, die ich (aus welchen Gründen auch immer) nicht so mag. Das kann ich mir inzwischen zugestehen. Ich finde, das ist ein kleiner Fortschritt.

Was aber mein Fach angeht, so ist mir wichtig, nein absolut unverzichtbar geworden, was ich eben schon gesagt habe und daher am Ende meiner Skizzen noch einmal (etwas ausführlicher) wiederholen möchte:

Ich habe gelernt, dass die hebräische Bibel (das Alte Testament) zu uns (uns Christinnen und Christen) gehört, aber nicht uns (uns Christen, geschweige denn uns Deutschen) gehört. Israel ist der erste und bleibend erste Adressat des Alten Testaments. Ich habe gelernt und versuche es zu buchstabieren, die hebräische Bibel wahr zu nehmen als Sammlung von Worten, die nicht mir gesagt sind und doch mir etwas zu sagen haben. Ich versuche auf das zu achten, was Israel gesagt ist und was in Israel gesagt ist. Deshalb gehört zunehmend auch die Wahrnehmung der rabbinischen Schriftlektüre in Midrasch und Talmud und ebenso die Wahrnehmung gegenwärtiger jüdischer Schriftauslegung zur alttestamentlichen Exegese, wie ich sie verstehen möchte. Ich möchte *von* Jüdinnen und Juden lernen und ich möchte *mit* Jüdinnen und Juden lernen.

Da kann es dann passieren, dass am Samstag eine oder einer fehlt und nun weiß ich, warum, obwohl ich so etwas zuweilen noch immer vergesse und unaufmerksam bin für Zeiten und Räume im Leben von Jüdinnen und Juden. Nicht alle jüdischen Menschen übrigens achten den Schabbat in dieser Weise. Manche achten ihn so streng, dass sie an diesem Tag zum Beispiel keinen Vortrag halten. Andere machen es etwa so wie mein früherer Lehrer, der am Feiertag die Vorlesung hielt, aber nichts an die Tafel schrieb, indem sie etwa einen Vortrag halten, aber dabei kein Mikrophon benutzen. Wieder andere zeigen keine äußeren Formen der Bewahrung des Schabbatgebots, aber daraus ist keineswegs zu schließen, dass ihnen dieser Tag nichts bedeutete. Das Judentum ist so vielfältig wie das Christentum auch. Es gibt orthodoxe und konservative und liberale Juden und das alles in vielen Varianten: Es gibt orthodox-jüdische Feministinnen und orthodox-jüdische Anarchisten, es gibt ultraorthodox-jüdische Computerspezialisten, konservative Freigeister, liberale Dogmatiker und fromme AtheistInnen. Das ist spannend, hält immer wieder neue Überraschungen bereit und ist allemale ein großer Reichtum. Ich kann nicht behaupten, dass ich mich da wirklich auskenne. Aber eins soll mir nie wieder passieren, nämlich dass da einer am Samstag fehlt und man besser nicht drüber redet und dass ich das peinliche Schweigen mitmache. Wenigstens über meine „nullte" Erfahrung also bin ich hinaus. Das ist immerhin nicht nichts ...

Eine fehlende Zeitform in der deutschen Grammatik.
Kleiner Ungehaltener Zwischenruf.

> „Ich hoffe immer noch, daß gestern besser wird."
> (Charly Brown)

Im Deutschen gibt es das (wie vieles andere der lateinischen Grammatik entlehnte) „Futur 2", die Zeitform der vergangenen Zukunft. *Etwas wird gewesen sein.* Die entsprechende Zeitform der „zukünftigen Vergangenheit" gibt es nicht als eine eigene Zeitform, oder – anders akzentuiert – es gibt sie in zwei Tempora beziehungsweise Modi. Die zukünftige Vergangenheit ist – als realisierte Zukunft der Vergangenheit – die Gegenwart (*etwas ist*), oder sie erscheint in der Form des Irrealis: *Etwas hätte sein können.* Aber zwischen Gegenwart und Irrealis bleibt etwas Entscheidendes im sprachlich-grammatischen Regelwerk unausdrückbar. Denn in beiden Fällen, der realisierten Zukunft der Vergangenheit in der Gegenwart (das, was ist) oder der eben nicht realisierten Möglichkeit (das, was hätte sein können), macht sich die Gegenwart zur Herrin der vergangenen Möglichkeiten.

Das Unabgegoltene der Vergangenheit, die vielen Möglichkeiten, die sie enthielt und enthält, fallen unter das Urteil des positivistischen „ja" oder „nein" der faktischen Realisierung oder Nichtrealisierung. Auch in der Sprache ist „der Angriff der Gegenwart auf die übrige Zeit" (so der Filmtitel von *Alexander Kluge*) spürbar. Zwischen der Faktizität und dem Irrealis bleiben die Möglichkeiten der offenen Zukunft der Vergangenheit unaussprechbar. Es bedarf daher einer weiteren grammatischen Zeitform der Zukunft der Vergangenheit, die sich dem Urteil der Gegenwart nicht fügt. Zum „Futur 2" (*etwas wird gewesen sein*) gehört daher ein „Imperfekt 2":

Etwas hat sein werden.

Engagement und Irrtumsfähigkeit.*
Einführende Überlegungen zum Gesprächsforum „Weiterdenken"
für Dorothee Sölle.

In einer der „Geschichten vom Herrn Keuner" schreibt Bert Brecht (GW 12, 382) dies:

„Ich habe bemerkt", sagte Herr K., „daß wir viele abschrecken von unserer Lehre dadurch, daß wir auf alles eine Antwort wissen. Könnten wir nicht im Interesse der Propaganda eine Liste der Fragen aufstellen, die uns ganz ungelöst erscheinen?"

Dieser kleine Text ist – bei näherem Hinsehen – vertrackt und nicht unproblematisch. Ich habe ihn mir für heute „ausgeborgt", um ihn für unsere Tagung und besonders für unser Gesprächsforum als Modell einer Variante zu nehmen. Diese Variante lautet:
 Könnten wir nicht im Interesse unserer Glaubwürdigkeit über die Sachverhalte reden, bei denen wir uns gänzlich geirrt haben?
 Zum „Weiterdenken" (der Titel unserer Tagung für und mit Dorothee Sölle) gehört allemale das Rückfragen. Und zu den kritischen Fragen an andere gehören allemale die kritischen Rückfragen an uns selbst. Sich für etwas einsetzen („Engagement" auf- und einbringen) schließt die Möglichkeit des Irrtums ein. Wer sich nie geirrt hat (im Kleinen und im Großen), hat nie gehandelt oder lügt. Das dürfte rasch einleuchten. Aber das ist ja noch keine *Antwort* auf die Frage, die in der Formulierung „Engagement und Irrtumsfähigkeit" aufleuchtet, sondern (nur und im-

---

* Für den Abdruck geringfügig erweiterte Fassung des Beitrags für das 6. Gesprächsforum „Weiterdenken" – Im Gespräch mit Dorothee Sölle aus Anlass ihres 70. Geburtstages – Akademietagung in Bad Segeberg, 2.-4.12.1999

merhin) der erste Schritt, der hilft die *Frage* richtig zu stellen. Das ist nicht nichts – immerhin ist die zitierte kleine Geschichte vom Herrn Keuner überschrieben: „Überzeugende Fragen". Nähern wir uns also dem Fragenbündel:

„Errare humanum est" (Irren ist menschlich) – so steht es (übrigens in der ursprünglichen Fassung: „Errasse humanum est") in einem Brief des Kirchenvaters Hieronymus (MPL 22, 578). Ähnlich lesen wir bei Theognis (einem griechischen Dichter des 6. Jh. v. Chr.): „Fehltritte haften dem sterblichen Menschen an." Eine wichtige Hinzufügung findet sich in den – allemale engagierten und streitbaren und darin sprichwörtlich gewordenen – „Philippika" Ciceros: „Jeder Mensch kann irren, nur der Tor im Irrtum verharren." (Phil XII, 2,5). „Es irrt der Mensch, solang er strebt" – das sagt (Gott) der Herr im „Prolog im Himmel" im „Faust". Für unser Thema ist es nicht uninteressant, worauf *das* die Antwort ist. Zuvor nämlich benennt Mephistopheles durchaus auch eine Form menschlichen „Engagements": „In jeden Quark begräbt er seine Nase."

Es *kömmt* also drauf an zwischen der Erkenntnis der Irrtumsanfälligkeit beziehungsweise positiv formuliert: der Irrtums*fähigkeit* von Menschen einerseits und dem berühmten Adenauerschen „Was kümmert mich mein dummes Geschwätz von gestern?" andererseits den Weg zu finden und zu gehen. Anders akzentuiert: Es geht um die Überwindung einer falschen Alternative, die sich im Neben- und Gegeneinander zweier Formen der (mit dem schönen Wort von Johann Baptist Metz formuliert:) *Verblüffungsfestigkeit* darstellt. Da ist auf der einen Seite die Verblüffungsfestigkeit derer, die an einmal gefassten Ansichten und Überzeugungen festhalten, komme, was da wolle. Und da ist auf der anderen Seite die Verblüffungsfestigkeit derer, denen nichts, was da kommt, den Boden unter den Füßen wegzieht, weil sie sich rasch und wendig allen je neuen Gegebenheiten anzupassen vermögen – ohne Rücksicht (Rück-Sicht) auf das, was ihnen einst wichtig und heilig war.

Freilich gibt es eine – zugegebenermaßen auch unter „Linken" nicht seltene – Weise, eigene Irrtümer vorbehaltlos einzuräumen. Solche Einsicht klingt dann etwa so: Ich muss gestehen: Ich habe mich geirrt. Ich habe es nicht für möglich gehalten, dass alles noch schlimmer ist, als ich schon immer gesagt habe. Ich muss zugeben, dass meine Feinde noch böser, meine Gegner noch dümmer sind, als ich meinte. Oder gar so: Ich habe mich geirrt: Ich habe mir nicht vorstellen können, dass ich so sehr und in allem Recht behalten würde ...

Wo immer man (oder frau) sich engagiert, setzt man (oder frau) sich einem Risiko aus. Unter den vielen Risiken geht es bei unserem Gesprächsforum um das Risiko, sich irren zu können. Dieses Risiko vermeiden zu wollen, hieße auf das Engagement zu verzichten. Ein „theologischer Satz" (das habe ich von Fulbert Steffensky gelernt und zitiere es seither gern und oft), der nicht ausweist, *wogegen* er sich richtet, ist bedeutungslos. Ein solcher (zeit- und kontextloser) Satz mag allenfalls „richtig" sein – *wahr* ist er nie. Aber auch Sätze (und Aktionen), die sich engagiert gegen etwas Falsches richten, können ihrerseits falsch (oder bedeutungslos) *werden*, wenn nämlich das, wogegen man spricht oder handelt, nicht mehr *da* ist oder nicht mehr *so* ist. Es ist nicht redlich (und auch nicht ungefährlich), bestimmte Gegner nur deshalb präsent zu halten, weil man ihrer rituell bedarf, um der eigenen Position den Charakter nicht nur der Wahrheit, sondern auch des mutigen Engagements zu verleihen.

Aber was, wenn ich den eigenen Irrtum erkenne – sei es, dass etwas einst Richtiges in neuer Lage falsch geworden ist, sei es, dass es damals schon falsch oder unscharf oder partiell blind oder undialektisch war?

Ich will von einigen der vielen eigenen Irrtümer und Blindheiten reden und beginne mit einem Beispiel, das meine exegetische Arbeit betrifft. Als ich vor etwa 20 Jahren ein Taschenbuch über die Gewalt in der Bibel und ihre Wirkungsgeschichte schrieb (Das Erbe der Gewalt, GTB 378, 1980), war ich einer der ganz wenigen Bibelwissenschaftler, der sich diesem Thema als Exeget stellte. Wenn ich heute in meinem Buch lese, stelle ich mit Verblüffung fest, dass unter den vielen Themen und Aspekten biblischer Gewalttexte *ein* Thema mit keinem Wort vorkommt. Dass zahlreiche dieser Texte in spezifischer Weise *Gewalt gegen Frauen* zum Thema haben, war mir damals nicht aufgefallen; ich hatte weder das Thema noch die damit verbundenen Fragestellungen wahrgenommen (wahr genommen) und deshalb waren mir auch die biblischen Texte nicht aufgefallen, die diese Gewalt zum Thema haben. Mir fällt das zuweilen ein, wenn andere (und nicht selten ich dabei) sehr unbarmherzig-moralistisch die verurteilen, die ein bestimmtes Thema nicht wahrnehmen, für eine bestimmte Frage nicht sensibel sind, eine bestimmte Empörung nicht teilen. (Nebenbei: Es gibt ein Thema, das „unserer" Frage nach „*Engagement und Irrtumsfähigkeit*" benachbart ist, ich meine das Thema: „*Moral und Moralismus*" ...)

Wenn ich mich meines blinden Flecks in der Wahrnehmung biblischer Gewalt allzu dramatisch bezichtigte, könnte es leicht geschehen, dass die Selbstkritik in Hochmut umschlägt. Ein allzu lautstark vorgetragenes „Wie konnte es *mir* nur passieren, dass ..." bezeugt weniger Selbstkritik als Selbstüberschätzung. Es gibt freilich auch die Logik: „Wenn ich ein Thema vor 20 Jahren nicht für wichtig erachtet habe, dann ist es auch heute nicht wichtig" wie die komplementäre „Logik": Was ich vor 20 Jahren schon als wichtig erachtet habe, muss auch heute wichtig und richtig sein. Und schließlich gibt es die Möglichkeit, sich anders zu erinnern („Die-sich-*anders*-Erinnernden" – das wäre wohl nach den Regeln der „political correctness" das neue Wort für „LügnerInnen" und „FälscherInnen"). Da hat man dann im Rückblick schon damals gezweifelt, sich schon früh kritisch geäußert und so weiter. Auch hier hat ein schöner Satz von Felipe Gonzales seine Bedeutung: „Die Vergangenheit ist schwer vorher zu sagen."

Es gibt andere Irrtümer, von denen ich reden will. Ich erinnere mich gut an die ersten Bilder von und Interviews mit dem Ajatollah Khomeini im Pariser Exil kurz vor dem Sturz des Schahs. Mir war der Ajatollah überaus sympathisch. Er war eine prophetische Figur (so mochte der alte Jesaja ausgesehen haben, einen solchen Bart hatte Martin Buber ...). Ich bewunderte die Kraft der religiösen Verheißung und der Vision im Kampf gegen das Schah-Regime und seine (die Älteren werden sich erinnern) „Jubelperser" 1967 in Berlin. Aber hätte ich nicht damals schon wissen können, was die Herrschaft der Mullahs bedeuten werde? Ich hätte jedenfalls mehr wissen können als ich wissen wollte.

Vor einigen Tagen sah ich in „Arte" einen Bericht über Albanien. Ich musste mich fast zwingen ihn anzusehen. Da gab es unter Enver Hodscha über Jahrzehnte ein Terrorsystem furchtbarster Art. Gewiss: Ich habe nie auf die „albanische Karte" gesetzt. Wir machten uns lustig über die, die nach dem Ende des Stalinismus in der Sowjetunion und des Maoismus nur noch in Albanien die „wahre Linie" fanden. Dass ein früheres Mitglied der Bochumer Theologischen Fachschaft Sprecher bei Radio Tirana wurde, fanden wir komisch. Aber die Lage in Albanien war nicht komisch und ich hätte es wissen können. Warum wollte ich es nicht wissen? Weil ich den westdeutschen Antikommunismus auf keinen Fall und in keiner Weise unterstützen wollte.

Eben das war die Leitmaxime, die auch bei meiner Haltung das Vorzeichen vor der Klammer bestimmte. Ich habe an manchen Demonstrationen und Protestaktionen teilgenommen – niemals an einer gegen Unrecht in der DDR. Keine Unterstützung für Springer und Löwenthal! Mögen andere von ihrer Schande reden, ich rede von meiner – diese Brechtsche Maxime wurde auch meine. Und deshalb wollte ich das kritisieren, was in meinem Staat kritikwürdig war. Aber seit einiger Zeit frage ich mich: Hätte ich als Sozialist nicht da „meine Schande" sehen müssen, wo im Namen des real existierenden Sozialismus der wirkliche Sozialismus mit Füßen getreten wurde? Grundsätzlicher noch: Gab es denn Unrecht und Folter nur in *rechten* Diktaturen? Haben nur *linke* Märtyrerinnen und Märtyrer ihr Leben gelassen?

Was mache ich mit meinen Irrtümern? Was hieße es beiden genannten Formen der Verblüffungsfestigkeit entgehen zu wollen oder wenigstens sie heute bei mir selbst wahr zu nehmen? Muss die Geschichte meiner Irrtümer mich nicht zaghaft werden lassen gegenüber jeder volltönenden Rede von der *Wahrheit*? Aber wäre mehr Distanz das Gebot der Stunde? Denn dann meldet sich wieder die andere Seite: Wo bleibt das Engagement, wenn ich bloß nicht wieder irren will? Gibt es nicht die im Engagement gesetzte unvermeidliche Einseitigkeit, indem ich mich für (oder gegen) etwas Konkretes einsetze, statt im globalen Einsatz „pro bono, contra malum" (für das Gute, gegen das Böse) das konkrete Engagement untergehen zu lassen? Aber wie kann ich die not-wendigen Differenzen fest halten und in der Wahrnehmung der linken Irrtümer nicht etwa die Option des Sozialismus selbst unter die Irrtümer abbuchen?

Es gibt eine andere Geschichte vom Herrn Keuner", die scheinbar direkter mit unserem Thema zu tun hat als die eben zitierte:

„'Woran arbeiten Sie?', wurde Herr K. gefragt. Herr K. antwortete: 'Ich habe viel Mühe, ich bereite meinen nächsten Irrtum vor.'" (Brecht, GW 12, 377)

Das klingt gut – auf den ersten Blick. Brecht adelt Herrn Keuners Antwort zudem durch die Überschrift. Sie lautet: „Mühsal der Besten". Doch auf den zweiten Blick wird mir diese Geschichte schal. So einfach geht es nicht, scheint mir. So wie der Satz „Viel Feind, viel Ehr" nur teilweise stimmt, so ist auch das beherzte Einräumen zukünftiger Irrtümer noch kein hinreichender Nachweis für die „Mühsal der Besten". Aber was dann?

Ich glaube, dass eine biblische Erinnerung hilfreich sein kann. Ich will ein wenig von den Propheten Israels erzählen. Sie waren Prophetinnen und Propheten darin, dass sie – das ist der ursprüngliche Wortsinn von προφητης (Prophet) – offen heraus sagten, was ist. Nicht das *Vorher*sagen, sondern das offene *Heraus*sagen kennzeichnet die Prophetie. Wenn Rosa Luxemburg im Rückgriff auf Lassalle formuliert: „Wie Lassalle sagte, ist und bleibt die revolutionärste Tat, immer 'das laut zu sagen, was ist'", beerbt sie eben darin Israels Prophetie. Auch das prophetische Engagement schloss den Irrtum ein. „Aber Jona irrt auch tüchtig und rennt sich mutig den Kopf ein", schreibt Luther in der Jonaauslegung von 1526. Und ebenso trafen die Vorhersagen Jesajas, Jeremias, Daniels und anderer Propheten, gemessen am Maßstab von „richtig" und „falsch" – oft nicht ein.

Der Preis, die Richtigkeit der prophetischen Zukunftsansagen in der späteren Auslegung rettend herzustellen, konnte hoch sein. Das zeigt sich besonders eklatant am Beispiel Daniels. In der in Dan 2 und 7 ins Bild gesetzten Folge der kommenden Weltreiche war das Reich der Griechen das letzte. Nach ihm wird das Reich Gottes kommen. Bekanntlich war das Reich der Griechen nicht das letzte; es kamen die Römer. Um Daniel und der Bibel Recht zu geben, änderte man die Interpretation der Texte, fasste die Meder und Perser in eins, um Raum für ein viertes, das römische Reich zu bekommen. Aber nun war in dieser Lektüre das Römische Reich das letzte vor dem Ende dieser Welt und dieser Zeit. Und je mehr die Christen im Römischen Reich sich häuslich einrichteten (bald hatten sie viel mehr zu verlieren als nur ihre Ketten ...), desto mehr galt das Interesse der dauerhaften Etablierung Roms – der Papst nahm den Titel eines römischen heidnischen Priesters, des obersten Brückenbauers („pontifex maximus") an, die so gelesene biblische Verheißung verband sich mit der Vergilischen Ansage der „Roma aeterna" (des ewigen Roms). Und so kam es zum „Heiligen Römischen Reich Deutscher Nation", zum „Dritten Rom" im zaristischen (und auch späteren) Moskau und gleichermaßen in römischem Erbe zur „Pax Americana". Die Zeitansage Daniels (und der Johannesoffenbarung): „Es ist fünf Minuten vor 12" geriet zu den Jahrhunderten und Jahrtausenden der Imperien. Daniel, der wie kein anderer das Ende der Imperien angesagt hatte, wurde – weil die Bibel nicht irren durfte!– zum biblischen Garanten des Imperialismus.

Es gibt ein Satyrspiel zu dieser Tragödie. Als am Ende des 19. Jahrhunderts im damals deutschen Lothringen der Dom von Metz restauriert wurde, bekam Daniel als einer der vier Propheten am Domportal das Aussehen Wilhelms II. Als Metz wieder französisch wurde, war das mit dem wilhelminischen Bart zu degoutant; man schlug den Bart ab, und so ist bis heute am Dom zu Metz ein Wilhelm ohne Bart zu sehen.

(Denen, die nun einen Schnaps brauchen, sei immerhin gesagt, dass der Bildhauer Dujardin hieß ...)

So kann es kommen, wenn einem biblischen Propheten die Irrtumsfähigkeit nicht zugebilligt wird. Daniel muss Recht gehabt haben, koste es, was es wolle – und es kostete viel!

Zuweilen ist es die Aufgabe der *wahren* Prophetie, zu sagen, was ist, und *nicht* Recht behalten zu wollen. Günter Anders schreibt als Schluss-Satz des Vorworts zur „Antiquiertheit des Menschen" eben darum:

„*Ich schließe mit dem leidenschaftlichen Wunsch für sie* (die LeserInnen, J.E.) *und ihre Nachkommen, daß keine meiner Prognosen recht behalten werde.*"

Unheil ansagen und nicht Recht behalten wollen! Als der Prophet Jeremia mit den Heilsansagen seines prophetischen Gegners Chananja konfrontiert wird, sagt er zuerst: „Amen, Adonaj (Gott) tue so, Adonaj bestätige dein Wort!" (Jer 28,6) Jeremia teilt die Hoffnungen auf Heil, auch wo er nur Unheil ansagen kann. Wir stoßen hier auf Kriterien wahrer und falscher Prophetie – *Kriterien*, allemale keine *Rezepte*. Wer Unheil anzusagen hat, ist eher wahrer Prophet; jede Heilsprophetie ist zunächst unter den Verdacht des Wunschdenkens und der Ideologie zu stellen. Aber wehe, wenn aus dem Kriterium ein sicherer Maßstab würde. Das wäre das Ende jeder Utopie. Wenn ein Prophet sagt, was seine Auftraggeber hören wollen, ist der Verdacht gegeben, es handele sich um falsche Prophetie. Wieder nur – und immerhin – ein Kriterium. Aber wer *sind* die Auftraggeber? Wenn es um einen Herrscher geht, der (wie in 1. Kön 22) von den Propheten will, dass sie seine Wünsche und seine Politik *absegnen*, dann ist die Sache einfach (was die Wahrheit, nicht so, was das Tun und den Mut zum Neinsagen angeht). Aber was, wenn jemand um ein kritisches Wort ersucht wird?

Da ist er oder sie zu einem Vortrag eingeladen, und die übergroße Mehrheit derer, die zu diesem Vortrag kommen, wollen genau dieses kritische Wort hören. Es trifft „die Herrschenden", aber die sind weder die Einladenden noch das Publikum. Wie steht es nun mit dem genannten Kriterium wahrer und falscher Prophetie? Wieder darf das Kriterium nicht zum Rezept werden. Keineswegs sollte sich ja, wer einen Vortrag halten wollte, der – sagen wir: – die geplante Panzerlieferung in die Türkei kritisieren soll, in dem Moment, wo er oder sie feststellt, dass sich das gesamte Publikum (in Bad Segeberg oder anderswo) auf Seiten der oder des Redenden befindet, nun plötzlich um der kritischen und wahren Prophetie willen *für* diese Panzerlieferung aussprechen. Und ebenso gewiss hat jede Rednerin, jeder Redner auch das Recht, sich zu freuen, wenn es viel Zustimmung gibt. Aber sollten wir nicht – von Zeit zu Zeit und gewiss nicht als neues Standardmotiv – in einem solchen Fall womöglich *auch* etwas sagen, für das wir – bei eben diesen Zuhörenden und Mitdiskutierenden – *nicht* auf Zustimmung rechnen können?

Ein letzter Gedanke für diese Gesprächseinleitung: Die vertrackte Problematik der Unterscheidung von wahrer und falscher Prophetie führte in der Hebräischen Bibel an einem bestimmten Punkt zum Versuch dieses Problem endgültig zu lösen. In den Ämtergesetzen des Deuteronomiums wurde im Blick auf die Propheten (5. Mose 18) das Eintreffen der Prophetie als alleiniger Maßstab für ihre Wahrheit formuliert. Die Folge des Versuchs, eine Art Irrtumsresistenz zu erreichen, war die Stillstellung kritischer Prophetie. Vor diesem Maßstab konnte man nur noch „prophezeien", was nicht falsifizierbar ist. Aus den Prophetengruppen wurden

Tempelsängergilden. Ich möchte an diese Reminiszenz eine Frage anschließen: Könnte die Überführung der kritischen Prophetie (heute) in Spiritualität und Mystik zu einer solchen Immunisierung geraten? Könnte es sein, dass die Gefilde der Mystik an die Stelle der Länder treten, mit denen wir so große Hoffnungen verbanden, die oft so enttäuscht wurden? Wenn uns weder in Kuba noch in Angola noch in Nicaragua (und anderswo) der reale Vorschein der wahren Gesellschaft mehr aufleuchtet, könnte die Mystik zu dem Land werden, aus dem wir nicht wieder schmerzlich vertrieben werden können. Aber reicht die programmatische Verbindung von *Mystik* und *Widerstand* aus, der Gefahr der Innerlichkeit zu entgehen?

Dieses Fragen enthält einen kritischen Stachel auch im Blick auf die Prophetin, für die, von der her und mit der wir bei dieser Tagung „weiterdenken" wollen. Nichts wäre für diese Tagung öder als Selbstbestätigungsmechanismen und Milieuwärme. Weiterdenken muss Rückfragen einschließen. In dieser Rückfrage steckt meine größte Hochachtung vor Dorothee Sölles Werk und Person. Dieser Rückfrage will ich mich, aber auch Dorothee und uns alle aussetzen. Und deshalb schließe ich mit dieser Frage.

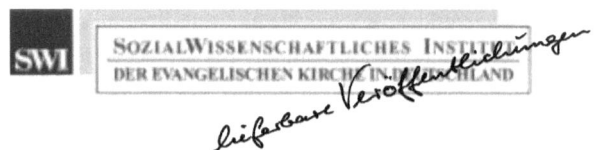

Veröffentlichungen von Jürgen Ebach im SWI Verlag

Jürgen Ebach
**Theologische Reden,
mit denen man keinen Staat machen kann**
SWI Verlag Bochum 1989
178 Seiten, ISBN 3-925895-18-3   vergriffen

Jürgen Ebach
Biblische Erinnerungen
Theologische Reden zur Zeit
SWI Verlag Bochum 1993
228 Seiten, ISBN 3-925895-41-8   13,70 Euro

Jürgen Ebach
... und behutsam mitgehen mit deinem Gott
Theologische Reden 3
SWI Verlag Bochum 1995
219 Seiten, ISBN 3-925895-53-1   15,24 Euro

Jürgen Ebach
Weil das, was ist, nicht alles ist
Theologische Reden 4
GEP Buch, Frankfurt am Main 1998
308 Seiten, ISBN 3-932194-15-2   17,39 Euro

Jürgen Ebach
Vielfalt ohne Beliebigkeit
Theologische Reden 5
SWI Verlag Bochum 2002
272 Seiten, ISBN 3-925895-76-0   20,00 Euro

Zu beziehen über den Buchhandel

www.ingramcontent.com/pod-product-compliance
Lightning Source LLC
Chambersburg PA
CBHW032023230426
43671CB00005B/183